本学术专著是江西省文化艺术科学规划青年项目"世界游客视角下江西省打造世界
级旅游目的地路径研究"（课题编号：YG2022165）的研究成果
本学术专著第一作者曹禹共撰写约22万字，第二作者姜帆共撰写约11.6万字

经管文库·管理类
前沿·学术·经典

世界游客视域下江西省打造
世界级旅游目的地路径研究

STUDY ON THE PATH OF JIANGXI PROVINCE
TO BUILD A WORLD-CLASS TOURIST
DESTINATION FROM THE PERSPECTIVE OF
WORLD TOURISTS

曹　禹　姜　帆　著

经济管理出版社
ECONOMY & MANAGEMENT PUBLISHING HOUSE

图书在版编目（CIP）数据

世界游客视域下江西省打造世界级旅游目的地路径研
究 / 曹禹，姜帆著. -- 北京 : 经济管理出版社，2024.
ISBN 978-7-5096-9769-6

Ⅰ. F592.756

中国国家版本馆 CIP 数据核字第 2024V1Q443 号

组稿编辑：白　毅
责任编辑：白　毅
责任印制：许　艳
责任校对：陈　颖

出版发行：经济管理出版社
　　　　　（北京市海淀区北蜂窝 8 号中雅大厦 A 座 11 层　100038）
网　　　址：www.E-mp.com.cn
电　　　话：(010) 51915602
印　　　刷：唐山玺诚印务有限公司
经　　　销：新华书店
开　　　本：720mm×1000mm/16
印　　　张：16.5
字　　　数：336 千字
版　　　次：2024 年 8 月第 1 版　　2024 年 8 月第 1 次印刷
书　　　号：ISBN 978-7-5096-9769-6
定　　　价：98.00 元

前　言

　　新发展格局目标驱动下的文化和旅游产业已然成为促进国民经济增长的重要引擎。国务院印发的《"十四五"旅游业发展规划》和江西省出台的《江西省人民政府办公厅关于推进旅游业高质量发展的实施意见》均提出要打造一批世界级旅游景区和度假区。显然，以推进旅游目的地世界化发展进程为切入点，深化供给侧结构性改革已成为文化旅游市场的新热点和新趋势。进而，探究打造世界级旅游目的地路径成为当下亟待解决的科学问题。

　　本书基于世界游客视域探究江西省打造世界级旅游目的地路径，选取江西省入境游三大客源市场之一的韩国游客群体为研究对象，采用 Textom 程序系统采集 Naver、Daum、Google、YouTube、Twitter 等韩国主流网络媒体平台上有关江西省及省内各代表性旅游城市的形象感知文本数据，采用质性分析和定量分析相结合的方法，研究韩国游客群体对于江西省及省内各代表性旅游城市的认知形象、情感形象、整体形象的感知状况，剖析江西省在推进文化和旅游产业世界化进程中具备的发展优势与面临的挑战，提出江西省打造世界级旅游目的地的对策和建议，构建江西省打造世界级旅游目的地的路径模型。

　　研究发现，韩国游客群体对于江西省及省内各城市的旅游区位有大体清晰的认知，且往返于江西省的始发和中转地点多集中于上海、北京、广州、长沙等省外城市；通过分析获取了韩国游客群体视域下江西省及省内各城市的核心旅游吸引物。但是，韩国游客群体对于江西省及省内部分城市旅游资源的认知较为模糊，体现出江西省旅游资源的挖掘深度不足和文化内涵阐述不充分的问题。韩国游客群体对于江西省及省内各城市的旅游活动感知大多集中于"登山""拍照打卡""品茶"等方面。同时，韩国游客群体对于各城市旅游活动的感知又在活动的内容和类型等方面呈现出差异性特征。另外，也暴露出如"旅游攻略与相关旅游信息获取困难""旅游预约途径不顺畅""蚊虫叮咬过多""导游和讲解员国际化服务水平偏低"等服务短板问题。韩国游客群体对于江西省旅游活动的整体评价为体验单一、枯燥无味，具体而言，他们对新余市、鹰潭市、抚州市也作出了类似评价。韩国游客群体虽然对于九江市、鹰潭市、吉安市的旅游活动有深刻印象，但是却存在过度疲劳、身体乏力等负面的旅游活动体验感知，他们对于南昌市、赣州市、九江市、鹰潭市、萍乡市、上饶市、宜春市等地著名旅游景区景点因旅游承载力管控不足而导致的人流与交通拥堵现象表现出了不满情绪，这些城市亟须通过延伸、拓展旅游主题业态来解决问题。通过分析发现，省内部分城市开拓韩国客源市场的新基点，但是也存在个别旅游负面事件对江西省及省内部分城市造成不良影响的情况，需高度重视；旅游基础配套设施是韩国游客群体在江西省开展旅游活动时关注的焦点，他们对于江西省旅游活动的经费支出也较为敏感。韩国游客群体对于江西省及省内各城市的整体形象感知状况较为良好，但是对于南昌市、景德镇市、萍乡市、赣州市、宜春市的中性情感评价占比过高，反映出该群体对于江西省及省内部分城市的整体情感形象感知存在方向模糊的现象。

围绕上述研究结论，本书从旅游吸引物、旅游资源、旅游业态、旅游活动、硬件设施、旅游服务、游客心理、空间格局构建、旅游形象、市场营销、宣传推介等视角出发，提出"旅游宣推精准发力，放大核心旅游吸引力""强化旅游资源优势，补齐旅游体验短板""延伸旅游主题业态，构建文旅大格局体系""深化旅游形象塑造，提高国际市场影响力""稳固旅游设施硬实力，增强旅游服务软实力"，以及"重视游客敏感领域，树立积极舆论牵引力"等对策及建议，成功构建了江西省打造世界级旅游目的地的路径模型，从而为江西省加快推进文化和旅游产业的世界化进程提供了理论参考。

主要特色包括：首先，基于世界游客视域探究打造世界级旅游目的地路径是对本领域研究广度的拓展；将"以市场需求为导向"原则落到实处，探索旅游目的地的建设与运营管理问题，是对本领域研究理论的深化。其次，通过剖析江西省打造世界级旅游目的地的发展优势与面临的挑战，提出对策及建议，构建路径模型，对产业发展实际有重要的实践指导作用。同时，对于其他地域推动文化和旅游产业的世界化进程也有借鉴推广意义。最后，以往文献在对象选定方面，大多忽视了各国游客群体之间存在的群体性认知差异，无国籍差别地实施分析，违背了旅游市场细分化的精准营销原则。而选定江西省入境游核心客源市场的游客群体为对象实施专项主题研究，延伸了本领域的研究思路。

本学术专著是江西省文化艺术科学规划青年项目《世界游客视角下江西省打造世界级旅游目的地路径研究》（课题编号：YG2022165）的成果，在此感谢江西省文化艺术科学规划领导小组办公室对课题进行立项，感谢笔者所在单位九江学院江西长江经济带研究院给予的课题配套经费支持。本学术专著第一作者曹禹共撰写 22 万余字，第二作者姜帆共撰写 11.6 万余字。

由于笔者水平有限，撰写时间仓促，所以书中难免有错误和不足之处，恳请广大读者批评指正！

目　录

第一章 绪论

第一节 研究背景

新发展格局目标驱动下的文化和旅游产业已然成为促进国民经济增长的重要引擎。国务院印发的《"十四五"旅游业发展规划》[1]和江西省出台的《江西省人民政府办公厅关于推进旅游业高质量发展的实施意见》[2]均提出要打造一批世界级旅游景区和度假区。显然，以推进旅游目的地世界化发展进程为切入点，深化供给侧结构性改革已成为文化旅游市场的新热点和新趋势。进而，探究打造世界级旅游目的地路径成为当下亟待解决的科学问题。

国内外学者对世界级旅游目的地的研究经历了从定性的语言描述到定量的评价体系构建，从建设必要性与收益分析到问题与对策研究，从经济学到地理学、艺术学、营销学等角度，从宏观技术支撑与保障体系的探讨到微观具体的空间、交通、住宿、文化及游客群体的剖析，从强调目的地供给输出到兼顾客源市场需求等。具体研究内容如下：

首先，关于世界级旅游目的地构成要素与关键评价指标的研究。通过文献梳理可大体划分为两种研究导向：一种是侧重目的地供给输出导向，强调旅游目的地应立足自身优势，通过高水平建设完成创建目标。如 Parlindungan 等（2021）提出，应充分挖掘并发挥本地在区位、经济及政治等方面的先天优势，完成世界级旅游目的地的创建任务[3]。Marzouki（2021）指出，经济社会发展水平、旅游资源属性和综合环境质量是打造世界级旅游目的地的三大核心要素[4]。另一种是侧重旅游市场需求导向，强调应把世界游客群体对本地认知的状态、程度和情感方向视为旅游目的地建设指南。吴开军（2016）指出，由旅游需求端感知形成的品牌竞争力是市场竞争收益的基础保障，更是景区升级成为世界级景区的核心要素[5]。Makuzva 和 Ntloko（2021）把世界游客在社交媒体平台上提及的景区次数和频度视为该旅游目的地世界性的关键评价指标[6]。章杰宽（2021）指出，世界游客对旅游资源的感知评价在建设世界级旅游目的地过程中发挥着至关重要的作用[7]。

其次，关于打造世界级旅游目的地制约因素的研究。各地由于在区位条件、资源禀赋、政策响应等方面存在差异，导致在打造世界级旅游目的地过程中面临的制约因素也不尽相同，但是大体可从内部制约因素和外部制约因素两个层面进行理解：一是内部制约因素层面。Subadra（2019）以巴厘岛为例，在对其优越的自然旅游资源吸引力进行充分肯定的同时，也指出薄弱的购物消费环节是制约其进一步发展成为世界级旅游目的地的重大干扰因素[8]。赵临龙和粟红蕾（2021）以桂林市为例，指出其在搭建现代交通网、合理配置资源、国际旅游营销、旅游接待水平以及旅游人力资源管理等方面正处于困境之中[9]。二是外部制约因素层面。Maxim（2020）指出，世界游客在目的地感知到的社会经济可达性和心理可达性与地区旅游发展业绩呈正相关关系，且相关性极为显著[10]。冯翔等（2021）指出，上海在建设世界著名旅游城市过程中，在国际居民认可度、受国际游客欢迎程度以及旅游供给与需求匹配度等方面均存在明显制约[11]。

最后，关于世界游客视域下的旅游目的地研究。通过网络文本分析获取游客感知信息是数字经济时代背景下开展旅游目的地研究的前沿动向，对于目的地提升吸引力、增强代表力以及凝练竞争力有极其重要的指导意义[12]。Choi Seung-Mook（2019）通过分析在韩中国留学生对首尔、釜山、仁川三座城市的感知UGC数据，为韩国提出了重振亚洲旅游强国地位的发展战略[13]。Lee Eun-Ji 等（2021）指出，通过网络文本分析关注世界游客，从而动态调整旅游产品结构，是韩国、日本、新加坡等国家快速推进旅游产业世界化进程的重要举措之一[14]。王丽娜和李华（2019）指出，大数据时代为分析世界游客对目的地的感知提供了窗口，是扩大入境游市场规模、提高旅游产品世界化、加速旅游业国际化的重要路径[15]。程盈莹等（2022）建议中国旅游目的地要把利用社交媒体作为树立世界品牌的手段[16]。

综上，学者们基于旅游目的地视角，从供给输出和发展中存在的内部制约因素层面，围绕区位、经济、资源及环境等因素，全方位阐述了打造世界级旅游目的地的多种策略。另外，还基于旅游市场需求视角，从游客群体的直观感受和发展中存在的外部制约因素层面，强调世界游客目的地感知状态对打造世界级旅游目的地的重要指导作用，为后续研究指明了方向，但是还不够系统和具体化。尤其是聚焦江西省打造世界级旅游目的地的发展目标，应当从以下几方面进行切入：世界游客对江西省旅游有何认知和期待？世界游客眼中江西省各旅游地的特色是什么？有何优势与短板？本书基于世界游客视域，采用网络文本分析的方法，探究江西省打造世界级旅游目的地的策略，构建江西省打造世界级旅游目的地的路径模型。

第二节 研究目的及意义

一、研究目的

基于世界游客视域探究江西省打造世界级旅游目的地的路径，具体研究目的如下：

首先，采用网络文本分析的方法研究世界游客群体对于江西省旅游的认知形象、情感形象以及整体形象的感知状况。

其次，基于世界游客群体对于江西省旅游形象的认知状况，剖析江西省打造世界级旅游目的地的优势与面临的挑战。

最后，立足世界游客视域，提出江西省打造世界级旅游目的地的对策和建议，构建江西省打造世界级旅游目的地的路径模型。

二、研究意义

在构建新发展格局目标驱动下，以打造世界级旅游目的地为切入点，深化供给侧结构性改革，已然成为旅游市场的新热点和新趋势。作为旅游活动的主体，世界游客群体在旅游目的地世界化进程中极为关键，理应在最大限度上给予关注。因此，研究意义具体如下：

首先，基于世界游客视域，通过网络文本分析的方法探讨打造世界级旅游目的地的路径，拓展了本领域研究的广度；将"以市场需求为导向"原则落到实处，探索旅游目的地的建设与运营管理问题，是对本领域研究的理论深化。

其次，通过剖析江西省打造世界级旅游目的地的优势与面临的挑战，提出江西省打造世界级旅游目的地的对策和建议，构建江西省打造世界级旅游目的地的路径模型，对于江西省加快推进文化和旅游产业的世界化进程有重要的实践指导作用。同时，对于其他地域文化和旅游产业的高质量发展也有重要意义。

第三节 研究内容及方法

一、研究内容

以江西省及省内各代表性旅游城市为研究范畴，选定江西省入境游三大客源市场之一的韩国游客群体为研究对象，利用 Textom 程序系统采集 Naver、Daum、Google、YouTube、Twitter 等韩国主流网络媒体平台上有关江西省及省内各代表性旅游城市的形象感知文本数据，采用质性分析和定量分析相结合的方法，研究韩国游客群体对于江西省及省内各代表性旅游城市的形象感知状况，剖析江西省在推进文化和旅游产业世界化进程中具备的优势与面临的挑战，提出江西省打造世界级旅游目的地的对策和建议，构建江西省打造世界级旅游目的地的路径模型。具体研究内容如下：

第一章，绪论。阐明研究背景、研究目的及意义、研究内容及方法，设计研究技术路线。

第二章，相关概念与文献回顾。阐明世界级旅游目的地的概念，梳理建设世界级旅游目的地的阻碍与路径。阐述旅游目的地形象的概念，分析旅游目的地形象研究的基础理论模型，剖析旅游目的地形象的效应机制，回顾有关旅游目的地形象研究的现有文献，梳理世界游客视域下旅游目的地形象研究的成果，总结有关江西省旅游目的地形象研究的特质。

第三章，研究设计。阐述研究区域与研究对象的选定依据，介绍数据采集与处理的思路和过程，构建旅游目的地形象感知评价体系，制定"认知—情感—整体"形象感知分析流程。

第四章，韩国游客群体对江西省及省内各旅游城市的认知形象总体分析。包括词云图可视化分析、高频词分析、认知形象维度分析、认知形象维度下级指标分析。

第五章，韩国游客群体对江西省及省内各旅游城市的情感形象感知分析。包括韩国游客群体对于江西省及省内各城市的整体情感形象分析和情感因素词汇分析。

第六章，韩国游客群体对江西省及省内各旅游城市的整体形象感知分析。

第七章，江西省打造世界级旅游目的地的路径分析。通过剖析江西省推进文化和旅游产业世界化进程中具备的发展优势与面临的发展挑战，提出江西省打造世界级旅游目的地的对策和建议，构建江西省打造世界级旅游目的地的路径模型。

第八章，研究结论与展望。概述研究成果，分析研究局限，提出研究展望。

二、研究方法

（一）文献分析法

通过收集国内外现有的文献资料，凝练出研究内容涉及的理论研究成果，并融会贯通地应用于本书中，从而奠定坚实的理论基础。主要通过中国知网、ScienceDirect、SpringerLink、RISS 等平台查阅收集所需的文献资料。

（二）内容分析法

利用 Textom 系统采集 Naver、Daum、Google、YouTube、Twitter 等韩国主流网络媒体平台上有关江西省及省内各城市的形象感知文本数据，经过去伪存真、分类梳理的定性处理，制定旅游形象感知评价体系。在获得认知形象和情感形象感知结果的基础上，借助 N-gram 模型分析技法凝练总结整体形象感知状态。

（三）比较和综合分析法

通过对江西省及省内各城市旅游形象感知的横向比较分析，提出世界游客视域下江西省打造世界级旅游目的地的对策和建议，构建江西省打造世界级旅游目的地的路径模型。

第四节 技术路线

在确定研究范围和理论分析的基础上，遵循"理论逻辑—问题提出—机制分析—对策建议—路径模型"的研究思路。在研究过程中，将理论分析与实践探索、定性分析与定量分析、规范研究与实证研究相结合。致力于解析世界游客视域下江西省打造世界级旅游目的地的逻辑机理，阐明世界游客视域下江西省打造世界级旅游目的地的优势，剖析世界游客视域下江西省打造世界级旅游目的地的现实困境，提出世界游客视域下江西省打造世界级旅游目的地的对策和建议，构建世界游客视域下江西省打造世界级旅游目的地的路径模型。技术路线如图1-1所示。

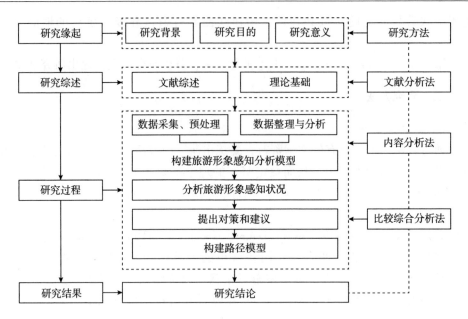

图1-1 技术路线

第二章　相关概念与文献回顾

第一节　世界级旅游目的地

2017 年，中国共产党第十九次全国代表大会首次提出高质量发展新表述。作为高质量发展的根本保证，加快构建以国内大循环为主体、国内国际双循环相互促进的新发展格局战略[17]，赋予旅游业进一步发挥"拉动内需"和"扩大外需"的产业担当。2021 年，国务院印发的《"十四五"旅游业发展规划》在对旅游业国民经济战略性支柱产业地位予以充分肯定的基础上，提出要建设一批富有文化底蕴的世界级旅游景区和度假区的发展目标[1]。显然，以推进旅游目的地世界化进程为抓手，深化供给侧结构性改革已然成为我国旅游产业发展的新动向。由此，在国内多地开始锚定世界级旅游目的地建设任务的同时，学理界以奠定理论基础、揭示实践路径为切入，掀起了研究热潮。

一、世界级旅游目的地的概念

目前，有关世界级旅游目的地（World-Class Tourist Destinations）的定义尚存在较大的探讨空间，需要全面、系统梳理予以精准界定。中国城市发展研究会在其制定的《世界级旅游目的地评价标准》中提出，世界级旅游目的地是该区域的旅游产业与区域推进国际化进程协同发展的产物，应是在以旅游产业为核心支柱性产业驱动区域社会体系发展的基础上，经济社会发展达到发达水平的旅游目的地[18]。聚焦旅游产业经济发展力进行概念界定的还有田代贵（2017）和陈博洲（2022）等，他们均强调世界级旅游目的地应是以"打造具有国际影响力、号召力、品牌力的旅游产业链、创新链、价值链"为依托，通过提升区域旅游产业发展的集约化和国际化水平，孵化一个或多个世界级旅游品牌，以助推区域旅游产业体系整体融入全球文旅大市场，进而达到世界领先发展水平的旅游目的地[19][20]。

有学者立足旅游功能属性视角对世界级旅游目的地的概念进行界定，高度关注旅游目的地在旅游业态、区域基础设施、旅游服务与配套等方面旅游功能体系的健全程度，认为世界级旅游目的地是指拥有世界级的旅游吸引物和旅游服务标准[21]，旅游基础配套设施建设达到国际化标准程度，包括海、陆、空在内的旅游交通体系可达性较高[22]，能够吸引世界游客到访从事观光游览、休闲康养、商务度假、会议会展等活动的城市或城市群[23]，代表着世界范围内旅游目的地的最高水平[24]。尹宏和冯婵（2015）将其概念归纳为舒适性、可达性、吸引性、附属服务均达到国际化标准，且具备吸引世界游客到访观光的旅游目的地[25]。

还有学者更加倾向于将世界级旅游目的地的概念定义集中在目的地本身的知名度和影响力层面[26]。如常雪松（2023）认为，世界级旅游目的地是指具有非常令人瞩目的品牌认知度、鲜明的文化辨识度、良好的生态环境、优质的服务产品体系、特色的旅游体验以及便捷的数字化服务等基础特征条件的组合[27]。吴殿廷等（2023）认为，世界级旅游目的地是指凭借世界级的旅游资源和世界级的旅游服务，获得世界各国游客的广泛认可，并且能够使游客产生强烈访游意愿的旅游目的地[28]。

随着全球旅游业的持续发展，旅游目的地在数量、类型、功能等方面不断演进变化，但是游客的核心载体地位却不曾动摇。近年来，有学者开始从游客群体的视角介入，重新审视世界级旅游目的地的概念。夏赞才和汤群辉（2022）强调，世界级旅游目的地界定的真正"标尺"应该是以游客群体为中心实施的评判与描述，如每年接待的世界游客绝对数、游客群体结构（世界游客在到访游客总量中的占比），以及与此相关的旅游收入结构等，这些才是检验旅游目的地世界性的核心依据[29]。郭剑英和熊明均（2019）也以入境旅游业的游客市场规模、游客市场结构以及游客消费特征为依据阐述了世界级旅游目的地的概念[30]。另外，程冰和肖悦（2022）以入住民宿的世界游客群体为研究对象，围绕民宿体验质量感知对建设世界级旅游目的地的影响进行分析，建议各地应以世界游客的旅游体验质量为基石建构世界级旅游目的地的概念与内涵[31]。唐建兵（2020）基于世界游客群体视角，强调世界级旅游目的地应该拥有世界级的基础接待设施、产业要素、旅游产品、公共服务配套、旅游品牌[32]。

不同视角下对世界级旅游目的地概念的界定特征如图2-1所示。

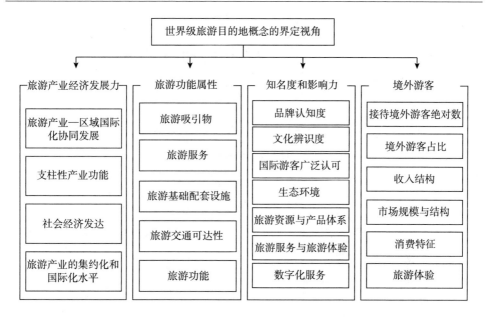

图 2-1 不同视角下对世界级旅游目的地概念的界定特征

视角不同导致概念界定存在一定差异，但是深入剖析内在机理、总结异同规律，可发现各类视角对于游客群体旅游体验的指向性均较为明显。如基于旅游产业经济发展力视角的概念界定主要依托于对旅游市场消费动能支撑下的旅游产业发展程度的阐述；旅游功能属性视角强调在旅游功能层面的旅游供给与游客群体的旅游需求之间的契合度；在知名度和影响力视角下，目的地知名度和影响力的判断依据源于游客群体的认知与传播的结果；而世界游客视角下对于世界级旅游目的地的概念界定则已然将游客群体的地位上升至空前高度。鉴于此，本书将世界级旅游目的地定义为：在境外旅游市场有较高的认知度和美誉度，旅游体验独具国际魅力，旅游综合服务达到世界领先水平，且区域社会经济高度发达的旅游目的地。具体如图 2-2 所示。

本书对世界级旅游目的地的概念界定，在充分尊重游客核心载体地位的基础上，兼顾了"境外市场营销""旅游吸引力""旅游服务质量""区域经济社会发展水平"等世界级旅游目的地的构成要素。其中，区域经济社会发展水平是建设世界级旅游目的地的硬指标，是旅游产业世界化的基底条件，而其他三方面则分别体现了游客群体在旅游业中"服务对象、唯一受众、评价主体"的重要地位，既是对学理界现有成果的经验借鉴，又是契合产业发展实际的具体表现。

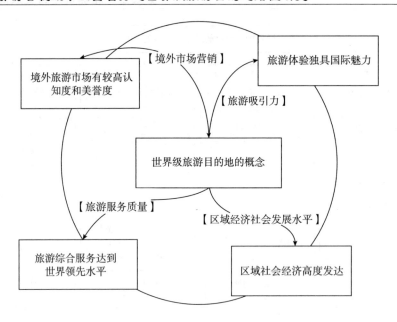

图 2-2　本书对世界级旅游目的地概念的界定

二、建设世界级旅游目的地的阻碍与路径

在新发展格局背景下，我国多地纷纷掀起了加快旅游目的地世界化进程的浪潮。同时，学理界致力于探究各地在建设世界级旅游目的地过程中面临的困难阻碍与实现路径，并且取得了丰富的理论成果和实践经验。

（一）桂林

2021 年，习近平总书记在视察桂林时指出要坚持以人民为中心，以文塑旅、以旅彰文，提升格调品位，努力创造宜业、宜居、宜乐、宜游的良好环境，打造世界级旅游城市[33]。2023 年，《桂林世界级旅游城市建设发展规划》上报国务院[34]。

桂林市旅游学会课题组（2021）围绕习近平总书记赋予桂林的精准定位与发展使命，提出"抓住机遇加快旅游产业规模化发展""加快旅游产业优质化方向发展节奏""构建具有国际影响力的产业与城市品牌"三大战略体系[35]。丁萍（2022）认为，桂林在打造世界级旅游城市的过程中，可通过"强化政策支撑、实现产业升级、广开融资渠道、提升旅游品质、深化宜居城市建设"等策略实施，应对诸如"经济总量不足，产业基础薄弱""资源要素保障不力，人才、资金、土地等发展要素紧缺""旅游品质相对较低"等发展挑战[36]。宋友开和王文珍（2023）从总体经济实力、城镇化水平、生态保护、交通通达性、旅游产业效益、旅游人才、产品创新、管理机制、资源开发等 10 个方面总结了桂林在旅游产业世界化进程中面临的困境，并且提出通过"拉动文旅消费、开展文旅产品创新、深化数字文旅融合、强化红色旅游市场地位、提升旅游服务标准、制定绿色发展战略规划"等实践路径，助力桂林建设成为世界级旅游城市[37]。陈伍香（2023）梳理总结有关推进旅游目的地世界化进程的理论成果和实践经验，构建了桂林打造世界级旅游城市"宜业、宜居、宜乐、宜游"的"四宜"发展模式[38]。

（二）成都

2017 年，四川省委在经济工作会议上提出"建设以成都为中心的世界旅游目的地"的发展要求。同年，在成都市第十三次党代会上也确立了"全面建设国家中心城市和世界重要旅游目的地"的发展目标[39]。

蒋蔚炜（2023）基于成都高质量建设世界旅游目的地的目标，围绕都江堰景区重点文旅品牌，通过对标世界级旅游目的地评价体系，分别从"文旅形象""旅游体验""国际化服务水平""传播影响力"等方面剖析当下存在的发展劣势，并且提出"提升世界旅游目的地片区能级、多元化旅游供给、推进文旅产业建圈强链、提升对外营销精准度、打造国际化标准旅游服务"等重点举措[40]。文学菊等（2022）论述了以成都为中心建设世界旅游目的地的现实作用与意义，倡导以成都文旅产业发展为主驱动，建议分别从"开展文旅资源普查""强化文旅项目建设""塑造世界级文旅产品和品牌""创新文化传播和旅游推广""提升国际旅游服务水平"等方面实施重点改革，进而达到"夯实建设世界重要旅游目的地的资源基础和产业支撑""扩大旅游国际影响力""提升国际旅游市场竞争力和国际旅游服务水平"的总体目标[41]。还有学者基于入境游发展主线，指出"认识不充分，尚未从战略高度对世界级旅游目的地形成统一认知""区位不利，旅游经济的外向发展度不足""旅游产业结构陈旧，旅游综合效益偏低""旅游服务质量不高，城市与旅游的国际兼容性匮乏"等问题是成都建设成为世界旅游目的地的重要制约因素，并且提出通过"转变发展理念，构建全域旅游格局""打造高质量品牌，塑造世界旅游目的地形象""调整旅游产业结构，促进旅游产业高端化转型""加大市场开拓力度，提升国际旅游竞争力""加快旅游公共服务体系建设，优化国际旅游环境"等途径予以解决[25]。

（三）重庆

2022 年，重庆市政府印发《重庆市文化和旅游发展"十四五"规划（2021—2025 年）》提出到"十四五"期末，文化强市建设取得重大进展，文化软实力大幅度提升，文化和旅游深度融合发展，国际旅游枢纽城市建设全面推进，世界知名旅游目的地加快建成的任务计划[42]。

陈博洲（2022）面向重庆旅游产业发展实际，提出要以"规划旅游产业发展基本面，构建区域协同发展""选择区域旅游发展优势点，以景区景点地标化带动旅游产业体系地标化""培育旅游产业发展链，优化布局旅游产业链、创新链、价值链""设计旅游市场主体扶持线，集约化、个性化开展产业政策帮扶""运营国外客源市场圈，推动旅游营销的走出去和引进来""提升旅游供给吸引力，激活旅游产业的竞争力、品牌力、影响力""把握旅游+产业融合度，以融合发展驱动经济社会发展形成合力"等为着力点，助推重庆加快建设世界知名旅游目的地[20]。陈雪钧和周敏（2023）基于旅游国际竞争力分析，揭示出了"打造高质量旅游资源体系，拓展旅游产业链条，构建国际化客群结构"的推进重庆市旅游世界化发展的实践路径[43]。还有学者围绕重庆武隆仙女山旅游度假区发展成为世界级度假胜地展开论证，通过对标旅游产业世界化标准体系，总结出了"旅游度假产品供给单一，全龄化、高端化业态单薄""旅游基础设施缺乏人性化、个性化、智能化的功能构建""旅游服务的专业化和国际化程度不足""面向产业国际化进程的高端人才较为稀缺"等短板问题，并且提出"运用全球化视野开启国际化规划""差异化产品赋能特色化供给""精细化服务提振高端化品质""专业化人才助力全民化参与""定量化评价导航精准化建设"，以及"个性化扶持培育本土化平台"等发展对策与建议[44]。

（四）西藏

旅游业一直是西藏发展的强大推动器，优美的自然风光和独特的人文环境助其成为蜚声国内外的知名旅游目的地。2010年，中央第五次西藏工作座谈会中明确提出了将西藏打造成为世界重要旅游目的地的发展目标[45]。不过，虽然拥有堪称世界级的旅游资源禀赋，但其旅游产业发展实际却尚存较大的提升空间。

有学者全面剖析了西藏建设世界级旅游目的地的不足，认为主要问题包括"旅游开放程度不充分导致的国际认知度不高""旅游景区景点覆盖面不足""依托特色旅游资源开发的精品旅游产品和文旅深度体验项目相对匮乏""旅游设施和旅游服务管理方面仍存在较大短板"等[46]。面对上述不足，学理界立足目的地营销视角进行分析并提出具体策略：一是在基础设施、旅游区生态环境保护、城市总体建设等方面实施系统科学的规划与开发[47]。二是挖掘域内各类景区景点的旅游特色，精准定位，构建西藏文旅品牌大格局[48]。三是加大旅游宣推力度，坚持"走出去、请进来"战略实施[49]。四是聚焦旅游产业、民族文化产业、旅游商品加工制造业、休闲与健康服务业等，拓宽产业发展空间，完善产业结构体系，以民族文化为魂创造新的增长点，带动大旅游发展[50]。陈华（2019）认为，西藏应紧抓"一带一路"倡议和日益高涨的市场需求等机遇，凭借资源优势、区位优势、政策优势，依托"旅游+体育"模式，助推西藏建设世界级旅游目的地。但要先着力解决"体育设施薄弱""自然环境局限性""粗放式管理现状""旅游专业人才匮乏"等发展短板[51]。2020年，在第二届西藏旅游发展与旅游教育高端论坛上，戴斌提出当前西藏建设世界重要旅游目的地亟待解决"生态优化、文化引领、产业协调和制度创新"4个重要问题，助推西藏发展成为一个包括世界游客在内的主客共享美好生活的旅游目的地[52]。

（五）澳门

2023年，在"世界旅游联盟·湘湖对话"活动中，澳门旅游局局长文绮华介绍，澳门特别行政区政府将采取"1+4"适度多元发展策略，促进旅游休闲多元发展，推动大健康、现代金融、高新技术、会展商贸与文化体育4个重点产业发展，增强经济发展动能和综合竞争力，以推进澳门建设成为世界旅游休闲中心[53]。

面对澳门建设世界旅游休闲中心的发展目标，许多学者认为，应通过"增加城市承载力，提升产业多元化，完善产业链条"[54]"促进'珠中江'经济圈与澳门共同构建新的旅游经济带"[55]"借力大珠三角及周边区域的旅游资源与产业资源，选择发展优势行业以实现旅游休闲产业适度多元化"[56]，以及"开展旅游产业讲座、英语培训活动、本地院校开设旅游英语课程"[57]等举措，解决旅游供给不足、旅游资源匮乏、旅游产品短缺、旅游空间狭小、过度依赖博彩业、旅游从业者国际服务能力不足等现实问题[58]。周梁和陈子吟（2022）针对珠澳合作开发横琴国际休闲旅游岛的路径指出，澳门正在面临旅游业态单一、博彩业"一业独大"，以及旅游业提振发展等巨大挑战，同时总结了"开发横琴国际休闲旅游岛项目存在澳资投入项目不多"等发展阻碍，并从"珠澳政府合作，政策引导澳资旅游项目进场""围绕核心业态延伸旅游产业链""重视高端旅游人才的培养和就业"等方面指明了方向[59]。杨发辉（2022）认为，"过度依赖博彩业导致的国际旅游形象遭到破坏""旅游休闲资源丰富却开发力度不足""国际旅游收入占比较低"，以及"缺乏高、精、尖的旅游专业人才"等问题是澳门建设世界旅游休闲中心的劣势所在，应该从"扩大旅游休闲市场规模""进一步完善基础配套设施""深度开发固有的旅游休闲资源"等方面进行尝试来改善提升[60]。

总的来说，由于各地方在产业发展水平、地理空间区位、资源禀赋、社会经济发展程度等方面的实际情况各有不同，在推进旅游目的地世界化进程中面临的具体问题与制定的发展策略也存在较大差异。但是，却依然可通过深入剖析，揭示总结出一定的规律，具体如图2-3所示。

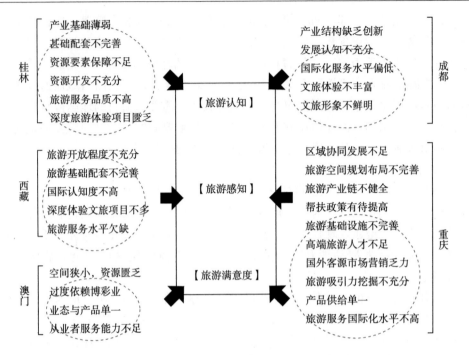

图 2-3 我国桂林、成都、重庆、西藏、澳门旅游产业世界化进程中存在的问题

桂林、成都、重庆、西藏、澳门在旅游产业的世界化进程中存在诸如世界化旅游服务水平不足、深度旅游体验项目匮乏、国际旅游形象认知度不高等共性问题，集中指向了世界游客群体对旅游目的地的旅游认知、旅游形象感知、旅游活动体验，以及旅游满意度等因素。如果仅聚焦于资源开发、区域协同、产业链延伸、空间规划等路径探讨世界级旅游目的地的建设策略，就会在一定程度上忽视立足于世界游客视角研究世界级旅游目的地建设路径的重要性与必要性，背离了旅游产业"以市场需求为导向"的基本原则。

第二节　旅游目的地形象

在全球社会经济的现代化发展趋势下，旅游产业发展正式进入形象导向阶段。形象构建不仅直接决定了旅游目的地的开发与建设方向，对于目的地所在区域的经济、社会、环境、文化等多个领域发展也有现实的影响作用。因此，在建设世界级旅游目的地背景下，形象构建的重要性得到进一步凸显。伴随我国全面进入高质量发展时代，学理界围绕旅游目的地形象构建开展了大量研究。

一、旅游目的地形象的概念

（一）国外有关旅游目的地形象概念的研究

Bouldin（1956）率先将形象理论引入旅游目的地研究领域，强调旅游目的地形象（Tourism Destination Image）是纯粹的主观性判断，而非真实的事件内容[61]。John D. Hunt（1971）对旅游目的地形象的概念阐述较具代表性，认为其是个体对于非居住地所持的主观印象，关乎游客出游活动全过程中的一切决策行为[62]。Gunn（1972）将旅游目的地形象视为游客通过对目的地相关信息进行加工形成的一种精神构建[63]。学者对上述观点持认可态度，将旅游目的地形象的概念认定为游客对目的地内化的感觉[64]、观点[65]、印象[66] 的总和。Assael（1998）又将其概念凝练为游客个体通过对旅游目的地相关信息进行加工而形成的主观认知[67]。此阶段对于旅游目的地形象的概念界定，侧重于描述游客对目的地相关旅游信息的心理映射，旅游目的地形象是多种思维认知、情感态度叠加的结果状态。

随着该领域研究的不断深化，有关旅游目的地形象的概念描述更加趋于系统性。Embacher 和 Buttle（1989）认为，旅游目的地形象是游客在旅游活动结束后形成的思维认知和情绪情感的组成[68]。Barich 和 Kotler（1991）提出了"发射性形象"和"接受性形象"两个全新概念，标志着该领域研究的进一步升华[69]。"发射性形象"是任何人都可能持有的区域形象的认知观点，"接受性形象"即个体在自身因素作用影响下产生的认知观点[70]。Fakeye 和 Crompton（1991）将旅游目的地形象的概念拓展为原生形象、引致形象及复合形象[64]，并由 Baloglu 和 McCleary（1999）延伸描述为认知形象、情感形象以及整体形象[71]。Muphy 等（2000）则将其归结为旅游前、后，游客将旅游目的地各类要素与自身观点和想法整合后形成的心理反应[72]。Kim 和 Richardson（2003）遵循旅游出行前、中、后的时间线索，聚焦游客对某个特定旅游目的地形成的信仰、观点、情感的累积来进行定义[73]。此阶段研究开始依据旅游活动的时间阶段、旅游形象的构建与认知主体，以及游客的心理认知与情感态度的区分进行概念定义，旅游目的地形象的内涵更加丰富。

类似的研究还有，Gartner（1993）将旅游目的地形象总结为游客对某一特定旅游目的地产生的感知层次、情感层次、意愿层次的主观认知层次的递进过程[74]。Echtner 和 Ritchie（1993）使用"属性—整体链、功能—心理链、共同性—唯一性链"框架诠释描述旅游目的地形象的定义[75]。Kim 和 Richardson（2003）提出游客对于旅游目的地形象的形成是以时间推移为线索，在认知和情感等方面累积而成的认知的总体结果[73]。Grosspietsch（2006）以旅游经历为依据，提出目的地旅游形象是指目的地潜在的游客和现有游客对旅游目的地的各类要素产生的印象和认识[76]。Tasci 等（2007）直接将旅游目的地形象概念归纳为游客对目的地的想象、情感、观点、意愿等的总和[77]。Govers 等（2007）将其旅游目的地形象视为由主体、客体、媒介共同构建的旅游地三维网络形象[78]。此阶段概念界定的依据更加分明、清晰，内容描述更加具体、严谨，考虑因素也更加全面，且产出成果带有鲜明的时代特征，为后续本领域的拓展研究提供了坚实的理论基础。

（二）国内有关旅游目的地形象的概念研究

我国学理界对旅游目的地形象的研究开始于 1999 年，对其概念的本质认知与国外学界基本相似，均强调其是一种理性综合，是游客对目的地的认知和评价的概括[79]。如吴必虎（2001）将其定义为个体对旅游目的地的总体认识与评价[80]。黄艺农和程柯（2007）指出，旅游目的地形象是由游客在旅游前后对与目的地有关的客观物质实体和氛围的认知总和[81]。白凯（2009）将其描述为游客对目的地各种信息进行加工的一种意向图式凝结与主观概念性诠释[82]。李玺等（2011）认为，旅游形象是指游客对目的地的政治、经济、人文、艺术、交通、餐饮、购物等全面综合的了解[83]。王素洁和刘海英（2017）将其诠释为游客基于过往经历、自身知识水平、精神信仰、内心感受与想象等因素组合成对特定旅游目的地的认知形象和情感形象，从而催生出的整体形象感知结果[84]。李巍和张树夫（2007）强调旅游目的地形象是有过目的地旅游经历或潜在游客对目的地持有的主客观评价和感知在内心形成的一种心理反应[85]。丁陈娟等（2007）则聚焦于旅游目的地角度，认为一个地方在不断的沉淀发展过程中，其社会文化、民俗风情、历史等构成当地的旅游形象[86]。王君怡等（2018）从认知过程视角将旅游目的地形象定义为一个不同形象要素相互关联的系统[87]。敖长林等（2020）认为，旅游目的地形象是指游客个体对目的地的自然、社会、经济等诸多旅游要素的感知印象[88]。曹梦琦（2021）将旅游目的地形象划分为游客对目的地的游前期待、旅游过程中的实际感受，以及旅游活动结束后形成印象的总和[89]。谭红日等（2021）认为，旅游目的地形象是游客对某一目的地的综合性感知和评价，是对于目的地内在与外在精神和价值的感知评价[90]。赵德森和窦垚（2021）认为，旅游目的地形象是在政府行为主导下，游客对于目的地所有感知行为因子实施的整体性评价结果[91]。

也有国内学者提出旅游目的地形象是目的地旅游特征在游客心里形成的一种主观反应，是游客对目的地的现实感知[92]。与之相对应的旅游目的地象征性形象是指旅游目的地为了满足游客特定象征性需求而设计的旅游目的地形象[93]。

从自我概念的角度拆析旅游目的地象征性形象，可分为以下四个方面：关系形象、社会形象、集体形象以及个人形象[94]。关系形象的焦点在于关系建立，强调他人对自己的评价和反映，如旅游目的地可以显示他人的自尊和荣誉等[95]。社会形象聚焦于角色的身份地位，如旅游目的地是否能体现游客个人的声望和地位等[96]。集体形象则侧重于群体的属性，强调旅游目的地能够给成员带来对应的福利，反映去个性化的集体利益[97]。个人形象强调消费者个人的特质、价值观和态度，其社会动机是旅游目的地是否能体现个人成就感等[98]。

综上，国内外学理界对旅游目的地形象概念界定的基本思路大体相同，但是在局部存在细小差异，具体如表2-1所示。

表2-1　国内外部分学者关于旅游目的地形象概念界定的特征

作者（年份）	概念界定特征
Bouldin（1956）	一种纯粹的主观性判断
John D. Hunt（1971）	对于非居住地所持的主观印象
Gunn（1972）	对目的地相关信息加工形成的一种精神构建
Assael（1998）	对旅游目的地相关信息进行加工形成的认知结果
Embacher 和 Buttle（1989）	旅游活动后形成的思维认知和情绪情感的组成
Barich 和 Kotler（1991）	"发射性形象"和"接受性形象"
Fakeye 和 Crompton（1991）	原生形象、引致形象、复合形象
Baloglu 和 McCleary（1999）	认知形象、情感形象、整体形象
Murphy 等（2000）	旅游前后对目的地各类要素与自身观点的整合反应
Kim 和 Richardson（2003）	旅游前中后对目的地形成的信仰、观点、情感的累积
Gartner（1993）	感知、情感、意愿的主观认知层次的递进过程
Echtner 和 Ritchie（1993）	属性—整体链、功能—心理链、共同性—唯一性链
Grosspietsch（2006）	潜在和现有游客对目的地各类要素产生的印象和认识
Tasci 等（2007）	对目的地的想象、情感、观点、意愿等的总和
Govers 等（2007）	由主体、客体、媒介共同构建的旅游地三维网络形象
吴必虎（2001）	游客对旅游目的地的总体认识与评价
黄艺农和程柯（2007）	旅游前后对目的地客观物质实体和氛围的认知总和
白凯（2009）	对各种信息进行加工的意向图式凝结与主观概念性诠释
崔楠（2010）	关系形象、社会形象、集体形象、个人形象
李玺等（2011）	对政治、经济、人文、餐饮、购物等全面综合的了解
王素洁和刘海英（2017）	经历、知识、信仰、感受等因素催生的整体感知

作者（年份）	概念界定特征
李魏和张树夫（2007）	主观与客观评价和感知在内心形成的一种心理反应
丁陈娟等（2007）	社会文化、民俗风情、历史等因素的构成
王君怡等（2018）	一个不同形象要素相互关联的系统
敖长林等（2020）	对目的地自然、社会、经济等诸多旅游要素的感知印象
曹梦琦（2021）	游前、游中、游后形成的印象总和
谭红日等（2021）	目的地内在与外在精神和价值的感知评价
赵德森和窦垚（2021）	政府行为主导下，游客对目的地的整体性评价结果
张怡然和皮平凡（2022）	目的地旅游特征在游客心里形成的一种主观反应

在经历了长达数十年的研究后，旅游目的地形象的概念论述逐步发展起来，内容和层次也越发丰富，却始终难以达成统一的共识[99]。Lai和Li（2016）就曾经提出，心理学和哲学研究存在视角差异，导致旅游目的地形象概念内涵具有一定的模糊性，很难明确其精准定义[100]。但是，却能够通过经验总结明确其内涵特征：一是游客核心载体地位。旅游目的地形象是游客个体或群体对目的地的认知和情感反应，体现了主观性，脱离了游客的旅游目的地形象概念也将不复存在。二是旅游目的地形象能够反映目的地的主要特点。旅游目的地形象通过目的地的自然与人文资源、工作人员服务态度、基础配套设施、核心建筑物特色、消费价格水平等诸多特点体现，通过形象体现出的主要特点可以让外界对目的地形成大体的认知。三是旅游目的地形象是目的地在游客心理层面的总体印象。游客根据对旅游目的地的相关信息进行分析，并结合自身的主观判断后形成的对目的地的总体印象。旅游目的地形象的内涵特征如图2-4所示。

游客对旅游目的地形象的认知结果能够体现目的地特点，因而成为官方宣推的重要路径，同时也是市场需求导向原则下目的地优化建设与提升发展的指南。

二、"认知—情感"理论模型

Baloglu和McCleary（1999）基于现实具体事物接触赋予个体认知和体验经历，从而催生情感的心理逻辑链，构建了包括认知形象、情感形象、整体形象在内的"认知—情感"理论模型[71]。其中，认知形象是指游客对目的地不同功能属性的认知与评价[101]；情感形象建立于认知形象之上，主要是个体对目的地产生的情绪体验，视作认知形象的情感延伸[102]；而整体形象是将认知形象和情感形象联系在一起，是游客实地游览后对目的地整体印象的体现，对于旅游目的地选择决策有关键作用[103]。更有学者作出论证，认为认知形象对情感形象和整体

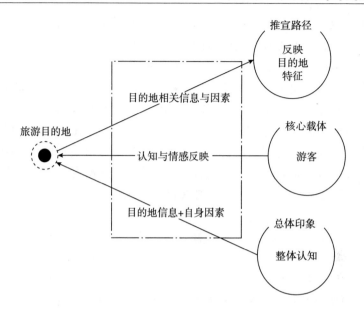

图 2-4 旅游目的地形象内涵特征

形象有显著的正向影响[104]。并且，与认知形象相比，情感形象对整体形象的影响效力更大[105]。"认知—情感"理论模型如图 2-5 所示。

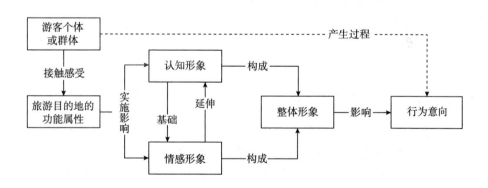

图 2-5 "认知—情感"理论模型

在"认知—情感"理论模型基础上，李蕾蕾（1999）提出旅游目的地感知形象的阶段划分理论，认为任何游客个体都会经历"本底感知—决策感知—实地感知—本底感知"的认知循环过程，导致目的地官方建构传播的旅游形象无法被游客精准识别，感知偏差也由此产生[106]。赵琴（2023）针对该现象进行进一步解析，即游客在旅游前通过各种渠道获取目的地相关信息，初步形成一种原生的目的地旅游形象，在旅游过程中亲身体验后，会对原生的目的地旅游形象进行不断的否定与修改，从而形成最终的目的地形象[107]。

学理界多以"认知—情感"理论模型为指导，探究游客对旅游目的地、旅游业态或是旅游吸引物的认知形象、情感形象、整体形象、形象认知偏差以及形象认知的效应机制等。如李春萍和张简（2017）通过网络文本分析法对比了国内外游客对西安目的地旅游形象的认知和情感差异[93]。杨帆（2022）以桐乡市乌镇游客为研究对象，构建了旅游古镇游客形象感知的评价模型以及初始感知形象评价指标体系，并且通过问卷调查的方法剖析了乌镇旅游发展过程中存在的短板问题[108]。何调霞等（2023）研究了游客群体对无锡古运河目的地的认知形象、情感形象及整体形象，并结合实际提出优化策略[109]。杜荣荣和吐尔逊古丽·吾甫尔（2023）分析了景区旅游形象感知现状，并且成功验证了旅游形象感知与重游意愿二者之间的内在联系[110]。李静等（2023）成功探究了旅游节庆活动吸引力对于游客节庆依恋和忠诚度的影响机制[97]。杨婉婷等（2023）同样基于"认知—情感"模型研究入境旅游目的地形象感知的时空特征，提出入境游客对旅游目的地的认知结构会随着时间变化发生演变，围绕"自然景观"和"物质文化"产生的形象认知的比重最大[111]。杨艺琳（2023）以 YouTube 中医热门视频的评论文本为语料库实施定性研究，通过对获得的成果进行全面梳理与总结，揭示了海外受众对我国中医治疗的服务需求[99]。侯玉杰（2023）以社交媒体 UGC 为数据源构建数据库，分析了武汉市夜间旅游感知价值在信任的媒介效应下对行为意向的影响机制，为城市夜间旅游业态发展提供了较具实践指导意义的对策和建议[112]。

上述研究体现了"认知—情感"理论在旅游形象研究领域的应用价值，为基于世界游客视角探讨世界级旅游目的地的建设路径提供了坚实的理论基础。

三、旅游目的地形象的效应机制

伴随我国旅游产业进入高质量发展阶段，通过供给侧结构性改革满足广大游客群体的个性化需求，成为旅游目的地创新提质发展的主旋律。尤其是在建设世界级旅游目的地背景下，旅游目的地形象的优化有利于从旅游目的地供给侧角度出发，通过调整旅游目的地资源要素的配置，促进旅游目的地产品结构调整，增强旅游目的地满足日渐多元化的旅游市场需求的能力，进而实现可持续发展。由此，旅游目的地的发展已完成由过去传统的"资源驱动型"模式向现代先进的"形象驱动型"模式的升级转变。探究旅游目的地形象的效应机制，则有助于为旅游目的地加快世界化进程提供更为精准的建设方向与发展策略。

范燕（2022）综合运用 TF-IDF、朴素贝叶斯、LDA 主题模型等多种方法，通过大数据剖析黄果树旅游目的地旅游形象感知情况，发现目标研究对象在发展过程中存在商业化程度严重、门票价格过高、服务品质偏低、基础设施缺乏人性化设计、景区管理秩序混乱等问题，并针对上述问题提出了具体的解决策略[113]。谢文海等（2023）通过研究张家界市旅游目的地形象感知，揭示了提高人文资源开发力度、创新旅游模式、营造特色城市氛围等文旅产业高质量发展的实践路径[114]。通过分析游客群体对旅游目的地形象感知结果，可获取游客市场对目的地的期望与不满，对于目的地改革建设有直接性的引导作用。

还有学者认为，由于旅游目的地形象是游客个体"纯粹的"主观性认知，致使旅游目的地形象感知具有引发涟漪效应和溢出效应的可能性。一方面，旅游产业链的各环节高度相关，旅游形象感知结果的好坏会直接影响整个旅游目的地的社会经济系统[115]。另一方面，游客对旅游目的地的形象感知具有向旅游目的地周边区域辐射的可能性，即游客多倾向于将某个目的地形象感知结果的好坏泛化到目的地所在的整个区域范围[116]。尤其是当游客对旅游目的地产生了负面感知结果的情况下，这种负面形象可能会使当地被赋予一种地域标签、刻板印象，甚至是污名[117]。上述研究说明，旅游目的地形象不只是"单纯的旅游问题"，而是涉及目的地和目的地所在区域整体经济社会发展的系统性问题。

与上述研究内容相比，国内外学理界更加关注旅游目的地形象对于旅游市场动向的牵引作用。Baloglu 和 McCleary（1999）明确指出，旅游目的地形象是旅游决策和目的地选择的决定性影响因素，且没有之一[71]。Mona Afshardoost 和 Mohammad Sadegh Eshaghi（2020）采用荟萃分析的方法集结了 87 项研究目标的影响图像。研究显示，目的地形象在预判游客各种行为意向方面发挥着不同程度的重要作用，可为本行业的政府、企业以及领域学者提供启示[118]。郭伟欣和梁文斌（2022）以非遗游客为对象，实证了旅游目的地形象感知对包括重游意向和推荐意向在内的行为意向有显著正向影响[119]。Seyma（2022）实证了旅游目的地形象感知通过游客在旅游过程中产生的积极情绪和满意度对行为意愿施加影响的作用路径[120]。计鑫（2022）依托计划行为理论构建了红色旅游游客行为意向理论模型，并且通过实证分析获得结论，即游客围绕目的地不同因素产生的形象认知对于行为意向的影响作用存在差别，红色旅游目的地吸引物形象感知的作用程度最高，其次是主观规范、态度及知觉行为控制，之后是文创宣传形象。另外，目的地形象感知对游客行为意向的影响存在"目的地形象对行为意向的直接作用"和"目的地形象—态度—行为意向"等多种作用路径[121]。刘琢（2022）在论证旅游目的地形象与旅游体验质量的关系时发现，认知形象和情感形象通过旅游体验质量对推荐意愿、重游意愿有显著的正向影响[122]。胡媛（2023）以沉浸理论、"S-O-R"理论、消费者购买决策理论为依据，构建了沉浸式演艺活动旅游形象感知对旅游后行为倾向影响的理论模型，研究发现，游客群体在沉浸式旅游演艺中形成的认知形象和整体形象显著影响旅游后的行为倾向。其中，与整体形象相比，认知形象的影响效应更为明显。同时，游客群体在沉浸式旅游演艺中形成的认知形象、情感形象、整体形象显著影响沉浸体验质量感知和旅游活动满意度感知[123]。

旅游目的地形象感知的效应机制特征如图 2-6 所示。

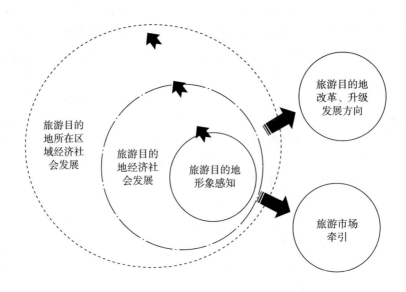

图 2-6　旅游目的地形象感知的效应机制特征

如图 2-6 所示，旅游目的地形象感知的效应机制特征包括：①旅游目的地建设指导性。通过分析游客群体对于旅游目的地形象的感知结果，可获取游客群体视域下目的地现存的发展短板问题，在遵循市场导向原则基础上，为目的地实现高质量建设提供依据。②市场动向牵引作用。旅游目的地形象感知对包括消费决策、旅游体验、满意度、重游、推荐等变量在内的系列游客行为意向有显著的正向影响效用。因此可作出判断，优质的旅游目的地形象对于旅游市场动向有巨大的牵引作用。③区域系统影响。游客群体对旅游目的地形象感知的结果，对于目的地以及目的地所在区域的整体经济社会系统有显著的影响。

四、旅游形象感知的比较研究

当下，文旅休闲已成为人们日常生活支出的重要组成部分，常态化、大众化、个性化、体验化等文化旅游消费升级特征越发明显。在此背景下，旅游目的地单一、固化，甚至千篇一律的旅游形象构建已无法适应游客市场需求。因此，立足时空、地域、群体等不同视角对旅游形象感知进行比较研究，有利于旅游目的地在迎合文旅市场消费升级变化趋势的基础上，打造特色鲜活的旅游形象。

（一）时空差异条件下旅游形象感知的比较研究

旅游目的地形象感知的"纯粹主观性"特征决定了感知状态具有随时空变化而演变的可能。张高军等（2023）运用定性元分析方法构建了基于时间轴线的目的地形象演变模型，揭示了包括"大型活动""负面事件""信息源"等促使目的地形象演变的宏观因素，以及包括"旅游阶段""初游重游行为""人口学特征""空间与心理距离""涉入度"等个体差异在内的微观因素，指明了时间的一维度单向性是目的地形象演变的基础变量，也决定了目的地形象演变的必然性[124]。韩紫薇（2022）立足于突发公共卫生事件背景，探讨了旅游目的地形象的动态演化及偏差机理，提出个体要素、支持要素、传播要素、情境要素是导致目的地形象认知演变的核心要素，旅游目的地形象演变偏差则主要发生在信息传递、主观传播、主观接收等环节[125]。陈光璞（2022）针对游客在旅游出行前对目的地持有的刻板印象与出行中实际感知的目的地形象进行对比研究，发现游客对目的地持有的刻板印象与实际感知形象之间存在较大差异。在认知形象方面，刻板印象多集中于目的地总体层面，较少关注旅游吸引物和旅游活动等层面，实际感知形象则完全与之相反。在情感形象方面，实际感知形象总体优于刻板印象，但是体现在具体要素层面则存在不同程度的差异[126]。朱潇月等（2023）聚焦北京冬奥会举办前后旅游目的地形象感知的比较研究，发现在冬奥会举办之后，游客群体的形象感知维度产生了明显的变化，同时，游客群体对北京的国际化旅游形象感知得到大幅度提升[127]。陈锋（2023）基于网络用户数据分析汕头旅游目的地形象感知演变过程，依据时间轴线观察汕头的旅游形象。研究发现，游客群体对汕头的认知从美食认知逐步转向以南澳岛等海岛旅游为主的海滨旅游形象认知，同时，正面积极情绪的认知评价呈上升趋势[128]。郭婉（2023）以新冠疫情前后旅游业恢复周期为线索，基于游客群体的旅游偏好研究武汉旅游形象感知的差异变化，发现从2020年开始，游客的旅游偏好开始向周边游以及开放程度较高的休憩目的地转变，武汉"温暖城市"旅游形象效应初步显现。并且，她依据旅游目的地形象感知的演变规律，提出重塑武汉旅游形象的发展建议[129]。

已有多位学者采用定量分析的方法，实证了游客群体对旅游目的地的形象感知状态会沿着"重要事件"的时间轴线发生转变，这里所说的"重要事件"包括自然事件、社会事件、目的地事件以及游客自身出游活动等。而形象感知状态的转变方向与程度则是由"重要事件"的性质与影响力决定的。

（二）目的地差异条件下旅游形象感知的比较研究

同类型旅游目的地在资源属性、发展定位、目标群体、营销渠道等方面均基本类似。但是，游客群体对于同类型的不同目的地所持有的形象感知状态却可能存在较明显的不同。通过横向比较探究这种异同情况，有助于深层次剖析旅游目的地形象感知的形成机理和影响机制，从而实施科学的策略制定。

张聪慧和李智行（2022）选取两处不同的世界遗产旅游目的地作为研究对象，通过分析网络用户生成数据，对比两地旅游形象感知情况。结果表明，两处世界遗产旅游目的地"历史文化"和"旅游服务"功能板块的形象认知状态一致，但是特色旅游吸引物的认知定位有所不同[130]。柯丽红和佟静（2022）对中国四大石窟旅游目的地形象进行比较，研究发现，游客对四大石窟的管理服务感知均有涉及但比重不同，表现出景区讲解服务粗糙、排队等候时间长、交通不便等问题[131]。徐旋（2023）利用深度卷积神经网络模型分析中国海南和台湾潜在游客群体的 UGC 数据，研究发现，游客对海南和台湾的旅游形象认知主要聚焦在自然旅游资源方面，但是形象属性占比有明显差别[132]。秦素珍等（2023）针对 4 个国家矿山公园的形象感知进行对比，研究发现，不同目的地的形象感知呈现差异性，积极情绪认知集中在旅游特色范畴，消极情绪认知则体现在景色和票价等方面[133]。李凤娇等（2023）对比研究京津冀和长三角城市群的旅游形象感知状态，结果显示，游客群体对二者的认知形象在"旅游目的地""旅游配套设施""旅游资源"等方面具有相似性，游客群体对于京津冀的积极情感认知优于长三角城市群[134]。朱衣柠等（2023）围绕长三角地区红色旅游目的地发展不平衡的问题，选定上海、嘉兴、淮安、大别山革命老区四地的旅游形象实施横向对比，发现各地红色旅游发展水平确实存在层差，同时各地均存在红色旅游产品体系不完善、红色文化体验活动单调、与现代互联网技术融合度不高、红色文化赋能不充分等发展性问题[135]。

综合上述文献可知，目的地差异条件下游客形象感知状态确实存在异同，而导致这种异同情况发生的原因则还需通过大量、有效的定量分析予以定论。

（三）群体差异条件下旅游形象感知的比较研究

旅游市场细分化原则要求旅游业的管理运营方应该依据游客群体差异条件对旅游市场营销策略与旅游产品服务设计实施精细化处理。在建设世界级旅游目的地背景下，按照游客群体差异条件分析旅游目的地形象感知，有助于旅游目的地在世界化进程中具备掌握和牵引世界游客市场动向的操作能力。

高军（2012）在旅游心理链理论基础上提出中外现实游客旅游心理链概念模型，总结出中外游客对旅游目的地最主要的旅游实地感知类别，可划分为"地方大背景""娱乐活动""核心吸引物""游览环境""基础设施""信息与服务""物价"共七大类。同时指出旅游心理链节点变量之间存在着"旅游动机—旅游实地感知—旅游收获—旅游总体评判—游后意愿"的变量关系主轴，并且发现世界游客在这条旅游心理链主轴线上的前一节点变量对相邻的后一节点变量的直接影响程度均大于国内游客[136]。Giraldi 和 Cesareo（2014）关注初游和重游群体之间的旅游目的地形象感知差异，探究了两者对罗马的认知和情感形象，发现初游群体和重游群体对目的地的认知及情感形象感知既存在相同之处，也存在差异[137]。张高军（2016）对中国各类内文化群体的旅游目的地形象感知展开比较分析。研究发现，中国内文化群体的目的地形象感知存在显著差异，且文化是目的地形象产生群体差异的重要影响因素[138]。贺景（2018）实证了年龄、学历、职业、收入、客源地等群体划分依据是引发目的地旅游形象感知差异的因素[139]。关阳（2019）从吃、住、行、游、购、娱六个方面比较分析中外游客对桂林旅游目的地形象感知的差异。研究发现，中外游客在游、住、行三方面的形象认知基本相同，但在吃、购、娱三方面的形象认知有明显差异[140]。邓宁等（2019）通过分析世界游客拍摄图片，对比研究不同客源地游客对北京旅游目的地形象的感知差异。结果显示，在认知形象方面，自然和建筑维度是不同客源地游客共同关注的重点内容，其他维度则存在差异。在情感形象方面，不同客源地游客均以令人愉快的、兴奋的情感倾向为主，但英国游客暗含情感不同于中国港澳台和美国游客[141]。潘莉等（2021）分析了潜在游客和有过往经历游客对南非目的地旅游形象的感知异同，发现游客的感知形象符合刻板印象内容模型的维度划分，且存在显著差异[142]。林玲和唐伟（2023）从不同文化群体的角度提出不同群体对目的地的形象感知存在差异，并分析了产生这种差异的原因[143]。王颖（2023）以情感体验差异为依据将游客群体进行划分，发现不同类型的游客群体集团对内蒙古旅游形象的感知存在明显差异[144]。罗文军（2023）比较分析中外游客对成都历史文化街区形象的感知异同。研究发现，背景文化对中外游客的认知形象有较大影响，但是与外国游客群体相比，中国游客群体对历史文化价值的认知程度更高[145]。

游客个体因素和群体共性特质可能是导致上述异同情况形成的原因。面向此类市场动向，提出清晰、具体的应对策略是关键所在。

（四）主体差异条件下旅游形象感知的比较研究

市场竞争异常激烈的旅游业，"形象构建先行"成为各旅游目的地的重要竞争战略，塑造一个新奇、创新的形象已被各目的地管理运营方列为一项长期的主线工作任务。然而，越来越多的学者发现，游客群体实际感知的目的地形象与管理运营方塑造传播的形象之间存在差异。这不仅导致了管理投入资源浪费情况的发生，同时也丧失了旅游目的地形象构建的价值与意义。因此，如何在形象构建与形象解码之间，即如何将运营方投射形象与游客感知形象之间的沟壑填平，成为大批学者关注的焦点，并且开展了大量的实证研究。

刘丽娜等（2022）利用 ROST 文本分析技术对照分析了大同市旅游目的地官方宣传形象与游客感知形象的差异。研究表明，官方宣传形象与游客感知形象在"景观资源""历史文化""旅游出行"等方面存在较大差异，官方聚焦历史文化名城城市形象的投射，而游客则更倾向于自然景观资源的形象认知[146]。张鹏杨和郑婷（2022）探讨旅游供给方与旅游需求方二者建构的目的地形象异同，发现供给方主要围绕"自然资源""游客体验""人文资源""氛围"建构形象，而需求方则围绕"自然资源""交通""人文资源""餐饮美食"等因素实施建构。供给方形象宣传侧重于内容的广泛性和全面性，需求方感知则多聚焦于游览过程中的细节体验[147]。汪敏（2022）对线上用户网络数据进行分析，发现投射方努力构建的"人文旅游资源深厚、基础设施完善、生态宜居、四季宜游、文创特色鲜明、景区管理科学、服务健全优质"目的地形象与游客感知的"人文资源开发不足、民俗文化单调乏味、基础设施匮乏、春秋宜游、文创产品低端、服务与管理不规范"目的地形象存在差异[148]。姜文莹（2023）运用 ROST CM6 软件对大型人工海岛网络评论数据进行拆析。结果表明，官方投射形象与游客感知形象存在明显差异，尤其是在社会环境与氛围方面，官方投射形象以文化渲染为主，而游客感知形象则更加关注服务态度。但是二者在部分人文吸引物层面的形象感知存在共识[149]。李学群（2023）在对鼓浪屿旅游形象感知的研究中指出，官方投射与游客感知的旅游形象在人文旅游吸引物方面存在共性，但是却在人文旅游要素的侧重点上存在一定程度的认知错位和偏差[150]。宋天欣（2023）在针对克什克腾旗旅游形象的案例研究中发现，官方投射形象与游客感知形象在旅游活动、旅游服务及旅游管理方面存在明显的认知错位现象[151]。王富钢（2023）指出，由于需求—供给方视角差异以及宣传资料收集的文本数据局限，导致在"自然吸引物特征与定位""旅游宣传""旅游活动"等方面官方投射与游客感知形象出现错位[152]。

综上所述，"投射—感知"认知错位的产生原因和影响因素较为复杂，并且存在一定程度的不可控性。同时，也侧面反映出了目的地管理运营方确实存在脱离游客市场动向设计构建目的地形象的现实问题。而总结出能够提升投射形象与实际感知形象契合度的理论依据，是当下学理界亟待解决的重要问题。

第三节　世界游客视域下旅游目的地形象研究

入境游发展情况不仅能够直接反映出旅游业的发展水平，更是一个国家或者地区经济社会发展水平的重要标志。而世界游客对目的地的形象感知状态是衡量目的地旅游世界化发展程度的重要标准和依据。因此，探究世界游客群体的目的地形象感知，对于提升目的地形象构建、加快目的地旅游世界化进程有重要意义。

Joy（2019）基于世界游客视角构建旅游目的地形象的竞争力模型，从文化遗址、绿色环境、生态环境、安全保障、食品健康、文化历史、观光游览、居民接纳、情感点等方面评价世界游客群体对旅游目的地形象认知的具体情况，提出"旅游行为前，世界游客群体的形象感知会聚焦于目的地的自然景观层面，而旅游行为后的世界游客形象感知则更集中于文化旅游资源"的形象感知特点[153]。

张泽楠（2022）采用 LDA 主题模型方式的大数据网络文本挖掘方法，探究世界游客对中国作为世界级旅游目的地所持有的旅游目的地形象感知。研究表明，潜在的世界游客群体对中国旅游的游前感知呈现出多样化特点，但是仍包含刻板印象。另外，潜在的世界游客群体在"行程设置"和"旅游便利性"层面表现出了极高的求知欲望[154]。

武氏草贤（2020）分别选定中、日两国游客群体作为研究对象，分析其对越南河内老城区形象感知状态，结果显示中、日两国游客对美食、环境氛围、基础设施三个维度的情绪感知倾向大体相同。但是两国游客的旅游形象感知在细微之处略有不同，中国游客更注重细节，而日本游客则更加关注整体感知[155]。

李巧巧和胡传东（2022）探究了世界游客群体对于长江三峡旅游目的地形象的感知特点。结果表明，世界游客对三峡旅游目的地的整体形象感知状况良好，对吸引物的认知形象符合目的地的自然属性，对邮轮设施和服务的情感形象认知呈现极化特点，可将"旅游购物"和"旅游软环境"等视作提升世界游客对三峡旅游目的地形象感知的重要因素[156]。

黄惠（2022）基于情感极性视角，采用自然语言处理技术，围绕世界游客对中国国家旅游形象感知展开探讨，提出基础性要素、人际互动要素、结构性要素是对世界游客情感极性产生影响的核心与重要因素[157]。

徐哲等（2022）研究探讨了旅游景区的公示语对日本游客群体形象感知的影响作用机制，揭示了日本游客群体的旅游决策会在旅游景区公示语的媒介效应下，对旅游满意度施加正向影响作用的路径[158]。

闫慧洁和张艳波（2023）在桂林入境游客旅游形象感知研究中指出，发达国家客源在入境市场份额中占据最大比例，这与文化差异、过签政策、物理性距离等多维因素有关。自然旅游资源的被认知程度最为明显，负面认知点主要集中在景区管理水平、人员服务意识以及基础配套设施等方面[159]。

江进林和陈梦（2023）通过构建语料库，使用评价理论中的态度系统进行标注，成功探究了世界游客群体对颐和园旅游目的地的形象的认知情况。研究表明，世界游客群体对颐和园旅游目的地的形象认知主要聚焦在"观光休闲目的地"和"历史文化遗迹地"两个方面。同时，游客对颐和园旅游目的地在人流拥挤、景观保护不力、设施安全隐患等方面的形象感知状况恶劣，对观光休闲活动的商业化与历史文化的"纯粹性"存在差异化的"需求之困"[160]。

孙莉（2023）收集 Tripadvisor 旅游网站的英文评论转换分析数据，对中国五个传统村落进行国际旅游形象感知分析。研究表明，世界游客主要围绕旅游吸引物、旅游交通系统、旅游服务设施、旅游服务人员四个方面形成形象认知；基于世界游客形象认知情况发现，过度商业化、环境嘈杂等旅游氛围层面的问题正在对中国传统村落旅游形象构建产生较为严重的不良影响[161]。

另外，潘冬南（2022）分析了国家形象感知对中国公民前往泰国旅游意向的影响机制。研究发现，宏观和微观的国家形象感知不仅对目的地信任有积极刺激作用，同时对中国公民前往泰国旅游的意向有显著的正向影响作用[162]。张芬琳（2022）构建了以旅游目的地形象为自变量、满意度为媒介变量、重游意愿为因变量的影响机制模型，选定访游泰国的中国游客群体为研究对象并进行回归分析。结果表明，旅游目的地形象的全部维度对游客重游意愿有显著的正向影响作用，依照影响程度高低依次为旅游交通、旅游购物、旅游景点、旅游饮食[163]。程励等（2023）以斯里兰卡为例探讨"一带一路"沿线的国家和目的地形象对中国游客群体旅游意向的复杂影响因素与机制，共建构了 6 个复杂关系模型，同时生成了 27 条高水平旅游意向的复杂因果组合路径，研究成果在"斯里兰卡旅游市场的精准营销""促进斯里兰卡游客的旅游消费""斯里兰卡旅游资源开发策略"等方面具有较大的现实意义[164]。

不同国家拥有不同的政治体制、经济模式、文化倾向、历史背景、民族精神等，这是导致思维认知模式存在差异的主要原因，形象认知的状态与结果也会随之产生异同。在建设世界级旅游目的地目标驱动下，进一步拓展旅游外需就要深入了解世界游客群体的心理与行为特征，而旅游目的地形象感知即是最佳的着力点。上述文献基于不同视角分析了世界游客群体在旅游目的地形象感知方面的具体特点，为在世界游客视域下探究世界级旅游目的地的建设路径研究提供了有力的理论依据和经验借鉴。下一步将围绕具体的案例地开展旅游目的地形象感知研究，通过剖析世界游客群体形象感知的具体情况，为案例地拓展世界游客市场、加快旅游产业世界化进程制定优化策略与实施方案。

第四节　江西省旅游目的地形象研究

一直以来，江西省都是我国的旅游大省之一，自然资源本底深厚，人文资源更是早已闻名于世界。2022年，江西省颁布《江西省人民政府办公厅关于推进旅游业高质量发展的实施意见》，明确提出要打造一批富有赣鄱特色的世界级旅游景区和度假区的发展目标，并且强调了全面提升江西省旅游形象的具体要求[2]。鉴于此，掌握游客群体对江西省旅游形象的感知现状，梳理江西省在旅游形象构建方面存在的困难与面临的挑战，以优化旅游形象为窗口推动世界级旅游目的地建设，是江西省进一步加快落实旅游强省战略的重要举措。对此，已有学者开展了大量研究，具体情况如下：

阎行一（2017）采用定量分析的方法针对南昌市旅游目的地形象的内在因子进行探索。研究发现南昌旅游目的地形象由旅游吸引物、旅游交通、旅游价格、环境氛围、旅游服务、自然风光、社会形象、红色形象、文化底蕴和情感形象共10个维度构成，其中的社会形象、旅游吸引物、环境氛围、红色形象、文化底蕴、情感形象6个因子对游客口碑传播与行为意愿有正向影响[165]。曾倩（2018）从"全省旅游发展的顶层设计""旅游目的地升级改革发展""构建三级立体营销体系""升级旅游营销模式""全力推进智慧旅游发展"五个方面提出江西旅游形象品牌升级定位的对策和建议[166]。彭琮娉（2018）围绕江西省庐山景区的文化形象展开探索，分析了庐山景区旅游文化形象的定位与设计，重点探讨了庐山景区旅游文化形象传播的原则与价值[167]。许云伟（2019）依托视觉语法框架，基于多模态视角，分析了江西省旅游形象的再现意义，成功挖掘出了语篇呈现者的意图，验证了《江西风景独好》宣传片对于江西省区域旅游形象构建与传播的推动作用[168]。郭际等（2020）针对江西省茶文化主题旅游目的地的形象感知开展研究。结果显示，游客对江西茶文化主题旅游目的地的整体形象感知主要集中在开发者利益、旅游者需求和地区资源开发三个方面[169]。廖婷（2021）针对江西省饶州古镇旅游品牌进行视觉形象设计，并且得出结论：古镇旅游品牌视觉形象设计是古镇发展理念的可视化过程，地域文化是古镇旅游品牌视觉形象设计的重要支撑[170]。陈修能（2022）基于视觉传达设计理论对江西省庐山旅游目的地品牌形象塑造展开研究，通过剖析凝练庐山的发展定位、地域特征及人文历史资源，提出旅游地品牌形象设计的突破点与创新点[171]。陈诗雨（2022）围绕江西抚州金溪县竹桥古村旅游目的地开展旅游品牌形象设计，共制定出"竹桥古村旅游品牌 VI 视觉系统设计""竹桥古村旅游品牌形象延展设计"两套方案，成果极具实践指导意义[172]。邱婧佩和刘艳霞（2023）针对景德镇旅游目的地形象构建现状，分别从旅游活动前、旅游活动中、旅游活动后出发探究景德镇旅游目的地形象的影响作用因素，从而提出"创新营销推广方式、提高从业人员服务质量、延长陶瓷产业链条、规范陶瓷商品市场发展"等景德镇旅游形象提升对策[173]。

学者们围绕江西省旅游目的地形象开展了大量研究，形成了丰富的理论成果，但却依然存在以下问题：一是缺乏对江西省域整体旅游形象的研究。现有研究多是以江西省域内的个别旅游城市或是旅游景区景点为案例，缺乏对江西省域的整体旅游形象的探讨。二是研究成果的代表性不足。现有研究虽围绕南昌、景德镇、庐山等旅游城市和旅游景区开展了深入分析，但是缺乏对九江、赣州、宜春、萍乡等重要旅游城市及三清山、龙虎山、武功山、庐山西海等重要旅游景区的探讨，导致现有研究成果在代表性方面存在不足，且不利于江西省在世界旅游市场营销方面形成合力。三是研究对象存在局限性。在江西省建设世界级旅游目的地背景下，应该以世界游客群体为对象开展相关研究，以为江西省及省域范围内的旅游目的地推进世界化进程提供理论参考。

第三章　研究设计

第一节　研究区域与对象

一、研究区域选定

基于世界游客视域探究江西省打造世界级旅游目的地路径，通过研究世界游客群体对于江西省及省内各城市旅游形象感知现状，剖析江西省及省内各城市在旅游目的地形象构建过程中存在的现实问题，揭示世界游客群体对于江西省及省内各城市的旅游期待与不满，提出江西省及省内各城市旅游目的地建设的优化策略，从而助推江西省文化和旅游产业的世界化进程发展。为顺利完成上述研究目标，选定研究区域具体如下：

（一）江西省

江西省是长三角、珠三角、海峡西岸的中心腹地，历史悠久、文化底蕴深厚，拥有丰富的自然风光和人文景观，仅国家5A级景区就多达14处、国家级旅游度假区4处、国家4A级旅游景区景点210余处[174]。目前，文化旅游已然成为江西省经济发展的支柱性产业之一。鉴于江西省提出打造世界级旅游目的地的总体发展目标，并且作出全面提升江西省旅游形象的具体要求，以及现有文献缺乏对江西省整体旅游形象的探讨研究等现实情况，本书选定江西省作为研究区域，即把江西省视作一个整体的旅游目的地，分析世界游客群体对其持有的形象感知状况，从而提出江西省加快推进文化和旅游产业世界化进程的发展策略。

另外，全省旅游形象的优化提升需要省域范围内各个代表性旅游城市紧跟全省步伐，深刻认识、统一思想、形成合力，以此构建江西省旅游目的地形象大格局体系。因此，同时选定其他研究区域，具体如下：

（二）南昌市

南昌市是历史文化名城，因"昌大南疆、南方昌盛"而得名，"初唐四杰"之一的王勃在《滕王阁序》中称其为"物华天宝""人杰地灵"之地。南昌也被誉为"英雄城""军旗升起的地方"[175]。关于南昌市的风景名胜，东城区有京东、瑶湖水上娱乐区；南城区有青云谱"八大山人"纪念馆文化游览区；西城区有梅岭、梦山度假及宗教旅游区，南昌万达国际旅游文化度假中心；北城区有鄱阳湖、南矶山、象山候鸟观赏区。另有滕王阁、绳金塔、八一广场、南昌之星、百花洲、青云谱，以及南昌八一起义纪念馆[176]等旅游景点。如上所述，南昌市旅游资源丰富，悠久的建城历史、独特的赣都文化、厚重的红色传统、幽静的山水环境[177]，为其文化和旅游产业的持续发展提供了坚实基础。

作为江西省的省会城市，南昌市在"十三五"期间紧紧围绕"文化强市"和"旅游强市"两大决策部署，创新思维、真抓实干，文化和旅游产业得到繁荣发展[178]。2022年，南昌市委、市政府颁布《南昌市"十四五"文化和旅游发展规划》，提出构建"一核、一带、三片区"的全域旅游高质量发展新格局，唱响"物华天宝，人杰地灵，天下英雄城——南昌"的城市形象品牌，打造高颜值城市，尽快促使南昌市成为全省旅游中心城市和享誉国内外的旅游目的地，成为引领全省高质量跨越式发展的核心引擎、支撑中部地区崛起的重要增长极和宜居宜业、宜学宜游的现代都市[179]。

鉴于南昌对于本市文化和旅游产业的发展定位，以及对于江西省旅游产业的整体发展水平有较高的代表性，本书将南昌市选定为重点研究区域之一。

（三）九江市

九江市自古以来就是海内外著名的游览胜地，素有"九派浔阳郡，分明似图画"之美称。境内山水风光迷人、名胜古迹荟萃，众多的自然景观与人文景观相映成趣，构成以庐山、鄱阳湖为主体，融古今高僧、名士妙文、书院翰香、建筑艺术于一体的独具特色的风景名胜区[180]。目前，九江市域内的景点有2000余处，石钟山、鞋山、落星墩、军山、印山、扁担山隔水相望，各具姿态。冬季，吴城沙岸湖洲，万只候鸟云集，白鹤天鹅群可谓稀世奇观，曾被海外游客誉为"中国第二座万里长城"，邻近的鄱阳湖水域是著名的"鄱阳湖百慕大三角"所在地[181]，城市整体的文化和旅游魅力属性极高。

2022年，九江市委市政府颁布的《九江市人民政府办公室关于印发九江市文化和旅游发展第十四个五年规划的通知》提出，要紧紧围绕"国际旅游名城"目标定位，巩固庐山江西旅游龙头地位，唱响"庐山天下悠"主品牌，塑造"悠然庐山，魅力九江"城市文旅品牌，做实庐山——世界级旅游目的地、庐山西海——世界级康养旅游示范区、九江市——"中四角"文化和旅游消费中心城市三大品牌，做强庐山、鄱阳湖、长江、浔阳城等世界级山水文化资源[182]。同年，九江市文化广电新闻出版旅游局发布《九江市打造国际旅游名城实施意见》，提到2025年，把九江初步建成旅游繁荣发展、文化特色鲜明、山水园林秀美、社会和谐文明的国际旅游名城。同时，将塑造国际化品牌、构建文明互鉴的旅游形象体系[183]列为主要发展任务之一。

为贯彻九江市委、市政府关于打造国际旅游名城的发展定位和具体要求，将九江市选定为重点研究区域之一，进而为其在江西省构建旅游目的地形象体系大格局中充分发挥动能提供理论支撑。

（四）景德镇市

景德镇市的别称为"瓷都"，位于江西省东北部，西北与安徽省东至县交界，南与万年县为邻，西同鄱阳县接壤，东北倚安徽省祁门县，东南和婺源县毗连。景德镇市是中国首批国家历史文化名城、中国最具魅力的文化旅游城市和国家生态文明建设示范市、国家35个王牌旅游景点之一、中国优秀旅游城市，素有世界瓷都、世界手工艺与民间艺术之都等美誉。拥有国家5A级景区景德镇古窑民俗博览区和包括古窑·民俗博览区、高岭·瑶里风景区、浮梁古县衙、洪岩仙境风景区、德雨生态园、中国瓷园在内的6处国家4A级景区，以及包括金竹山寨、雕塑瓷厂明清园、江西怪石林在内的3处国家3A级景区[184]。

2021年颁布的《景德镇市国民经济和社会发展第十四个五年规划和二〇三五年远景目标纲要》提出，要通过实施"创新旅游业体制机制""推动文化旅游深度融合""培育文化旅游新业态"，以及"提升旅游配套服务"等重点举措，放大陶瓷文化品牌优势，推动旅游与文化、生态深度融合，充分发挥旅游的综合带动作用，促进旅游业全区域、全要素、全产业链发展，把景德镇建设成为国内一流、国际知名的文化旅游名城[185]。2023年，景德镇市更是"紧紧围绕全球陶瓷文化旅游中心，全力打响'国际瓷都地·山水园林城''陶瓷的故乡'等文化旅游特色品牌，策划并举办境内外'国际瓷都·优质旅游'主题文化旅游宣传推广暨对外文化交流活动"，并策划举办"全球旅行商大会"[186]。

景德镇市凭借世界级的陶瓷文化资源，已然成为江西省文化和旅游事业的又一张名片。独特鲜明的国际影响力，必然促使其成为推进江西省旅游产业世界化进程中的重要驱动力。鉴于此，本书选定景德镇市作为研究区域之一，通过优化瓷都旅游目的地形象构建，促进江西省世界级旅游目的地建设。

（五）萍乡市

萍乡市是江西省的"西大门"，在赣西经济发展格局中处于中心位置，素有"湘赣通衢""吴楚咽喉"之称。萍乡市地处长株潭经济圈的辐射核心区域，同时接受泛珠三角经济区和闽东南经济区的辐射。境内沪昆铁路横穿市内腹地与京广、京九两大动脉相连，随着沪昆铁路电气化改造工程的完成，时速200km的铁路干线将成为连接长江三角洲和珠江三角洲的重要通道。"319国道""320国道"呈"十字形"在市区交汇通过，沪昆高速、萍洪高速贯穿全境[187]，整体区位地理条件十分优越。

2021年，《萍乡市国民经济和社会发展第十四个五年规划和二〇三五年远景目标纲要》提出，要重点强化品牌支撑，发挥武功山景区龙头带动作用，打响"绿、红、古、工"特色旅游品牌，通过实施"推动旅游从传统观光型向休闲度假型升级""扩大旅游发展新优势""持续完善吃住行游购娱等旅游要素配套服务""推动武功山建设世界地质公园、打造世界级旅游目的地"等重点举措，把萍乡建设成为赣西旅游门户城市、生态人文旅游城市、全国知名全域旅游和户外运动目的地[188]。2023年，萍乡市基于打造世界级旅游目的地发展目标，积极推动海外市场营销，已成功拓展了包括美国、意大利、摩洛哥、巴西、阿根廷、菲律宾等国家在内的多个海外客源市场[189]，国际旅游市场人气持续飙升。同时，萍乡市以"武功山世界地质公园"创建工作为契机，强化文旅资源开发力度、完善基础配套服务设施、提升服务接待水平，进一步加快了旅游产业的世界化发展进程[190]。

综上，萍乡市旅游发展后劲十足，潜力巨大，基于萍乡市文化和旅游业的提振发展，以及日益壮大的国际旅游人气，可预见其旅游产业发展力在省内实现跨越式提升的前景。因此，本书选定萍乡市作为研究区域之一。

（六）新余市

新余市位于江西省中部，地处南昌、长沙两座省会城市之间，现辖"一县四区"，属亚热带湿润性气候，具有四季分明、气候温和、日照充足、雨量充沛、无霜期长、严冬较短的特征。新余市环境优美，城市三面环山、一面傍水，孔目江、袁河绕城而过，城南有抱石公园，城北有仰天岗森林公园，城东有国家级湿地公园孔目江湿地公园，城西有国家重点风景名胜区、4A级旅游景区仙女湖，北湖、仙来湖、长林湖、南湖、晚晴湖分散点缀于城中[191]。

"十三五"时期，新余市在"游客接待量"和"旅游总收入"双指标方面的年均增速位居江西全省第一，并且成为全省唯一实现省级全域旅游示范区建制县区全覆盖的设区市，在旅游基础设施建设、旅游市场营销推广、公共文化服务体系建设、文化遗产保护传承等旅游综合实力方面的成绩斐然[192]。2023年，新余市委、市政府制定的《新余市"十四五"文化和旅游发展规划》提出了"打造中三角旅游目的地"的文旅发展方向，明确通过文化和旅游发展助力全市经济社会实现高质量跨越式发展的指导思想，通过实施"提升文化发展格局""优化旅游空间布局""建设文化和旅游消费次中心城市"等发展策略构建文旅发展新格局[193]，从而进一步巩固了其在江西省重要旅游目的地位置。

近年来，新余市不断强化重点文旅项目谋划，以项目建设填空白、补短板、强弱项，大力实施"旅游+""+旅游"战略，高度重视创新型、主题型旅游产品的策划与深度开发，牢固打造多样化、多层次的美好生活旅游产品体系。目前，以质量型、内涵式发展为特征的现代旅游业体系已初步形成，文化旅游产业竞争力实现大幅增长。鉴于新余市文化和旅游产业迅猛的发展势头和巨大的发展潜力，本书选定其为研究区域之一。

（七）鹰潭市

鹰潭市因"涟漪旋其中，雄鹰舞其上"而得名，是长江中游城市群的重要成员。地处武夷山脉向鄱阳湖平原过渡的交接地带，地势东南部高西北部低，属亚热带湿润季风温和气候，宜居宜养[194]。鹰潭市文化和旅游资源丰富，角山古陶窑文化、道文化、心学文化、鬼谷子文化、古越文化、红色文化在此交相辉映，并且凭借其代表性旅游目的地"龙虎山风景旅游区"世界自然遗产地、世界地质公园、国家5A级景区、中国道教祖庭，以及"道教第一山"等美称，早已成为中外闻名的优质旅游目的地[195]。

2018年，《鹰潭市全域旅游发展总体规划（2017—2025年）》提出"以建设世界知名国内一流的道文化全域旅游目的地为目标，以全域旅游为抓手，以休闲度假为重点，加快旅游业转型升级，走'旅游+'和优质旅游之路，全面完善基础设施，健全要素体系，育强发展主体，提升公共服务，建设文明旅游，优化旅游环境……将鹰潭市打造成为赣东北旅游新极核、中国旅游新示范和国际旅游新区域"的发展思路[196]。2022年，鹰潭市委、市政府基于加快推进全市旅游产业高质量发展目标，制定了《鹰潭市推动全域旅游发展三年行动方案（2022—2024年）》，提出高效落实"龙头景区全域化做强""旅游线路全域化整合""旅游产品全域化提升""旅游消费全域化升级""公共服务全域化配套""形象品牌全域化唱响""旅游示范全域化创建"等重点发展任务，努力把鹰潭市建设成为世界知名道文化全域旅游目的地、国际道文化养老养生旅游首选地和高端"微度假"旅游目的地[197]。

鹰潭市凭借世界级的文化和旅游资源，已然成为江西省旅游发展的又一大核心驱动。因此，将鹰潭市选定为研究区域之一，具有一定的必要性和重要性。

（八）赣州市

赣州市的别称为"虔城"，是江西省域副中心城市、Ⅱ型大城市，位于赣江上游，江西省南部，东邻福建省三明市和龙岩市，西接湖南省郴州市，南邻广东省梅州市、韶关市，北连江西省吉安市和抚州市。赣州市是珠江三角洲、闽东南三角区的腹地，是内地通向东南沿海的重要通道，也是连接长江经济区与华南经济区的纽带，突出的区位优势赋予其"一带一路"重要节点城市、全国性综合交通枢纽，以及赣粤闽湘四省通衢的区域性现代化中心城市[198]的重要地位。

赣州市是国家历史文化名城、中国优秀旅游城市，目前已形成"红色故都、客家摇篮、江南宋城、生态家园、世界橙乡、堪舆圣地"六大文化旅游品牌，市域内拥有国家 5A 级景区、中国红色旅游景点景区之一的瑞金共和国摇篮景区，以及同样被评为国家 5A 级景区、全国首批"保护母亲河行动生态教育示范基地"的三百山景区[199]，旅游产业实力强劲，与南昌、九江、景德镇同属于江西省的重要旅游目的地。近年来，赣州市通过深化文化和旅游领域体制机制改革，持续完善公共文化服务体系，文化产业竞争力得到显著提升。2021 年，赣州市委、市政府颁布的《赣州市"十四五"文化和旅游发展规划》提出，要打造文化特色鲜明的国家级旅游休闲城市和街区，以及培育富有文化底蕴的世界级旅游景区和度假区的发展任务[200]。

进入新发展阶段，赣州市积极融入"一带一路"、粤港澳大湾区建设，积极释放文化和旅游机制体制改革红利，推动全国红色旅游一线城市、粤港澳大湾区生态康养旅游后花园、区域性文化旅游中心建设，在与周边省市的竞争中走优势发展、创新发展、错位发展之路，实现"弯道超车"。综上所述，本书选定赣州市为重点研究区域之一。

（九）吉安市

吉安市古称"庐陵"，位于江西省中部，赣江中游，西接湖南省，南揽罗霄山脉中段，自古人杰地灵、文化发达、民风淳朴，素有"江南望郡""金庐陵"之称，更有"文章节义之邦"之美誉。孕育了以"追求一流、坚守气节"为精髓，以"放眼天下、崇文重教、传扬家风、团结拼搏、忠义报国"为行为特质的庐陵文化[201]。吉安市境内有佛教圣地青原山，产生了禅宗青原派，吉安因此名扬海内外。有革命摇篮井冈山、武功山、羊狮慕、白鹭洲书院、吉州窑、庐陵文化生态园、文天祥纪念馆、渼陂古村、陂下古村、燕坊古村、快阁、槎滩陂等著名景区景点。吉安市先后获得中国优秀旅游城市、全国双拥模范城市、国家森林城市、国家园林城市、全国绿化模范城市、全国文明城市、国家卫生城市等荣誉称号[202]。

"十三五"期间，吉安市委、市政府围绕"全景吉安，全域旅游"战略，全力打造全国知名的休闲度假旅游目的地，打响"红色摇篮，山水吉安"旅游品牌，旅游业呈现出持续健康的发展态势[203]。2023 年，吉安市文化广电新闻出版旅游局颁布《吉安市"十四五"文化和旅游发展规划》，提出基于"社会文明促进和提升工程成效显著""构建普惠均衡公共文化服务特色体系""推进文旅产业向重要支柱产业升级""推动文旅智慧化服务建设走在全省前列"，以及"彰显吉安文化交流和文化旅游独特品牌"等目标驱动，依托井冈山深厚的红色文化底蕴和优良的生态资源，积极争取将井冈山纳入世界级旅游度假区首批试点，打造"世界红色旅游目的地、国际知名旅游休闲度假区"[204]。

作为中国革命摇篮所在地，吉安市坚定"文化强市、旅游强市"总体战略，谋定文化旅游产业高质量高速发展道路，必定将在江西省建设成为世界级旅游目的地过程中发挥重要的支撑作用。因此，本书选定其为研究区域之一。

（十）宜春市

宜春市古称"袁州"，位于江西省西北部，是长江中游城市群重要成员、赣湘鄂区域中心城市、全国锂电新能源产业基地、全国健康养生基地。多年来，先后获得中国宜居城市、中国优秀旅游城市、世界著名文化旅游城市等荣誉称号。宜春市因"城侧有泉，莹媚如春，饮之宜人"而得名，素有"江南佳丽之地，文物昌盛之邦"的美誉，留存历史文化遗址 4503 处，樟树吴城文化遗址打破了商文化不过长江的论断，王勃《滕王阁序》中的"物华天宝，人杰地灵"，其人、其事、其物典出宜春[205]。域内的国家 5A 级旅游景区明月山景区，是世界温泉健康名镇，拥有世界罕见的富硒温泉资源[206]。

2021 年，宜春市人民政府网发布《宜春市人民政府办公室关于印发宜春市"十四五"文化和旅游发展规划的通知》，制定了"加快建设湘鄂赣边区域文化中心和江西省旅游节点城市，力争打造江西省文化和旅游融合发展样板区，最终成为国际知名、全国一流的康养休闲度假旅游目的地和文化特色鲜明的国家级旅游休闲城市"的发展定位，将文化和旅游业作为战略性支柱产业和幸福产业，以实现文旅产业高质量发展[207]。2022 年，《宜春市人民政府办公室印发关于推进旅游业高质量发展的实施意见（2022—2025 年）》强调，以"打造国内外知名的康养休闲度假旅游目的地"为发展目标，努力推动文旅深度融合发展，不断丰富文旅消费业态，争取在"国家 5A 级旅游景区、国家全域旅游示范区、国家级旅游度假区、国家级夜间文旅消费集聚区、江西省'风景独好'旅游名县等高等级品牌"建设方面取得新突破[208]。

鉴于宜春市在文化和旅游资源的国际魅力属性、文化和旅游产业的发展基础、文化和旅游产业结构的格局构建及未来发展思路等方面均具有优势，本书将其选定为研究区域之一。

（十一）抚州市

抚州市古称"临川"，地处长三角、珠三角、闽东南三角区腹地，是长江中游城市群、海峡西岸经济区、鄱阳湖生态经济区以及原中央苏区等重要城市之一。拥有国家历史文化名城、国家文化和旅游消费试点城市、全国 50 强氧吧城市、中国文化竞争力十佳城市，以及最美中国文化旅游城市等多项重量级城市荣誉称号[209]。抚州市旅游资源丰富，现有中国历史文化名镇名村 10 个、中国传统村落 135 个，占全省总数的近 1/3，居全省设区市首位。已有 1 个国家全域旅游示范区、2 个省级全域旅游示范区、1 个国家 5A 级景区、24 个国家 4A 级景区、

4 个省 5A 级乡村旅游点。国家 4A 级景区数量居全省第二位，荣获"2020 年度最美中国文化旅游城市"称号[210]。

2021 年抚州市人民政府印发的《抚州市国民经济和社会发展第十四个五年规划和二〇三五年远景目标纲要》提出，要充分挖掘和整合古色、红色、绿色资源，加快构建旅游核心区，进一步打造全域旅游，努力把抚州市建设成为大南昌都市圈休闲度假后花园、沿海发达地区市民休闲度假旅游区和全国重要、国际知名的生态文化旅游目的地[211]。2023 年，抚州市委、市政府继续深化指导思想，提出了"在国际疫情有效控制前提下分步有序促进入境旅游、稳步发展出境旅游"的发展策略，制定了基于"文化和旅游深度融合，建设一批富有文化底蕴的世界级旅游景区和度假区，打造一批文化特色鲜明的国家级旅游休闲城市和街区，红色旅游、乡村旅游等加快发展"[212] 的发展目标。

目前，抚州市锚定省委对其"现代产业新区、生态康养名城、文化创新强市"的新定位，以新发展理念驱动文旅产业提质发展，是江西省构建全域旅游发展格局的重要部署区域。鉴于此，本书选定抚州市为研究区域。

（十二）上饶市

上饶市古称"信州""广信"，位于江西省东北部，东邻浙江省，南邻福建省、鹰潭市，西邻抚州市、南昌市、九江市，北与景德镇市、安徽省黄山市相依，是江西省区域中心城市、Ⅱ型大城市、全国性综合交通枢纽。市域内拥有 3 处国家 5A 级景区和 3 处世界遗产，是江西省域内世界遗产、5A 级景区、4A 级景区、3A 级以上乡村旅游点数量最多的设区市，核心景区主要包括世界自然遗产三清山国家公园、中国丹霞、文化和自然混合遗产武夷山，以及国家 5A 级旅游景区婺源江湾景区、三清山旅游景区、龟峰景区。除此之外，上饶市还拥有 5 个国家湿地公园和 9 个国家森林公园[213]。

"十三五"期间，上饶市 2020 年旅游接待突破 2 亿人次、综合收入突破 2000 亿元，增速排名全省第一。另外，经过多年的努力，上饶市的全域旅游发展得到快速推进，乡村旅游产业水平处于省内领先地位，旅游基础建设全面提速，市场营销拓展工作全面开花，成为全省文化和旅游业高质量发展的"排头兵"[214]。"十四五"期间，上饶市锚定世界文化旅游目的地以及当代"可爱的中国"样板两大发展定位，提出要充分发挥世界级文化和旅游资源优势，强力推进"世界级文化旅游景区和度假区、国际著名旅居乡村和体验地、全国重要文化旅游名城和康养旅游胜地"的建设，全面打响上饶世界级文化旅游品牌，快速提升美誉度、知名度、竞争力和影响力，让上饶世界文化旅游目的地享誉国内外，走向全世界[215]。

目前，上饶市正着力提升优秀文化引领力，强化文化遗产保护传承利用，提高公共文化和旅游服务标准化，不断增强文化和旅游产业的外部竞争力，文旅现代化治理水平得到显著提升，可预见上饶市文化和旅游产业发展的蔚蓝前景。综上所述，本书将上饶市纳入研究区域。

二、研究对象选定

本书基于世界游客视域探究江西省打造世界级旅游目的地路径，因此，将围绕世界游客群体开展主题研究。同时，考虑到新冠疫情对入境游市场的影响，参考《江西省 2019 年国民经济和社会发展统计公报》，全省共接待入境旅游者197.2 万人次，增长 2.8%；国际旅游外汇收入 8.7 亿美元，增长 16.1%[216]，说明江西省拥有一定规模的世界游客市场，体现了研究视角具备充足的可行性。

2023 年 3 月，23 名香港游客顺利抵达南昌昌北机场，开启江西"风景独好"之旅。这是自江西航空开通南昌直飞香港的航线后，江西省迎来的首个境外入赣旅游团，标志着江西入境游正式重启，打响了入境旅游的"第一炮"[217]。2023 年 4 月，上饶三清山迎来包括英国、德国、加拿大等国游客在内的首批欧美入境旅游团队[218]。2023 年 11 月，印度尼西亚客属联谊总会梅州寻根商务旅行团 250 余名印度尼西亚游客到访庐山风景区，这是本年度入境游重启后，到访庐山规模最大的入境旅游团[219]。同时，江西省文旅厅深入贯彻落实《中共江西省委办公厅、江西省人民政府办公厅印发〈关于进一步巩固提升经济回稳向好态势的若干措施〉》精神，大力推进"引客入赣"工程[220]，省内各地积极响应，全省入境游市场强劲复苏。上述内容再次体现了本书研究的必要性与重要性。

目前，学理界有关江西省入境游客群体的旅游心理与行为特征分析，以及提振江西省入境游市场发展策略的主题研究相对匮乏。以其他省份地域为案例地开展的相关研究，大多采用大数据网络文本挖掘法进行具体分析，但是大多未对世界游客群体进行国别区分，致使存在如下问题：一是忽视了各国游客群体之间存在的群体性认知特征。由于国别差异造成社会因素复杂，不同国家游客群体的认知模式各有不同，而笼统的数据必然会导致获得研究成果的精准度存在偏差。二是不符合旅游市场细分化的精准营销原则。在世界游客市场营销策略不存在绝对普适性的前提下，研究提出的建议、对策、路径的实践效用存在疑问。三是未进行客源市场分级。如案例地一级、二级、三级客源国市场的层级不同，营销推介的方向、力度、次序也应随之有所区分。

多年来，江西省与韩国多个地区和机构组织始终保持着良好的关系。新冠疫情之前，韩国一直是江西省入境游市场的三大客源国之一[221]。进入 2023 年度，江西省与韩国的合作交流关系更加紧密。如 2023 年 2 月，省商务厅党组成员、副厅长陈长生会见了到访的韩中全球协会会长禹守根一行。陈长生表示，江西与韩国的经贸合作拥有广阔的空间，希望与韩中全球协会建立紧密工作联系机制，携手推动两地企业双向投资和贸易合作，促进共同发展[222]。2023 年 4 月，江西省副省长夏文勇在南昌会见了韩国驻武汉总领事河成柱一行，围绕"推动双向经贸往来，深化人文交流，实现互利共赢，共同发展"等主题开展了深入交流[223]。2023 年 8 月，江西省商务厅党组成员、副厅长陈长生会见韩国驻武汉总领馆副总领事安荣基一行。其间，韩方表示江西与韩国地缘相近、文缘相通，将向韩国企业多方面宣传江西，让更多的韩国企业了解江西、投资江西[224]。2023 年 10 月 30 日至 11 月 1 日，中日韩文化交流论坛第 16 次会议在韩国仁川成功举办。三国代表围绕"后疫情时代中日韩文化交流"的论坛主题各抒己见，就加强三国文化、艺术、青少年交流等进行深入探讨，达成积极共识[225]。2023 年 10 月，时任江西省委常委、省委组织部部长吴浩率代表团访问韩国，进一步深化了江西与韩国在文旅、经贸、教育、人才、养老、友城等领域的务实交流与合作[226]。

综上所述，本书选定拥有江西省旅游经历，以及江西省潜在的韩国游客群体作为研究对象，通过剖析江西省旅游目的地形象感知现状，揭示江西省打造世界级旅游目的地的实现路径。

第二节 数据采集与处理

一、数据采集思路

本书基于世界游客视域，选定拥有江西省旅游经历，以及江西省潜在的韩国游客群体作为研究对象，采用网络文本分析的方法对江西省旅游目的地形象感知情况实施具体分析，从而揭示江西省打造世界级旅游目的地的实现路径。依照上述内容，设计网络文本数据采集思路，具体如图 3-1 所示。

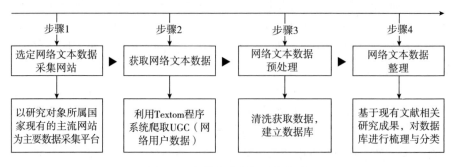

图 3-1 网络文本数据采集思路

如图 3-1 所示，关于网络文本数据采集思路，共分为 4 个步骤。其中，"步骤 1"为选定网络文本数据采集网站阶段。本书将以研究对象所属国家现有的主流网站为主要数据采集平台，确保最终成果的全面性和准确性。"步骤 2"为获取网络文本数据阶段。利用 Textom 程序系统爬取数据采集网站上的 UGC（网络用户数据），为后续分析提供初始数据素材。"步骤 3"为网络文本数据预处理阶段。主要对获取的网络文本数据进行清洗，根据研究对象所属国家实际的语言应用情况剔除停用词、无意义内容以及替换同义词，从而建立数据库。"步骤 4"为网络文本数据整理阶段。基于现有文献的相关研究成果，对数据库进行内部的梳理与分类，以供后续具体分析所用。

另外说明，本书采用的 Textom 是韩国 THE IMC 公司开发的网络文本数据挖掘程序系统，具备以下应用优势：

Collecting（收集）：可通过 WEB 和 SNS 等多样化渠道快速采集数据并建立数据组，能够采用阶段性数据处理方式提高数据配置效率。

Storage（储存）：Hadoop 高效率数据储存方式，以管理分散文件并且集中处理的程序为基础，能够高效优质地保管大容量文件。

Cleaning（清洗）：具有 2way 数据提炼和分析技术，不仅可以对获取数据进行分析，还可对用户已持有的数据库进行分析。

Matrix（矩阵）：具备 1-Mode/2-Mode、Euclidean、jacquard、cosine 等多种形式的矩阵分析功能。

Visualization（可视化）：可针对分析结果值根据不同的分析目的，提供可直观查看分析内容的多种图表。

Textom 程序系统的操作界面首页如图 3-2 所示。

图 3-2　Textom 操作界面

二、样本来源确定

数字经济时代背景下，信息技术得到进一步发展，大数据已然成为经济社会发展过程中不容忽视的重要资源。作为大数据分析的重要类型之一，网络文本分析技术凭借其规模庞大、类型多样的数据集合优势，通过有针对性的数据处理与分析，揭示网络文本蕴藏的价值信息与模式，有利于旅游行业的政府职能部门、企业、科研人员提高洞察能力，为相关部门提供决策支撑。确定样本类型、样本来源网站等相关情况具体如下：

（一）样本类型

现存的主流网络文本类型多样，包括图片、视频、录音、在线评论、博客、网络社区贴文、新闻等各种形式。为保障最终研究成果的全面性、客观性、精准性，凭借 Textom 程序系统强大的数据爬取与收集功能，并且综合考虑样本类型的原创性、主动性及真实性等特点，本书最终选定在线评论、博客、网络社区贴文、新闻作为数据采集源。Textom 系统样本类型选择界面如图 3-3 所示。

图 3-3　Textom 系统样本类型选择界面

（二）样本网站

现有文献大多设定专业的旅游类门户网站作为网络文本数据来源，虽然具有"用户专注力集中""信息针对性较强""数据渠道便捷"等优点，但是该类网站的活跃用户群体多是旅游爱好者，群体画像相对单一，获取成果在代表性方面存在一定程度的局限性。出于尽可能覆盖各类大众群体的考量，本书结合当下研究对象所属国家流行的主流媒体网站情况，将样本来源网站的选取拓展至本地生活服务类平台和互动娱乐性平台等领域。另外，依靠研究团队中有海外学者优势，样本来源同时囊括 YouTube、Twitter 等社交媒体平台。上述有关样本网站选定的具体情况如表 3-1 所示。

表 3-1　样本来源网站平台概况

网站名称	子栏目	子栏目（中文说明）	网站简介
Naver	네이버 전체	Naver 全域	著名社交软件 LINE 的母公司，世界第五大搜索引擎网站、韩国最大的搜索引擎、韩国最大的门户网站。提供博客、新闻、游记、网络娱乐与休闲社区、网络问答、学术情报等服务
	블로그	博客	
	뉴스	新闻、游记	
	카페	网络休闲社区	
	지식 IN	网络答疑社区	
	학술정보전체	学术情报	
	웹문서	网络日志	
Daum	다음 전체	Daum 全域	韩国最大的门户网站之一，涉及交友、旅游、新闻评论、网络休闲社区、个人博客日志、通信、商务以及影视等服务
	티스토리	网络休闲社区	
	뉴스	新闻、游记	
	카페	网络休闲社区	
	웹문서	网络日志	
Google	구글 전체	Google 全域	根据韩国 2022 年第 4 季度流入率分析，以 31.41% 的占比位列第二。在韩提供新闻、游记、网络休闲社区、日志等服务，深受韩国用户喜爱
	뉴스	新闻、游记	
	구글페이스북	网络休闲社区	
	웹문서	网络日志	
YouTube	유튜브	社交视频平台	为全球用户提供高水平的视频上传、分发、展示、浏览服务
Twitter	트위터	社交媒体平台	致力于公众对话服务，可更新 280 字符以下的韩文消息

三、样本数据的采集

笔者于 2023 年 12 月 6 日，经批准采用 Textom 程序分别对 Naver、Daum、Google、YouTube、Twitter 网络平台上有关江西省整体旅游形象，以及南昌市、九江市、景德镇市、萍乡市、新余市、鹰潭市、赣州市、吉安市、宜春市、抚州市、上饶市等城市旅游形象感知的网络文本数据进行采集，采集时间段为 2020 年 12 月 5 日至 2023 年 12 月 5 日，初步获取的数据情况如表 3-2 所示。

表 3-2　初步获取的数据情况

研究区域	网站平台	栏目名称	收集数量（件）	数据规模
江西省	Naver	网络日志	1000	165.33KB
		博客	1000	466.49KB
		新闻	800	400.91KB
		网络休闲社区	1000	583.76KB
		网络答疑社区	1000	680.07KB
		学术情报	1010	357.18KB
	Daum	网络日志	131	67.34KB
		博客	165	91.10KB
		新闻	170	100.00KB
		网络休闲社区	167	86.01KB
	Google	网络日志	207	78.03KB
		新闻	234	82.21KB
		网络休闲社区	270	109.30KB
	Twitter	社交媒体平台	243	100.00KB
	YouTube	社交媒体平台	550	145.00KB
南昌市	Naver	网络日志	230	150.00KB
		博客	1000	435.41KB
		新闻	713	384.73KB
		网络休闲社区	1000	576.02KB
		网络答疑社区	379	291.50KB
		学术情报	364	112.27KB
	Daum	网络日志	164	81.39KB
		博客	165	85.01KB
		新闻	174	75.00KB
		网络休闲社区	160	85.55KB
	Google	网络日志	104	35.80KB
		新闻	238	81.45KB
		网络休闲社区	215	93.14KB
	Twitter	社交媒体平台	271	105.00KB
	YouTube	社交媒体平台	550	142.00KB

续表

研究区域	网站平台	栏目名称	收集数量（件）	数据规模
九江市	Naver	网络日志	1000	171.32KB
		博客	1000	469.93KB
		新闻	956	529.75KB
		网络休闲社区	1000	577.45KB
		网络答疑社区	1000	779.21KB
		学术情报	1010	393.33KB
	Daum	网络日志	132	73.26KB
		博客	165	87.58KB
		新闻	300	105.00KB
		网络休闲社区	188	91.16KB
	Google	网络日志	108	36.95KB
		新闻	273	99.28KB
		网络休闲社区	258	108.08KB
	Twitter	社交媒体平台	349	167.61KB
	YouTube	社交媒体平台	550	160.00KB
景德镇市	Naver	网络日志	0	0.00KB
		博客	1000	442.88KB
		新闻	421	225.50KB
		网络休闲社区	190	112.76KB
		网络答疑社区	24	16.84KB
		学术情报	11	3.73KB
	Daum	网络日志	157	84.91KB
		博客	163	83.03KB
		新闻	0	0.00KB
		网络休闲社区	152	82.87KB
	Google	网络日志	105	35.93KB
		新闻	107	35.22KB
		网络休闲社区	205	86.66KB
	Twitter	社交媒体平台	27	15.00KB
	YouTube	社交媒体平台	500	130.00KB

续表

研究区域	网站平台	栏目名称	收集数量（件）	数据规模
萍乡市	Naver	网络日志	170	70.00KB
		博客	443	201.54KB
		新闻	510	275.51KB
		网络休闲社区	110	63.91KB
		网络答疑社区	10	7.59
		学术情报	8	3.03
	Daum	网络日志	165	84.46KB
		博客	165	87.20KB
		新闻	54	35.00KB
		网络休闲社区	135	69.23KB
	Google	网络日志	88	28.69KB
		新闻	40	12.97KB
		网络休闲社区	10	3.36KB
	Twitter	社交媒体平台	49	14.86KB
	YouTube	社交媒体平台	250	64.00KB
新余市	Naver	网络日志	0	0.00KB
		博客	1000	457.48KB
		新闻	751	409.95KB
		网络休闲社区	1000	600.29KB
		网络答疑社区	992	766.36KB
		学术情报	112	39.81KB
	Daum	网络日志	38	18.51KB
		博客	60	30.07KB
		新闻	76	44.00KB
		网络休闲社区	4	2.03KB
	Google	网络日志	106	37.01KB
		新闻	222	76.34KB
		网络休闲社区	187	81.95KB
	Twitter	社交媒体平台	52	12.33KB
	YouTube	社交媒体平台	220	85.00KB

续表

研究区域	网站平台	栏目名称	收集数量（件）	数据规模
鹰潭市	Naver	网络日志	429	58.09KB
		博客	50	22.40KB
		新闻	25	13.37KB
		网络休闲社区	6	3.37KB
		网络答疑社区	4	2.64KB
		学术情报	8	4.17KB
	Daum	网络日志	68	35.59KB
		博客	104	53.34KB
		新闻	86	42.77KB
		网络休闲社区	52	27.06KB
	Google	网络日志	73	25.14KB
		新闻	6	1.93KB
		网络休闲社区	9	3.93KB
	Twitter	社交媒体平台	72	19.09KB
	YouTube	社交媒体平台	100	17.00KB
赣州市	Naver	网络日志	1000	138.77KB
		博客	239	109.28KB
		新闻	225	122.65KB
		网络休闲社区	110	66.39KB
		网络答疑社区	76	52.83KB
		学术情报	83	51.05KB
	Daum	网络日志	162	87.27KB
		博客	165	86.92KB
		新闻	164	85.00KB
		网络休闲社区	165	91.29KB
	Google	网络日志	99	35.10KB
		新闻	246	85.36KB
		网络休闲社区	169	65.31KB
	Twitter	社交媒体平台	220	85.00KB
	YouTube	社交媒体平台	550	169.00KB

续表

研究区域	网站平台	栏目名称	收集数量（件）	数据规模
吉安市	Naver	网络日志	1000	147.15KB
		博客	840	378.76KB
		新闻	722	388.73KB
		网络休闲社区	310	171.00KB
		网络答疑社区	28	18.78KB
		学术情报	199	95.00KB
	Daum	网络日志	155	83.01KB
		博客	165	85.96KB
		新闻	254	105.00KB
		网络休闲社区	166	86.72KB
	Google	网络日志	107	36.41KB
		新闻	204	69.67KB
		网络休闲社区	258	107.90KB
	Twitter	社交媒体平台	128	63.00KB
	YouTube	社交媒体平台	66	37.00KB
宜春市	Naver	网络日志	1000	134.91KB
		博客	234	103.94KB
		新闻	120	64.02KB
		网络休闲社区	80	46.61KB
		网络答疑社区	5	3.44KB
		学术情报	78	24.53KB
	Daum	网络日志	165	85.98KB
		博客	165	86.39KB
		新闻	207	100.00KB
		网络休闲社区	163	84.79KB
	Google	网络日志	103	35.18KB
		新闻	263	90.39KB
		网络休闲社区	228	96.51KB
	Twitter	社交媒体平台	44	15.71KB
	YouTube	社交媒体平台	550	157.00KB

续表

研究区域	网站平台	栏目名称	收集数量（件）	数据规模
抚州市	Naver	网络日志	856	380.00KB
		博客	933	420.96KB
		新闻	731	393.84KB
		网络休闲社区	470	292.86KB
		网络答疑社区	160	100.55KB
		学术情报	3	1.02KB
	Daum	网络日志	164	87.42KB
		博客	164	86.65KB
		新闻	43	50.00KB
		网络休闲社区	164	91.18KB
	Google	网络日志	102	34.98KB
		新闻	218	75.68KB
		网络休闲社区	247	90.07KB
	Twitter	社交媒体平台	48	23.61KB
	YouTube	社交媒体平台	550	162.00KB
上饶市	Naver	网络日志	237	90.00KB
		博客	150	67.32KB
		新闻	55	29.72KB
		网络休闲社区	40	23.77KB
		网络答疑社区	3	2.03KB
		学术情报	7	2.54KB
	Daum	网络日志	88	45.46KB
		博客	163	84.05KB
		新闻	188	97.00KB
		网络休闲社区	165	91.50KB
	Google	网络日志	105	37.12KB
		新闻	291	100.17KB
		网络休闲社区	179	77.74KB
	Twitter	社交媒体平台	4	1.71KB
	YouTube	社交媒体平台	550	127.00KB

四、样本内容处理

利用 Textom 程序系统爬取的网络文本数据由于缺少甄别、筛选等标准化操作，数据文本杂乱且夹杂着错乱字符，不利于文本分析的实施。因此，针对获取数据进行净化清洗，具体操作如下：

（一）数据预处理

首先，剔除仅有目标关键词字样，却没有具体内容描述，以及只包含照片却没有实际文字描述内容的评论、日志、贴文等。此类数据由于没有具体的内容指向性，不具备分析的价值与意义，故予以剔除。

其次，剔除旅游企业的营销广告评论。此类评论在客观性方面存在疑问，对于是否能够真实反映现实情况无法进行验证。出于数据精准度考虑，予以剔除。

Textom 系统数据预处理操作界面如图 3-4 所示。

图 3-4　Textom 系统数据预处理操作界面

（二）分词处理

Textom 程序系统包括"Espresso K"和"MeCab-ko"两种分词器。其中，"Espresso K"分词器可保留搜索关键词的固有名词形态的条目，自动剔除非固有名词形态的条目。如设置搜索关键词为"日照"，"Espresso K"分词器能够保留包含固有地域名称"日照"的条目，同时剔除寓意"太阳光照射时间"的条目。同时剔除动词、形容词、韩文语根、修饰语、韩文后缀等形态的关键词条目。

（三）剔除停用词

为减少无意义字词对数据分析带来的干扰，对于评论、日志、贴文等夹杂的无意义符号通过文字停用表（Textom 系统自带的韩语文字停用表）进行剔除。

（四）同义词合并

对高频词表进行检查时发现，仍存在一些同义词，出于对结果呈现精准性的考虑，予以手动合并后再进行后续分析。完成样本处理后，最终得到有效数据情况，具体如表 3-3 所示。

表 3-3　最终获取数据情况

研究区域	清洗前数据规模	清洗后数据规模
江西省	3.44MB	3.19MB
南昌市	2.68MB	2.35MB
九江市	3.76MB	3.66MB
景德镇市	1.34MB	1.32MB
萍乡市	1.02MB	916.33KB
新余市	2.66MB	2.47MB
鹰潭市	329.89KB	263.88KB
赣州市	1.31MB	1.04MB
吉安市	1.84MB	1.54MB
宜春市	1.13MB	1.01MB
抚州市	2.29MB	1.82MB
上饶市	870.13KB	690.13KB

第三节　研究设计

一、基于评价体系构建的高频词汇梳理

为后续研究成功构建旅游目的地形象感知评价体系，以样本数据规模相对较小的鹰潭市网络用户生成数据为例，对韩国游客群体对于鹰潭市旅游形象感知的共计 263.88KB 规模的 UGC 进行高频词汇分析，在高频词汇中按照频率高低筛选出前 100 个词汇用于韩国游客群体对鹰潭市旅游形象感知研究，具体分析情况如表 3-4 所示。

表 3-4　韩国游客群体对鹰潭市旅游形象感知的高频词统计情况

词汇	词频	词汇	词频	词汇	词频	词汇	词频
观光	886	拥挤	139	三清	118	再见	109
王安石	483	南昌	139	人多	118	情侣	109
酒店	476	江西	139	商业化	118	假货	109
攻略	442	附近	139	世界级	118	萍乡	109
鹰潭市	435	疲惫	138	吉安	117	名山	109
中国	404	自然风景	137	艺术团	117	最大	108
预约	316	无聊	136	商旅	117	投资	108
再来	282	服务	136	明媚	117	商品	107
推荐	278	卤猪蹄	135	农村	116	建设	107
阳光	264	标志牌	134	振兴	115	智能	107
最低价	262	按摩	132	门票	113	技术	107
游客	259	清爽	130	大巴	113	停车场	107
道教	216	乡村	130	水景	113	酒	107
空气	213	国际交流	129	游泳	113	家人	107
地域特色	209	文化	128	张慧雯	113	照片	107
民宿	201	高铁	128	发展	112	健康	107
龙虎山	201	茶	125	美景	112	舞台	107
著名	186	奢华	122	计划	112	牛骨粉	107
休闲	184	九江	122	历史	111	早餐	107
康养	174	物联网	121	明慧网	111	节庆	106
特价	160	大剧场	121	跑步	111	白云	106
音乐	152	移动	120	徒步	110	游船	106
公演	148	同伴	120	浪漫	110	聊天	106
都市	147	产业	119	景德镇	110	多样	106
最佳	143	访问	119	自豪	109	价格	106

　　如表 3-4 所示，韩国游客群体对于鹰潭市旅游形象感知的高频词汇覆盖面相对较广，名词集中体现在鹰潭的景点、人、事、物等方面，形容词多集中在旅游体验方面，动词则多体现在旅游行为方面。

二、构建旅游目的地形象感知评价体系

　　继续以鹰潭市 UGC 为例，基于旅游目的地形象感知理论模型构建分析评价体系，在遵循相互独立和完全穷尽两大原则基础上，结合扎根理论实施体系构建，依照"开放式编码—主轴编码—选择性编码"逻辑层层递进，以确保精准度和可信度。

（一）开放式编码

开放式编码是将文本内容进行"标签化"处理的过程，初步提炼出研究样本内在的重点范围。以鹰潭市 UGC 为例，本书将前 100 个高频词做概念化处理，通过反复推敲与论证，并且结合高频词汇在原始文本中的语义，最终确定了26 个初始体系范畴。其中，在"鹰潭市"文本编码中，采用了 100 个指向性明确的高频词，具体如表 3-5 所示。

表 3-5　鹰潭市关联文本开放式编码

高频词汇	初始范畴
中国	国别区位
江西	省域区位
鹰潭市	地市区位
龙虎山	景区景点
南昌、九江、景德镇、萍乡、吉安、附近	相邻旅游目的地
阳光、空气、白云、自然风景、明媚、水景、美景	自然景观
道教	道教文化
历史、文化	历史文化
王安石	诗词文化
三清	古镇文化
音乐、艺术团、公演	民俗文化
张慧雯	娱乐文化
标志牌、大剧院、停车场、舞台	旅游配套
休闲、康养、商旅、健康	旅游业态
酒店、民宿	旅游住宿
卤猪蹄、牛骨粉、早餐、茶、酒	地方美食
门票、假货、商品	旅游消费
最低价、特价、价格、商业化、奢华	价格感受
高铁、大巴	旅游交通
同伴、情侣、家人	伴游群体
再来、推荐、地域特色、疲惫、无聊、拥挤、人多、清爽、浪漫、最佳、游客、再见	旅游体验
观光、攻略、预约、计划、聊天、访问	旅游行为

续表

高频词汇	初始范畴
跑步、徒步、游船、游泳、照片、节庆	旅游活动
服务、按摩、多样	旅游服务
乡村、物联网、农村、振兴、发展、投资、产业、建设、智能、技术、都市、自豪、移动、著名	地方发展
国际性交流、世界级、名山、最大、明慧网	旅游宣传

（二）主轴编码

主轴编码又叫关联编码，即将第一阶段开放性编码获得的初始体系范畴再次进行分类和比较，从而得到研究样本的主范畴。本阶段，在 26 条初始范畴的基础上，进一步探究初始体系范畴之间的联系，最终归纳出 13 条主范畴，具体如表 3-6 所示。

表 3-6　鹰潭市关联文本主轴编码

初始范畴	主范畴
国别区位	地理区位
省域区位	
地市区位	
景区景点	周边旅游
相邻旅游目的地	
自然景观	自然景观
道教文化	文化资源
历史文化	
诗词文化	
古镇文化	
民俗文化	
娱乐文化	
旅游基础配套	旅游基础配套
旅游业态	旅游业态
旅游住宿	旅游消费体验
地方美食	
旅游消费	
价格感受	
旅游体验	

续表

初始范畴	主范畴
旅游交通	旅游交通
伴游群体	伴游群体
旅游行为	旅游活动体验
旅游活动	
旅游服务	旅游服务体验
地方发展	地方发展
旅游宣传	旅游宣传

（三）选择性编码

选择性编码是在主轴编码的基础上，根据主范畴间的类属关系，更进一步地提炼与归纳。本阶段在26条初始范畴、13条主范畴的基础上，总结概括出旅游区位、旅游资源、旅游活动、旅游环境共4个方面的核心范畴。由此，以旅游区位、旅游资源、旅游活动、旅游环境共4个维度和13个二级指标共同作为韩国游客群体对于江西省旅游目的地形象感知的评价指标体系，具体如表3-7所示。

表3-7 鹰潭市关联文本选择性编码

主范畴	编码	核心范畴	编码
地理区位	A-1	旅游区位	A
周边旅游	A-2		
自然景观	B-1	旅游资源	B
文化资源	B-2		
旅游活动体验	C-1	旅游活动	C
旅游业态	C-2		
旅游消费体验	C-3		
伴游群体	C-4		
旅游交通	D-1	旅游环境	D
旅游基础配套	D-2		
旅游服务体验	D-3		
地方发展	D-4		
旅游宣传	D-5		

（四）构建江西省旅游目的地形象感知分析模型

本书基于"认知—情感"理论模型，分别从游客群体的"认知""情感""整体"三种视角评价江西省旅游目的地形象感知，构建"认知—情感—整体"的江西省旅游目的地形象感知评价模型。

前文已梳理归纳出包括"旅游区位""旅游资源""旅游活动""旅游环境"4个维度在内的形象感知评价指标体系。接下来将以四个维度为切入口，全面剖析认知形象和情感形象，再借助 N-gram 模型进行分析，综合考虑认知形象和情感形象的感知情况。具体分析模型如图 3-5 所示。

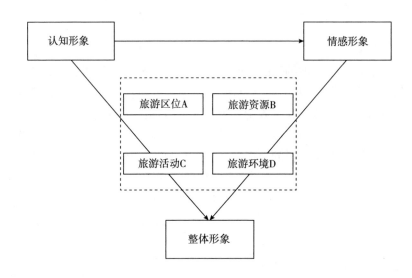

图 3-5　韩国游客群体对江西省旅游形象感知的分析模型

三、"认知—情感—整体"形象分析流程

（一）认知形象分析流程

在认知形象分析基础上，基于前文已构建的形象感知评价体系对韩国游客群体的前 100 位高频词汇分别进行分析，利用 Textom 的可视化数据窗口依次将高频词汇按四大维度进行梳理和归类，并分别对各维度高频词进行认知强度计算。认知强度计算公式为：

$$认知强度 = \frac{元素N出现的频次}{样本总量}$$

（二）情感形象分析流程

采用 Textom 系统开展情感形象分析。首先，通过活用 Bayes Classifier 进行机器学习分析，导出正向、中性、负向情感词汇出现的频率与比率数据，从而获得整体的情感形象感知结果。系统操作界面如图 3-6 所示。

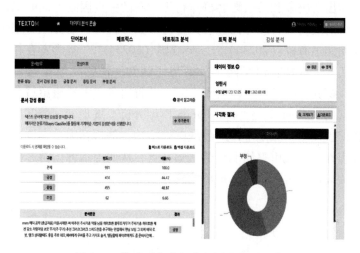

图 3-6 情感形象感知分析操作界面示意

其次，继续利用 Textom 系统开展情感词汇分析，以辅助情感形象分析。通过自动导出的正向和负向词汇出现的频率、占比，情感强度比率，情感类型及该情感类型的频率、占比、情感强度等数据，获得情感词汇分析结果，全面论证情感形象分析结果。系统操作界面如图 3-7 所示。

图 3-7 情感词汇分析操作界面示意

综上，通过剖析整体的情感形象感知和情感词汇的分析结果，综合观察、阐述韩国游客群体对于江西省及省内各代表性旅游城市情感形象的感知状况。

（三）整体形象分析流程

整体形象既包括游客群体对旅游目的地形成的认知形象和情感形象，是影响潜在游客群体出游决策和游后游客群体行为意向的关键因素，同时又能反映出旅游目的地后续的运营与管理方向。有关整体形象分析评价的方法有很多，本书综合借鉴李经龙和王海桃（2023）[227]、吴丽娟（2023）[228] 等学者在相关研究中运用的测评方法，采取社会语义网络分析与"认知—情感"形象感知特点分析相结合的方法，探究韩国游客群体对于江西省及省内各代表性旅游城市整体形象的感知状态。利用 Textom 系统进行 N-gram 模型分析，展现韩国游客群体对于江西省及省内各代表性旅游城市整体形象的感知结构，剖析韩国游客群体对于江西省及省内各代表性旅游城市整体形象的感知特点，从而揭示韩国游客群体对于江西省及省内各代表性旅游城市整体形象的感知状况。

第四章 韩国游客群体对江西省及省内各旅游城市的认知形象总体分析

第一节 词云图可视化分析

一、江西省词云图展示与分析

对韩国游客群体评论江西省的前 50 位高频词进行词云图可视化处理,结果如图 4-1 所示。其中以"江西、革命根据地、南昌、南昌大学、滕王阁、井冈山、庐山、名胜、现代化、观光、旅行、团队游、攻略、登山、飞机、肉饼汤、诗文化、民宿、实惠、推荐、再来"等高频感知词汇为主。

结合原始文本将上述内容大体剖析如下:①体现出韩国游客群体熟知江西省是中国革命根据地的重要地位。②韩国游客群体对江西省内的主要旅游城市、重要旅游目的地,以及文化旅游资源有一定水平的认知。③韩国游客群体对江西省表现出了一定程度的旅游倾向,对部分旅游活动体验持积极态度。另外,他们对出游方式和交通工具,以及旅游经费等内容也表现出了一定程度的关注。

二、南昌市词云图展示与分析

对韩国游客群体评论南昌市的前 50 位高频词进行词云图可视化处理,结果如图 4-2 所示。其中,主要以"中国、江西、南昌、英雄城、滕王阁、万寿宫、纪念馆、保利高尔夫、八一纪念馆、瓦罐汤、摩天轮、九江、庐山、南昌大学、研究、巴士、观光车、大都市、生态、城市漫步"等高频感知词汇为主。

무미건조하다 좋아
현대화 단체관광
단조롭다 여행 추천 시인 오후 가치가
다시
피로
위치 혁 명 근 거 지 지역
문화
공략이 강 서 아침기능 느리다
길다 수프 차 패티 시간이
등산 명소 여산 안녕
미식 혜택 관 광 남 창 시문화 고층
없다 남창대학
건물 등왕각 비행기
시간 정강산 관광지 유명하다
특산물 영어 교통이있다
유쾌하다

图 4-1　江西省词云图展示①

엔터테인먼트 에뮬레이션
질 항 아 리 탕 관광지
웨이캉스 장 시 영웅성 사진
모기호텔 버스 야경 과학
폴 리 골 프 여행 관람차 재방문
베이징 오 전 강 남 창 등 왕 각 지역
미트스튜 쇼핑 강
안녕 만 수 궁 여산 명 교 가이드
나무 차막하다
상하이 추천 중 국 기 념 관 사람
명성 도시 연구 남 창 대 학 기품
현대화 도시생태 시간
공상 여자친구 도시산책
도시건설

图 4-2　南昌市词云图展示

---

① 已确认本章中韩文的含义，不存在负面词汇。

结合原始文本将上述内容大体剖析如下：①韩国游客群体对南昌市的地理区位、城市形象定位，以及部分代表性旅游目的地有相对较为清晰的认知。②韩国游客群体对南昌市的地方特色美食和休闲娱乐设施表现出了相对较强的选择倾向。③韩国游客群体对南昌市的生态环境持肯定态度，并有在南昌市内开展城市漫步活动的旅游倾向。④韩国游客群体对南昌市周边的著名旅游城市和旅游目的地也有一定程度的关注。⑤作为江西省内唯一的"211"高校，南昌大学已进入韩国游客群体的视线之中。另外，值得注意的是，韩国游客群体对"保利高尔夫俱乐部"也表现出了关注，这与该群体喜爱高尔夫运动，热衷于进行跨国高尔夫活动的旅游行为特征极为契合。

三、九江市词云图展示与分析

对韩国游客群体评论九江市的前 50 位高频词进行词云图可视化处理，结果如图 4-3 所示。其中以"中国、江西、九江、庐山、名山、诗文、李白、三千尺、陶渊明、云雾茶、日出、登山、云雾、氧气、拍照、打卡、牯岭镇、长寿、康养、品茶、节庆、体育、南昌、景德镇"等高频感知词汇为主，体现出韩国游客群体对于九江市地理区位条件的认知状态。除此之外，还反映出韩国游客群体较为关注的旅游资源以及倾向性较高的旅游行为。

图 4-3　九江市词云图展示

结合原始文本将上述内容大体剖析如下：①韩国游客群体较为熟悉九江市的地理区位信息。②韩国游客群体对九江市的高频感知主要是围绕"庐山"景区展开的，对有关庐山的文化与自然旅游资源、重要核心旅游景点，以及旅游行为等有较为系统的认知。③韩国游客群体感知的高频词汇中还包括"节庆""体育""康养"等，表现出该群体已对庐山景区的旅游业态形成了鲜明的认知。④韩国游客群体对九江市周边的著名旅游城市也有一定程度的了解。

四、景德镇市词云图展示与分析

对韩国游客群体评论景德镇市的前50位高频词进行词云图可视化处理，结果如图4-4所示。其中以"中国、江西、景德镇、古窑民俗博览区、陶阳里旅游地、陶溪川文创街、陶瓷器、购买、艺术、民俗、文化、作品、住宿、文化体验、研究、喝茶、手工制作体验、土壤、树林、怪石林、著名、都市、生产、世界"等高频感知词汇为主。

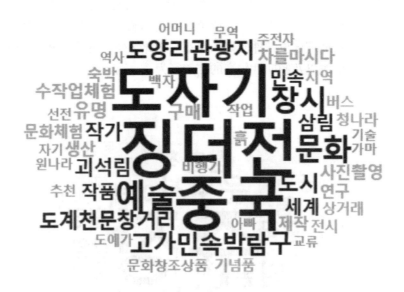

图4-4 景德镇市词云图展示

结合原始文本可将上述内容大体剖析如下：①韩国游客群体对景德镇市的地理区位有准确认知。②与自然旅游资源相比，韩国游客群体对景德镇市的陶瓷文化资源和文化体验活动表现出了更加集中的感知。③韩国游客群体对景德镇市诸如"古窑民俗博览区""陶阳里旅游地""陶溪川文创街"等代表性旅游目的地有一定程度的认知。④韩国游客群体对景德镇市的陶瓷文化展现出了较高的选择倾向，较热衷于该主题文化的各类活动体验。⑤对景德镇市在世界范围内的知名度和影响力表现出了积极、肯定的认知态度。

五、萍乡市词云图展示与分析

对韩国游客群体评论萍乡市的前50位高频词进行词云图可视化处理，结果如图4-5所示。其中以"中国、江西、萍乡、武功山、列车、烟花制作、草甸、索道、云端、金顶、雄峰、山路、南昌、宜春、明月山"等高频感知词汇为主。

图4-5　萍乡市词云图展示

结合原始文本可将上述内容大体剖析如下：①韩国游客群体在熟知萍乡市地理区位情况的同时，对周边著名的旅游城市和旅游目的地也有一定程度的了解。②韩国游客群体对萍乡市的龙头旅游目的地武功山景区表现出了较高程度的感知，并且对武功山景区的核心景点也有较为深刻的印象。另外值得注意的是，原始文本中的"武功山"以汉字形式大量出现，这是因为韩国民众对于中国传统武术有极强的认知，具备"武功"汉字的书写能力。而"山"字也属韩国民众辨识度较高的汉字之一，因此在谈论武功山的情境下，更加倾向于汉字书写形式。这与中国民众在网络交流时常以"OK"代替"好的"词义表达的现象类似。

六、新余市词云图展示与分析

对韩国游客群体评论新余市的前 50 位高频词进行词云图可视化处理，结果如图 4-6 所示。其中以"中国、新余、拾年山、仙女湖、湖水、宋应星、《天工开物》、工艺百科、民俗、地方文化、宗庙、祭祀、风俗体验、巨峰葡萄、橘子、康养、休闲、南昌、宜春"等高频感知词汇为主。

图 4-6　新余市词云图展示

结合原始文本将上述内容大体剖析如下：①韩国游客群体在熟知新余市地理区位信息的同时，对其周边的南昌、宜春等著名旅游城市也有一定程度的了解。②与自然旅游资源相比，韩国游客群体对新余市的文化旅游资源展现出了更高水平的兴趣度，对诸如"拾年山"、《天工开物》以及其他地方风俗类的文化资源有较为广泛的认知。③韩国游客群体对新余市的"巨峰葡萄""橘子"等较具代表性的土特产品也有所了解。④在韩国游客群体对新余市的高频感知词汇中大量出现了"康养""休闲"等关联字样，表明该群体已对新余市的旅游业态形成了一定程度的体系认知。

七、鹰潭市词云图展示与分析

对韩国游客群体评论鹰潭市的前 50 位高频词进行词云图可视化处理，结果如图 4-7 所示。其中以"中国、鹰潭、王安石、观光、攻略、酒店、预约、最低价、特价、著名、道教、阳光、自然风景、最好的、推荐、再来、休闲、康养、疲惫、拥挤、无聊、附近、南昌"等高频感知词汇为主。

图 4-7　鹰潭市词云图展示

结合原始文本可将上述内容大体剖析如下：①体现出韩国游客群体对鹰潭市的地理区位有大体认知。②韩国游客群体对鹰潭市的重要文化旅游资源有较为清晰的认知。③对出游鹰潭市的旅游信息表现出了较高的求知欲望，包括对旅游攻略、酒店住宿、旅游预约、旅游费用等整体旅游活动中各环节的关注。④对鹰潭市的旅游活动表现出了"推荐""再来"等旅游行为倾向。⑤在韩国游客群体对鹰潭市的高频感知词汇中出现了"康养""休闲"等关联字样，表明该群体已开始对鹰潭市的旅游业态形成认知。⑥对鹰潭市的周边旅游城市和旅游景区也表现出了一定程度的关注。值得注意的是，韩国游客群体对出游鹰潭表现出了"拥挤""疲惫""无聊"等负面评价态度。

八、赣州市词云图展示与分析

对韩国游客群体评论赣州市的前 50 位高频词进行词云图可视化处理。结果如图 4-8 所示。其中以"中国、江西、赣州、通天岩、宋城、共和国摇篮、三百山、古城墙、龙虎山、Trip.com、酒店、预约、最低价、三杯鸡、赣南脐橙、推荐、拥挤、滞留、堵车、休闲、节庆"等高频感知词汇为主。

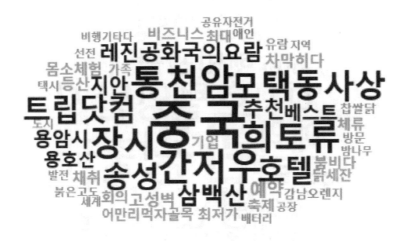

图 4-8　赣州市词云图展示

结合原始文本将上述内容大体剖析如下：①韩国游客群体对赣州市的地理区位有大体的了解。②韩国游客群体对赣州市诸如通天岩、宋城、共和国摇篮、三百山、古城墙、龙虎山等较具代表性的自然与文化旅游资源有较为系统的认知。③韩国游客群体较为关注旅游费用在内的赣州旅游信息，"Trip.com"是韩国游客群体了解掌握赣州市相关旅游情报的主要渠道。④对赣州市的特产和美食表现出了强烈的喜好，其中，对"三杯鸡"和"赣南脐橙"的选择倾向最为突出。需要注意的是，韩国游客群体对于赣州市的旅游活动表现出了消极的负面评价态度，分析原因可能是旅游旺季主要景区的人流拥挤、道路车流量大，以及旅游活动体验相对单调。另外，韩国游客群体对赣州市"休闲""节庆"等旅游业态有一定水平的认知。

九、吉安市词云图展示与分析

对韩国游客群体评论吉安市的前 50 位高频词进行词云图可视化处理，结果如图 4-9 所示。其中以"中国、江西省、吉安、井冈山、羊狮幕、高山火车、山岳、白鹭洲、酒店、登山、竞技、小吃、板鸭、火腿、狗牯脑茶、体育、休闲、停车场、休闲长廊、卫生间、登山路、萍乡、明月山"等高频感知词汇为主。

图 4-9　吉安市词云图展示

结合原始文本可将上述内容大体剖析如下：①韩国游客群体对吉安市的地理区位情况有一定程度的了解。②韩国游客群体对吉安市的代表性旅游目的地和旅游体验项目有一定水平的认知。③吉安市的地方特色美食和小吃诸如"板鸭""火腿""狗牯脑茶"等，对韩国游客群体具有较高的吸引力。④较为关注停车场、休闲长廊、卫生间、登山路等目的地基础设施情况。⑤韩国游客群体已开始对吉安市"体育"和"休闲"的主题业态产生认知。另外，值得注意的是，韩国游客群体对邻近吉安市的旅游城市萍乡和旅游目的地明月山景区表现出了相对较高的关注度。

十、宜春市词云图展示与分析

对韩国游客群体评论宜春市的前 50 位高频词进行词云图可视化处理，结果如图 4-10 所示。其中以"中国、江西、宜春市、滕王阁序、韩愈、天工开物、状元文化、月亮文化、明月皇后、温泉、云海、日出、山洞、硒、栈道、客机、Trip. com、预约、价格、最低价、酒店、最好的、推荐、节庆、健康体验、长沙、南昌"等高频感知词汇为主。

图 4-10 宜春市词云图展示

结合原始文本可将上述内容大体剖析如下：①韩国游客群体对宜春市的地理区位有较为清晰的认知。同时，对邻近宜春市的长沙和南昌等旅游城市也较为关注。②韩国游客群体对宜春市的自然和文化旅游资源均有一定水平的认知，尤其是对较具人气的自然资源与景观有所关注。③较为关注出游宜春的旅游信息，"Trip. com"是他们获取相关信息和情报的主要途径。④韩国游客群体对宜春市旅游具有鲜明的积极情感态度，向他人推荐宜春的倾向明显。值得注意的是，YouTube 平台上有大量关于宜春旅游的视频作品。

十一、抚州市词云图展示与分析

对韩国游客群体评论抚州市的前50位高频词进行词云图可视化处理，结果如图 4-11 所示。其中以"中国、江西、抚州、大觉山、文昌里、麻姑山、传统村落、禅宗学派、宋明理学、临川文化、采茶戏、感受、精神食粮、特色小吃、猪脚饭、汤圆、豆腐脑、体育、登山、南昌、赣州"等高频感知词汇为主。

图 4-11　抚州市词云图展示

结合原始文本可将上述内容大体剖析如下：①韩国游客群体对抚州市的地理区位情况有所了解，对抚州市周边的南昌和赣州等旅游城市也有所关注。②韩国游客群体对抚州市的旅游资源有较为系统的认知，除大觉山、麻姑山等自然旅游景区之外，对诸如文昌里、禅宗学派、宋明理学、临川文化、采茶戏、传统村落等文化景观也表现出了深刻认知，并且在原始文本中出现了大量的"精神食粮"词汇，这是该群体对抚州市人文旅游资源的评价。③韩国游客群体对猪脚饭、汤圆、豆腐脑等抚州特色美食小吃展现出了极高程度的选择倾向。④开始对以登山越野赛为主题的"体育+旅游"业态形成认知。

十二、上饶市词云图展示与分析

对韩国游客群体评论上饶市的前 50 位高频词进行词云图可视化处理，结果如图 4-12 所示。其中以"中国、江西、上饶、旅游城市、三清山、中国丹霞、鹅湖书院、篁岭、绿茶制作、龟峰、旅行、民俗体验、研究、品茶、绿茶、感受自然、舒心、转换心情、三清山机场、客机、婺源站、鹰潭市、南昌、浙江"等高频感知词汇为主。

아름다운경치
회옥산맥 민속체험 크로스컨트리
자연을품다 녹차만들기 비엔티안
녹차 관광도시 응담시 명승지
마음닦다 아호서원 장시 중국단하
마을 연구도시
등산 도보
경계선 상라오시 풍경
위산 선수 산 시간지역
민박 산수 황령중국도교영산 여객기
영상 남창 삼청산 절강 무원역
관광지 여행 명산 강양
삼청산공항 거북봉 차음미 지질측량
기분전환 햇볕에쬐다

图 4-12　上饶市词云图展示

结合原始文本可将上述内容大体剖析如下：①韩国游客群体对上饶市的地理区位信息有所了解，同时，对上饶的旅游城市定位有较为清晰的认知。②对于上饶市的自然旅游资源如三清山、中国丹霞、篁岭、龟峰等，以及人文旅游资源如鹅湖书院、民俗体验等均有较为系统的认知。③韩国游客群体对出游上饶市开展旅游活动有较为全面的印象，如绿茶制作、研究、品茶等，且对上饶市的旅游活动体验持有十分积极、正向的评价。④较为关注上饶旅游的交通情况，主要包括飞机和高铁两种交通方式。

第二节　高频词分析

高频词通常能够体现游客群体对旅游目的地较为深刻的印象。将韩国游客群体对江西省及省内各旅游城市评论的前 100 位高频词汇按照出现频率的高低进行梳理并实施分析，具体情况如下：

一、江西省高频词分析

韩国游客群体对江西省评论的高频词汇分析结果如表4-1所示，共出现52个名词、27个形容词及21个动词，词频区间为165~6949，词频占比区间为0.10%~4.25%。其中，高频名词主要包括"江西、革命根据地、南昌、飞机、肉饼、汤、庐山、诗文化、滕王阁、诗人"等，高频形容词主要包括"名胜、实惠、欠缺、现代化"等，高频动词主要包括"观光、推荐、旅行、登山、再来、拥堵、疲劳、枯燥无味"等。①

表4-1　韩国游客群体对江西省评论的高频词分析

词汇	词频	占比（%）	词汇	词频	占比（%）	词汇	词频	占比（%）
江西	6949	4.25	拥堵	347	0.21	中国	215	0.13
革命根据地	3154	1.93	美食	338	0.21	拌粉	215	0.13
南昌	1902	1.16	文化	319	0.20	到访	214	0.13
观光	1383	0.85	英语	317	0.19	喜欢	213	0.13
飞机	981	0.60	单调	311	0.19	景德镇	211	0.13
名胜	956	0.58	疲劳	308	0.19	咨询	209	0.13
肉饼	932	0.57	枯燥无味	308	0.19	召开	209	0.13
汤	932	0.57	地域	307	0.19	门票	206	0.13
庐山	892	0.55	高楼	306	0.19	崛起	206	0.13
诗文化	761	0.47	有名	302	0.19	贵	199	0.12
滕王阁	746	0.46	特产	301	0.18	消费	197	0.12
实惠	733	0.45	很好	300	0.18	机票	197	0.12
推荐	680	0.42	价值	297	0.18	农业	192	0.12
诗人	658	0.40	齐全	297	0.18	友好	189	0.12
旅行	648	0.40	茶叶	295	0.18	鄱阳湖	188	0.12
井冈山	646	0.40	爽快	294	0.18	预订	187	0.11
南昌大学	603	0.37	机场	294	0.18	发达	186	0.11
早上	560	0.34	美味饭店	279	0.17	上午	185	0.11
登山	551	0.34	好吃	279	0.17	桃花源	185	0.11
攻略	538	0.33	历史	276	0.17	想要	178	0.11

---

① 高频词皆由韩语翻译而来，部分词汇原意中有动词、形容词性质，为便于理解，笔者按照中文习惯进行了意译，但仍置于原本词性组别中。

续表

词汇	词频	占比（%）	词汇	词频	占比（%）	词汇	词频	占比（%）
欠缺	538	0.33	休闲	254	0.16	高铁	177	0.11
旅游地	523	0.32	善良	250	0.15	热闹	177	0.11
现代化	515	0.32	民俗	242	0.15	预约	176	0.11
下午	498	0.30	昌北	240	0.15	顾客	176	0.11
功能	478	0.29	打卡	236	0.14	聚集	175	0.11
团队游	477	0.29	拍照	236	0.14	中心	174	0.11
时间	430	0.26	登上	234	0.14	当天	173	0.11
费时	430	0.26	夜景	234	0.14	感谢	172	0.11
位置	426	0.26	担心	231	0.14	路宽	171	0.11
您好	375	0.23	耿直	230	0.14	照片	171	0.11
再来	371	0.23	西部	230	0.14	麻烦	166	0.10
耗时	364	0.22	指引牌	227	0.14	演员	165	0.10
建筑	354	0.22	生活	221	0.14			
交通	347	0.21	成都	216	0.13			

结合原始文本分析上述内容可知：①韩国游客群体对江西省中国革命根据地的形象定位有极为强烈的感知。②搭乘飞机是韩国游客群体前往江西旅游的主要交通方式。③瓦罐汤是韩国游客群体最喜爱的江西美食。④韩国游客群体对于江西省旅游目的地的感知多集中于庐山和滕王阁两处景区，且对于江西诗词文化的印象最为深刻。⑤对江西省的现代化建设风貌表现出了肯定态度，但是由于旅游承载力管控问题，造成了韩国游客群体一定程度的不满。⑥在韩国游客群体认知体系中，"观光""旅行""登山""打卡""拍照"是江西旅游的主要活动类型，同时展现出了向他人推荐，以及再次开展江西旅游的行为倾向。

二、南昌市高频词分析

韩国游客群体对南昌市评论的高频词汇分析结果如表 4-2 所示，共出现 64 个名词、18 个形容词及 18 个动词，词频区间为 96~3884，词频占比区间为 0.08%~3.06%。其中，高频名词主要有"南昌、中国、江西、瓦罐汤、九江、庐山、滕王阁、巴士、上午、保利高尔夫、摩天轮、研学、英雄城、万寿宫、南昌大学、景区景点、美食"等，高频形容词主要包括"名校、堵车、现代化、人多、安宁、气派、名气、梦幻、干净、创新、第一次、拥挤"等，高频动词则主要包括"推荐、城市漫步、购物、拍照、重游、娱乐、旅行、跑步、访游、休养、漫游"等。

表4-2　韩国游客群体对南昌市评论的高频词分析

词汇	词频	占比（%）	词汇	词频	占比（%）	词汇	词频	占比（%）
南昌	3884	3.06	上海	241	0.19	南京	141	0.11
中国	3230	2.54	重游	240	0.19	青岛	139	0.11
江西	2990	2.35	旅游地	240	0.19	长沙	139	0.11
瓦罐汤	1261	0.99	地域	235	0.19	到达	137	0.11
九江	1098	0.86	江景	230	0.18	再来	131	0.10
庐山	688	0.54	气派	227	0.18	周到	131	0.10
滕王阁	688	0.54	娱乐	223	0.18	学校	130	0.10
巴士	670	0.53	名气	221	0.17	会议	127	0.10
上午	577	0.45	科技	208	0.16	杭州	125	0.10
纪念馆	526	0.41	岁月	207	0.16	问题	123	0.10
保利高尔夫	478	0.38	城市建设	205	0.16	街道	122	0.10
摩天轮	458	0.36	虚拟技术	197	0.16	乡村	116	0.09
研学	423	0.33	梦幻	197	0.16	饮食	114	0.09
英雄城	423	0.33	树木	195	0.15	热情	114	0.09
万寿宫	415	0.33	旅行	192	0.15	感受	111	0.09
南昌大学	381	0.30	北京	192	0.15	接触	109	0.09
城市生态	376	0.30	江边	192	0.15	醉酒	108	0.09
酒店	370	0.29	干净	188	0.15	访游	108	0.09
名校	368	0.29	杨钰莹	188	0.15	活力	108	0.09
推荐	365	0.29	创新	184	0.15	喜欢	107	0.08
夜景	332	0.26	空气	182	0.14	休养	107	0.08
堵车	322	0.25	跑步	181	0.14	田园住宅	106	0.08
粉蒸肉	321	0.25	国际交流	177	0.14	农家乐	105	0.08
都市	315	0.25	民宿	176	0.14	灯秀	104	0.08
城市漫步	311	0.25	第一次	176	0.14	漫游	103	0.08
购物	302	0.24	拥挤	170	0.13	无锡	101	0.08
腊肉	287	0.23	共产主义	167	0.13	味道	99	0.08
蚊子	273	0.22	世界	166	0.13	情境	98	0.08
现代化	270	0.21	设施	166	0.13	上海周边	98	0.08
女朋友	265	0.21	纱窗	148	0.12	问询	97	0.08
拍照	265	0.21	商务	146	0.12	解答	96	0.08

词汇	词频	占比（%）	词汇	词频	占比（%）	词汇	词频	占比（%）
人多	264	0.21	广州	145	0.11	未来	96	0.08
安宁	264	0.21	最近	143	0.11			
导游	261	0.21	位置	143	0.11			

结合原始文本分析上述内容可知：①韩国游客群体对于南昌市地理区位的认知能够具体到省域范围，且对周边邻近城市九江和旅游景区庐山也有所了解。②瓦罐汤是韩国游客群体最喜欢的南昌地方特色小吃。③滕王阁、摩天轮、万寿宫是韩国游客群体对南昌市印象最深的旅游景区，但是由于旅游承载力管控压力，致使韩国游客群体存在一定的困惑。④韩国游客群体在开展江西旅游活动的过程中，搭乘巴士是利用频率最高的交通方式。⑤韩国游客群体对南昌"英雄城"城市形象定位有极高程度的认知，对南昌市的现代化建设、密集的居民人口、安宁的社会环境、气派的建筑群、整洁的城市面貌，以及创新的发展思路持积极肯定态度，对南昌大学也有所了解。⑥在韩国游客群体认知体系中，"保利高尔夫""城市漫步""购物""拍照""跑步""漫游""休养"是南昌旅游的主要活动类型，同时对"研学""娱乐"旅游业态的活动体验也有较为深刻的印象，且表现出了强烈的推荐和重游倾向。

三、九江市高频词分析

韩国游客群体对九江市评论的高频词汇分析如表4-3所示，共有61个名词、25个形容词及14个动词，词频区间为183~13639，词频占比区间为0.10%~7.26%。其中，高频名词主要有"九江、庐山、云雾茶、日出、李白、诗文、中国、牯岭镇、江西、南昌、景德镇、庆典、上饶、鄱阳湖、瀑布、氧气、诗词、陶渊明、《庐山恋》"等，高频形容词主要包括"三千尺、名山、拥挤、云雾缭绕、高山、神秘、长寿、专业、昂贵、满员、自由、冰冷、反应迟缓"等，高频出现的动词则包括"康养、登山、摄影、打卡、品茶、越野、散步、养生、反驳、没反应、营销、跑步"等。

表4-3 韩国游客群体对九江市评论的高频词分析

词汇	词频	占比（%）	词汇	词频	占比（%）	词汇	词频	占比（%）
九江	13639	7.26	散步	361	0.19	没反应	239	0.13
庐山	2409	1.28	养生	358	0.19	疲倦	234	0.13

续表

词汇	词频	占比（%）	词汇	词频	占比（%）	词汇	词频	占比（%）
云雾茶	1500	0.80	缆车	356	0.19	乏力	232	0.12
日出	1239	0.66	门票	355	0.19	发达	226	0.12
李白	907	0.48	土特产	353	0.19	现代化	221	0.12
诗文	869	0.46	观光车	349	0.19	大都市	221	0.12
三千尺	867	0.46	价格	333	0.18	热闹	217	0.12
中国	836	0.45	妻子	323	0.17	现代	216	0.12
牯岭镇	832	0.44	石鸡	323	0.17	营销	216	0.12
康养	726	0.39	石鱼	306	0.16	大厦	216	0.12
登山	702	0.37	石耳	296	0.16	高建筑	215	0.11
名山	696	0.37	专业	290	0.15	科技	210	0.11
江西	616	0.33	昂贵	288	0.15	商业街	209	0.11
南昌	602	0.32	山顶饭店	286	0.15	安定	207	0.11
景德镇	590	0.31	诗	285	0.15	视频	204	0.11
摄影	575	0.31	茶	280	0.15	广告牌	204	0.11
庆典	572	0.30	女友	276	0.15	电影节	200	0.11
上饶	565	0.30	电影	274	0.15	交通	198	0.11
拥挤	538	0.29	比赛	271	0.14	跑步	195	0.10
鄱阳湖	521	0.28	大巴	271	0.14	《望庐山瀑布》	194	0.10
瀑布	517	0.28	老公	268	0.14	眺望庐山	194	0.10
氧气	498	0.27	高铁	267	0.14	美食	193	0.10
云雾缭绕	477	0.25	昌北	260	0.14	星星	192	0.10
高山	466	0.25	飞机	256	0.14	美女	191	0.10
诗词	453	0.24	满员	256	0.14	小镇	190	0.10
陶渊明	451	0.24	卫生间	255	0.14	美好生活	189	0.10
神秘	429	0.23	栏杆	255	0.14	讲解	189	0.10
长寿	427	0.23	台阶	253	0.14	东林寺	188	0.10
《庐山恋》	399	0.21	翻译牌	248	0.13	保安	187	0.10
体育	394	0.21	路标	246	0.13	大佛	186	0.10
风俗	391	0.21	自由	246	0.13	森林	186	0.10
打卡	370	0.20	冰冷	243	0.13	无聊	183	0.10
品茶	365	0.19	反应迟缓	242	0.13			
越野	364	0.19	反驳	240	0.13			

结合原始文本分析上述内容可知：①韩国游客群体对于九江市地理区位的认知可具体到省域范围，且对周边邻近的南昌市、景德镇市、上饶市等旅游城市也有所了解。②韩国游客群体对于九江市印象最深的旅游景区是庐山，印象最深的景点是牯岭镇，印象最深的自然景观是庐山日出、庐山云雾缭绕景象、庐山瀑布、庐山新鲜的空气、九江市鄱阳湖，印象最深的人文资源是李白诗词文化、陶渊明诗词文化及《庐山恋》电影文化，且对于云雾茶表现出了较高程度的喜爱。③对于庐山景区持有神秘、长寿、自由的印象，对于工作人员的服务专业性持有积极正向的感知评价，但是还存在商品价格昂贵等消极负面的感知评价。另外，由于旅游承载力管控问题，致使韩国游客群体产生困惑感。④在韩国游客群体认知体系中，"登山""摄影""打卡""品茶""越野""散步""跑步""养生"是九江市主要的旅游活动类型，他们对节庆、康养等主题业态的旅游活动也有相对集中的感知体会。

四、景德镇市高频词分析

韩国游客群体对景德镇市评论的高频词汇分析结果如表4-4所示，共有63个名词、15个形容词及22个动词，词频区间为82～3131，词频占比区间为0.10%～3.93%。其中，高频出现的名词主要有"景德镇、中国、陶瓷器、艺术、江西、文化、古窑民俗博览区、陶阳里旅游地、都市、陶溪川文创街、怪石林、作家、森林、世界、作品、民俗"等，高频出现的形容词主要有"典雅、人多、传统、便民、满意、优秀、珍贵、稀有、现代化、多样、最大、无价、繁荣、时代"等，高频出现的动词主要有"购买、手工体验、拍照、生产、喝茶"等。

表4-4 韩国游客群体对景德镇市评论的高频词分析

词汇	词频	占比（%）	词汇	词频	占比（%）	词汇	词频	占比（%）
景德镇	3131	3.93	文创商品	185	0.23	产地	108	0.14
中国	2759	3.46	陶艺家	183	0.23	珍贵	108	0.14
陶瓷器	2620	3.29	推荐	181	0.23	照片	107	0.13
艺术	906	1.14	飞机	176	0.22	博物馆	107	0.13
江西	752	0.94	工作	173	0.22	稀有	105	0.13
文化	739	0.93	爸爸	168	0.21	再来	104	0.13
古窑民俗博览区	504	0.63	元朝	166	0.21	位置	102	0.13
陶阳里旅游地	439	0.55	轿子	166	0.21	现代化	101	0.13

续表

词汇	词频	占比（%）	词汇	词频	占比（%）	词汇	词频	占比（%）
都市	422	0.53	历史	164	0.21	个人展	100	0.13
陶溪川文创街	377	0.47	技术	164	0.21	陶艺	99	0.12
怪石林	355	0.45	交流	164	0.21	画作	98	0.12
作家	348	0.44	妈妈	164	0.21	茶杯	98	0.12
森林	327	0.41	贸易	162	0.20	多样	98	0.12
世界	307	0.39	水壶	161	0.20	上海	96	0.12
作品	302	0.38	自己	161	0.20	最大	95	0.12
民俗	288	0.36	宣传	158	0.20	无价	92	0.12
典雅	287	0.36	人多	156	0.20	繁荣	91	0.11
购买	272	0.34	学习	151	0.19	时代	90	0.11
手工体验	268	0.34	庆典	145	0.18	进步	90	0.11
拍照	252	0.32	旅行	142	0.18	翻译	89	0.11
生产	237	0.30	美食店	142	0.18	工艺	89	0.11
喝茶	236	0.30	传统	141	0.18	村庄	88	0.11
制作	235	0.30	民宿	137	0.17	介绍	88	0.11
研究	231	0.29	卫生间	135	0.17	北京	86	0.11
文化体验	231	0.29	便民	132	0.17	画廊	86	0.11
住宿	221	0.28	满意	130	0.16	出口	85	0.11
泥土	215	0.27	时间	128	0.16	指示牌	84	0.11
地区	206	0.26	青花白瓷	123	0.15	釉子	83	0.10
清朝	204	0.26	优秀	123	0.15	工厂	83	0.10
公共汽车	202	0.25	演示	120	0.15	南昌	83	0.10
商业交易	201	0.25	文化庆典	118	0.15	庆典	83	0.10
展览	193	0.24	器皿	112	0.14	思考	82	0.10
纪念品	190	0.24	陶瓷	109	0.14			
白瓷	188	0.24	访问	108	0.14			

结合原始文本分析上述内容可知：①韩国游客群体对于景德镇市的地理区位认知可具体到省域范围。②韩国游客群体对景德镇市的旅游资源感知集中于陶瓷文化艺术领域，这与景德镇市的旅游文化主题 IP 高度契合。③韩国游客群体对景德镇市的古窑民俗博览区、陶阳里旅游地、陶溪川文创街等人文主题旅游目的

地，以及怪石林、森林等自然景观的印象较为深刻。④韩国游客群体高度认可景德镇市陶瓷文化资源的世界级地位，文化体验的旅游动机最为强烈。另外，在韩国游客群体的认知体系中，"购买文创商品""陶瓷文化手工制作体验""拍照""品茶"是景德镇市的主要旅游活动类型。⑤对景德镇市的现代化建设风貌、社会经济繁荣发展景象，以及便利的生活服务基础设施持积极肯定的态度。

五、萍乡市高频词分析

韩国游客群体对萍乡市评论的高频词汇分析结果如表4-5所示，共有59个名词、19个形容词及22个动词，词频区间为65～2120，词频占比区间为0.11%～3.46%。其中，高频名词主要包括"中国、武功山、萍乡、江西、金顶、列车、宜春、索道、南昌、草甸、明月山、甜茶、油菜花、房车、民宿"等，形容词主要包括"缆车少、休闲的、满意、热情、亲切、人性化、乡村振兴、富裕、繁荣"等，高频出现的动词主要包括"野炊露营、烟花制作、眺望、登山、房车旅行、徒步、访问、再来"等。

表4-5 韩国游客群体对萍乡市评论的高频词分析

词汇	词频	占比（%）	词汇	词频	占比（%）	词汇	词频	占比（%）
中国	2120	3.46	体育	186	0.30	富裕	85	0.14
武功山	1632	2.66	门票	184	0.30	豪车	85	0.14
萍乡	1430	2.33	路线	182	0.30	大厦	83	0.14
江西	1395	2.28	缆车票	175	0.29	繁荣	83	0.14
金顶	877	1.43	下午	174	0.28	红色故事	82	0.13
列车	804	1.31	零食	170	0.28	内陆	82	0.13
宜春	643	1.05	商业街	169	0.28	武功山	82	0.13
索道	599	0.98	实在	166	0.27	萍乡站	81	0.13
南昌	594	0.97	下雨	166	0.27	检票口	80	0.13
雄峰	446	0.73	北京	164	0.27	访问	80	0.13
草甸	434	0.71	莲花血鸭	160	0.26	酒店	79	0.13
明月山	409	0.67	铁路	146	0.24	照片	79	0.13
云顶	398	0.65	麻辣鱼	145	0.24	当天	78	0.13
野炊露营	380	0.62	广州	144	0.24	万里苍穹	78	0.13
烟花制作	338	0.55	新闻	143	0.23	图画手册	77	0.13
甜茶	332	0.54	夫妻	138	0.23	位置图	76	0.12

续表

词汇	词频	占比（%）	词汇	词频	占比（%）	词汇	词频	占比（%）
金达莱花	328	0.54	女朋友	135	0.22	未来	75	0.12
眺望	314	0.51	坐飞机	127	0.21	干洗	75	0.12
登山	312	0.51	天津	119	0.19	再来	73	0.12
油菜花	311	0.51	城市	118	0.19	贯通	72	0.12
搭帐篷	299	0.49	韩语翻译	117	0.19	饭店	72	0.12
奔跑	258	0.42	英语	111	0.18	梦幻	71	0.12
野营	257	0.42	从业人员	107	0.18	通信发展	69	0.11
上午	253	0.41	移动	101	0.17	赣文化	69	0.11
野趣	249	0.41	卫生间	99	0.16	便捷	69	0.11
房车	243	0.40	休闲的	98	0.16	运行	69	0.11
房车旅行	234	0.38	示意图	98	0.16	农庄	69	0.11
出发	231	0.38	满意	95	0.16	拥抱	68	0.11
住宿	223	0.36	热情	94	0.15	乡村生活	67	0.11
民宿	213	0.35	亲切	93	0.15	记者	67	0.11
缆车少	213	0.35	人性化	88	0.14	火车	67	0.11
乡村旅游	201	0.33	旅行	88	0.14	星空	65	0.11
徒步	196	0.32	乡村振兴	87	0.14			
专列	191	0.31	实惠	86	0.14			

结合原始文本分析上述内容可知：①韩国游客群体对于萍乡市的地理区位认知可具体到省域范围，且对萍乡市周边诸如宜春、南昌等旅游城市，以及著名旅游景区明月山也有相对清晰的认知。②韩国游客群体印象最深的旅游目的地是萍乡武功山景区，印象最深的旅游景点是位于萍乡武功山上的金顶，印象最深的自然景观有草甸、云顶、油菜花、雄峰等，且对于萍乡的甜茶表现出了高度喜爱。③在韩国游客群体的认知体系中，乘坐武功山索道、房车旅行体验、特色民宿体验、登山、立于山顶眺望景观、徒步旅行体验、野炊露营体验等是萍乡市的主要旅游活动类型，而搭乘高铁列车则是韩国游客群体来往于萍乡市的主要交通方式。④韩国游客群体对萍乡市的旅游服务持有人性化、满意、热情、亲切等评价，且表现出了一定水平的重游倾向，但是因缆车数量少而造成等待时间过长的问题也对韩国游客群体造成了困惑感知。⑤韩国游客群体对乡村振兴背景下萍乡市富裕、繁荣的发展景象给予了积极肯定的评价。

六、新余市高频词分析

韩国游客群体对新余市评论的高频词汇分析结果如表4-6所示，共有69个名词、15个形容词及16个动词，词频区间为147～5060，词频占比区间为0.10%～3.51%。其中，高频名词主要包括"新余、拾年山、仙女湖、宋应星、《天工开物》、宜春、南昌、洞都、祖先、橘子、巨峰葡萄、民俗、紫霞、宗庙、地方文化、工艺百科、农事"等，高频形容词主要包括"休闲、创新、康养、人多、伟大、富裕、乡村振兴、共同富裕、潜力"等，高频动词则主要包括"祭祀、风俗体验、传播、科普、研究、参与、升级发展、新开业、发明、推荐、研学旅行"等。

表4-6 韩国游客群体对新余市评论的高频词分析

词汇	词频	占比（%）	词汇	词频	占比（%）	词汇	词频	占比（%）
新余	5060	3.51	明文化	255	0.18	热情	182	0.13
拾年山	3007	2.08	伟大	255	0.18	时间	181	0.13
仙女湖	1054	0.73	传播	250	0.17	高铁	181	0.13
宋应星	1013	0.70	科普	245	0.17	历代	181	0.13
祭祀	831	0.58	九江	244	0.17	元朝	179	0.12
《天工开物》	760	0.53	袁州	243	0.17	茶	178	0.12
宜春	739	0.51	富裕	239	0.17	内容	178	0.12
南昌	682	0.47	七仙女	236	0.16	会议	177	0.12
洞都	614	0.43	研究	236	0.16	推荐	177	0.12
祖先	591	0.41	神话	235	0.16	智慧	176	0.12
橘子	513	0.36	照片	228	0.16	研学旅行	176	0.12
巨峰葡萄	492	0.34	参与	227	0.16	发展	173	0.12
民俗	479	0.33	画作	223	0.16	生态	173	0.12
紫霞	456	0.32	爸爸	219	0.15	指南	173	0.12
宗庙	453	0.31	导游	219	0.15	面积小	173	0.12
地方文化	435	0.30	落叶	216	0.15	英语解说	170	0.12
工艺百科	433	0.30	文化遗产	212	0.15	商业街	170	0.12
农事	428	0.30	升级发展	211	0.15	新鲜	165	0.11
风俗体验	407	0.28	短片	210	0.15	商务会议	163	0.11
休闲	400	0.28	江西	209	0.15	饮食	162	0.11

续表

词汇	词频	占比（%）	词汇	词频	占比（%）	词汇	词频	占比（%）
中国	386	0.27	父子	206	0.14	民宿	159	0.11
创新	381	0.26	乡村振兴	203	0.14	购书	159	0.11
湖水	349	0.24	人均收入	202	0.14	知识习得	155	0.11
祠堂	345	0.24	价格	197	0.14	湖景	154	0.11
朋友	341	0.24	共同富裕	193	0.13	现代化	153	0.11
文化商品	341	0.24	广告牌	193	0.13	团体旅行	151	0.11
康养	339	0.24	新开业	190	0.13	低廉	151	0.11
同事	339	0.24	蜜桔饼	189	0.13	枯燥无味	150	0.10
人多	334	0.23	土扎粉	187	0.13	单调	150	0.10
微风	320	0.22	潜力	187	0.13	夜晚	149	0.10
明代	318	0.22	农业	186	0.13	无聊	148	0.10
高速巴士	296	0.21	手工业	183	0.13	祭文	147	0.10
解说员	273	0.19	发明	183	0.13			
爱情	268	0.19	制造技术	182	0.13			

结合原始文本分析上述内容可知：①韩国游客群体对新余市地理区位的认知水平相对偏低，但是对新余市周边诸如宜春、南昌等著名旅游城市的区位信息有一定程度的了解。②韩国游客群体对新余市的拾年山、仙女湖、洞都等旅游景区的印象最为深刻，对于《天工开物》、民俗、祭祀等相关的人文资源的印象较为深刻，对于橘子和巨峰葡萄等新余特产表现出了较高程度的喜爱。③在韩国游客群体的认知体系中，农事体验、风俗体验、科普学习、研学旅行是新余市的主要旅游活动类型，他们对休闲、康养、研学等主题业态旅游活动体验也表现出了相对集中的感知。④韩国游客群体对新余市乡村振兴战略背景下人民共同富裕的美好生活景象持积极肯定的评价，且向他人推荐新余的倾向明显。

七、鹰潭市高频词分析

韩国游客群体对鹰潭市评论的高频词汇分析结果如表4-7所示，共有60个名词、21个形容词及19个动词，词频区间为106～886，词频占比区间为0.67%～5.58%。其中，高频名词主要包括"王安石、酒店、攻略、南昌市、中国、阳光、游客、道教、空气、地域特色、民宿、龙虎山、音乐、都市、江西、卤猪蹄、标志牌、吉安、门票、农村"等，高频形容词主要包括"最低价、著名、休闲、康养、特价、最佳、拥挤、疲惫、无聊、清爽、商业化、世界级、振兴"等，高频动词主要包括"观光、预约、再来、推荐、公演、游泳、跑步、徒步"等。

表 4-7　韩国游客群体对鹰潭市评论的高频词分析

词汇	词频	占比（%）	词汇	词频	占比（%）	词汇	词频	占比（%）
观光	886	5.58	标志牌	134	0.84	历史	111	0.70
王安石	483	3.04	按摩	132	0.83	明慧网	111	0.70
酒店	476	3.00	清爽	130	0.82	跑步	111	0.70
攻略	442	2.78	乡村	130	0.82	徒步	110	0.69
鹰潭市	435	2.74	国际交流	129	0.81	浪漫	110	0.69
中国	404	2.54	文化	128	0.81	景德镇	110	0.69
预约	316	1.99	高铁	128	0.81	自豪	109	0.69
再来	282	1.78	茶	125	0.79	再见	109	0.69
推荐	278	1.75	奢华	122	0.77	情侣	109	0.69
阳光	264	1.66	九江	122	0.77	假货	109	0.69
最低价	262	1.65	物联网	121	0.76	萍乡	109	0.69
游客	259	1.63	大剧场	121	0.76	名山	109	0.69
道教	216	1.36	移动	120	0.76	最大	108	0.68
空气	213	1.34	同伴	120	0.76	投资	108	0.68
地域特色	209	1.32	产业	119	0.75	商品	107	0.67
民宿	201	1.27	访问	119	0.75	建设	107	0.67
龙虎山	201	1.27	三清	118	0.74	智能	107	0.67
著名	186	1.17	人多	118	0.74	技术	107	0.67
休闲	184	1.16	商业化	118	0.74	停车场	107	0.67
康养	174	1.10	世界级	118	0.74	酒	107	0.67
特价	160	1.01	吉安	117	0.74	家人	107	0.67
音乐	152	0.96	艺术团	117	0.74	照片	107	0.67
公演	148	0.93	商旅	117	0.74	健康	107	0.67
都市	147	0.93	明媚	117	0.74	舞台	107	0.67
最佳	143	0.90	农村	116	0.73	牛骨粉	107	0.67
拥挤	139	0.88	振兴	115	0.72	早餐	107	0.67
南昌	139	0.88	门票	113	0.71	节庆	106	0.67
江西	139	0.88	大巴	113	0.71	白云	106	0.67

续表

词汇	词频	占比（%）	词汇	词频	占比（%）	词汇	词频	占比（%）
附近	139	0.88	水景	113	0.71	游船	106	0.67
疲惫	138	0.87	游泳	113	0.71	聊天	106	0.67
自然风景	137	0.86	张慧雯	113	0.71	多样	106	0.67
无聊	136	0.86	发展	112	0.71	价格	106	0.67
服务	136	0.86	美景	112	0.71			
卤猪蹄	135	0.85	计划	112	0.71			

结合原始文本分析上述内容可知：①韩国游客群体对于鹰潭市地理区位信息的认知相对模糊，但是却对其邻近城市南昌有一定程度的认知。②韩国游客群体对"王安石"主题文化表现出了深刻认知，同时对鹰潭市如道教、民歌等其他地域特色文化也展现出了一定的关注。另外，卤猪蹄是韩国游客群体印象最深的美食小吃。③韩国游客群体对鹰潭市旅游印象最深刻的自然旅游目的地是龙虎山景区，同时还表现出了对阳光、空气等自然旅游资源的喜爱。④韩国游客群体对鹰潭市的旅游信息表现出了较高的求知欲，包括酒店预订、旅游攻略、门票预约、旅游经费等相关情报。⑤在韩国游客群体的认知体系中，观光游览、观看演出、游泳、跑步、徒步是鹰潭市的主要旅游活动类型，他们对休闲、康养主题业态的旅游活动体验也有较高程度的关注。⑥对鹰潭的都市风貌和乡村振兴发展持积极肯定的评价，且重游和向他人推荐鹰潭的倾向明显，但是也存在因旅游承载力管控失利和旅游景区过度商业化等问题所产生的负面评价。

八、赣州市高频词分析

韩国游客群体对赣州市评论的高频词汇分析结果如表 4-8 所示，共有 64 个名词、12 个形容词及 24 个动词，词频区间为 65～2096，词频占比区间为0.10%～3.14%。其中，高频名词主要包括"中国、赣州、通天岩、江西、稀土、毛泽东思想、Trip.com、宋城、酒店、三百山、瑞金共和国的摇篮、吉安、龙岩市、古城墙、三杯鸡、赣南脐橙、糯米鸡"等，高频形容词主要包括"最佳、堵车、拥挤、最低价、最大、人多、特价、最低价"等，高频动词主要包括"推荐、预约、登山、采摘、亲身体验、滞留、访游、游览"等。

表 4-8　韩国游客群体对赣州市评论的高频词分析

词汇	词频	占比（%）	词汇	词频	占比（%）	词汇	词频	占比（%）
中国	2096	3.14	糯米鸡	161	0.24	化石	99	0.15

续表

词汇	词频	占比（%）	词汇	词频	占比（%）	词汇	词频	占比（%）
赣州	1089	1.63	访游	157	0.24	产业	98	0.15
通天岩	1051	1.57	游览	152	0.23	纪录片	98	0.15
江西	1012	1.51	红色故都	151	0.23	报道	97	0.15
稀土	986	1.48	出租车	147	0.22	交流	96	0.14
毛泽东思想	866	1.30	宣传	145	0.22	漫游	96	0.14
Trip.com	752	1.13	城市	144	0.22	人多	96	0.14
宋城	749	1.12	爱人	143	0.21	特价	94	0.14
酒店	735	1.10	发展	136	0.20	大城市	89	0.13
三百山	525	0.79	坐飞机	135	0.20	广东省	86	0.13
推荐	426	0.64	工厂	132	0.20	出口	85	0.13
瑞金共和国的摇篮	405	0.61	板栗	131	0.20	入口	85	0.13
吉安	372	0.56	地区	130	0.20	北京	84	0.13
龙岩市	350	0.52	世界	129	0.19	广播	81	0.12
最佳	329	0.49	共享单车	129	0.19	先进的	81	0.12
龙虎山	316	0.47	电池	129	0.19	星级酒店	78	0.12
预约	288	0.43	微信支付	124	0.19	高质量发展	78	0.12
古城墙	244	0.37	贸易	123	0.18	世界大国	78	0.12
堵车	234	0.35	发现	122	0.18	宋明理学	76	0.11
登山	232	0.35	恐龙蛋	120	0.18	生态家园	75	0.11
采摘	231	0.35	位置	119	0.18	世界橙乡	75	0.11
亲身体验	220	0.33	旅行信息	117	0.18	投资	74	0.11
商务	215	0.32	天气预报	111	0.17	新闻	73	0.11
企业	215	0.32	电观光车	111	0.17	大规模	73	0.11
拥挤	215	0.32	服务	109	0.16	重游	72	0.11
滞留	212	0.32	垃圾桶	109	0.16	推进	72	0.11
会议	209	0.31	护栏	109	0.16	敬业	71	0.11
节庆	202	0.30	时间	108	0.16	国际标准	70	0.11
最低价	191	0.29	指示牌	107	0.16	细致	70	0.11
美食街	189	0.28	游步道	107	0.16	韩联社	68	0.10
三杯鸡	188	0.28	爱莲说	104	0.16	生煎鸭	67	0.10
最大	183	0.27	客家文化	102	0.15	星空	65	0.10

续表

词汇	词频	占比（%）	词汇	词频	占比（%）	词汇	词频	占比（%）
家人	166	0.25	旅行	102	0.15			
赣南脐橙	163	0.24	恐龙	100	0.15			

　　结合原始文本分析上述内容可知：①韩国游客群体对赣州市地理区位的认知能够具体到省域范围，对邻近城市吉安、龙岩也有所了解。②韩国游客群体对赣州红色文化有深刻认知，通天岩、三百山、宋城、古城墙是该群体印象最深刻的景区景点。③他们对赣州市的"稀土"资源表现出了极高的关注。④韩国游客群体对诸如三杯鸡、赣南脐橙、糯米鸡等赣州地方美食小吃表现出了较高程度的选择倾向。⑤在韩国游客群体的认知体系中，登山、采摘、访游、游览是赣州市的主要旅游活动类型，且表现出了向他人推荐赣州的行为倾向。但是景区旅游承载力管控问题使韩国游客群体产生了部分负面的评价。⑥韩国游客群体对赣州市的旅游经费、服务价格表现出了较高关注度，"Trip. com"是韩国游客群体获取赣州市相关旅游信息的主要渠道。

九、吉安市高频词分析

　　韩国游客群体对吉安市评论的高频词汇分析结果如表4-9所示，共有69个名词、12个形容词及19个动词，词频区间为98～4011，词频占比区间为0.10%～4.17%。其中，高频名词主要包括"吉安、中国、井冈山、羊狮慕、江西、山岳、白鹭洲、高山火车、大巴、明月山、萍乡、酒店、体育、火腿、板鸭、价格、狗牯脑茶"等，高频形容词主要包括"休闲、辣、颠簸、天下第一山、诚实、热、腿累、人多、文明、很好"等，高频动词主要包括"登山、竞技、预约、服务、农业体验、观光、到达、摄影"等。

表4-9　韩国游客群体对吉安市评论的高频词

词汇	词频	占比（%）	词汇	词频	占比（%）	词汇	词频	占比（%）
吉安	4011	4.17	上午	230	0.24	饮食	124	0.13
中国	2145	2.23	爱人	229	0.24	江西	124	0.13
井冈山	1273	1.32	颠簸	226	0.24	云丘	124	0.13
羊狮慕	923	0.96	登山路	204	0.21	时间	123	0.13
江西省	847	0.88	休息长廊	203	0.21	腿累	123	0.13
山岳	791	0.82	礼品	199	0.21	出租车	121	0.13

续表

词汇	词频	占比（%）	词汇	词频	占比（%）	词汇	词频	占比（%）
白鹭洲	737	0.77	禁烟	194	0.20	人多	121	0.13
登山	623	0.65	米粉	188	0.20	服务中心	121	0.13
高山火车	618	0.64	小村庄	187	0.19	理解	120	0.13
大巴	552	0.57	停车场	186	0.19	城市	117	0.12
明月山	468	0.49	特色商业街	186	0.19	铁路	117	0.12
萍乡	430	0.45	观光	183	0.19	开发区	115	0.12
休闲	421	0.44	卫生间	180	0.19	市容	113	0.12
竞技	416	0.43	今天	179	0.19	石碑	112	0.12
酒店	382	0.40	青原山	172	0.18	古村	111	0.12
体育	376	0.39	历史	169	0.18	感动	109	0.11
火腿	345	0.36	庐陵文化	168	0.18	文明	108	0.11
板鸭	341	0.36	吉州	166	0.17	很好	108	0.11
预约	340	0.35	位置	165	0.17	尖端技术	108	0.11
价格	337	0.35	藤田猪	154	0.16	墓	106	0.11
狗牯脑茶	323	0.34	到达	154	0.16	宣传片	106	0.11
下午	305	0.32	天下第一山	151	0.16	预订	106	0.11
服务员	305	0.32	摄影	149	0.16	开始	104	0.11
服务	303	0.32	佛教文化	148	0.15	包容性	103	0.11
文天祥	298	0.31	欧阳修	147	0.15	翻译	102	0.11
民宿	289	0.30	再来	144	0.15	清洁	102	0.11
小吃	289	0.30	家人	144	0.15	知识习得	101	0.11
电源插口	287	0.30	遗迹	138	0.14	崛起	100	0.10
辣	270	0.28	态度	138	0.14	旅行	99	0.10
新闻	256	0.27	茶	137	0.14	记者	99	0.10
农作物	246	0.26	诚实	136	0.14	鼓励	99	0.10
交通	246	0.26	感受	134	0.14	夜晚	98	0.10
农业体验	241	0.25	热	131	0.14			
古树	233	0.24	照片	129	0.13			

结合原始文本分析上述内容可知：①韩国游客群体对于吉安市的地理区位认知能够具体到省域范围，对邻近城市萍乡和旅游景区明月山也有所了解；韩国游客群体对井冈山景区有较高水平的认知，对羊狮慕、白鹭洲等景区也表现出了一

定程度的认知。②韩国游客群体对羊狮慕景区山顶的"高山火车"旅游项目有较为深刻的印象，对火腿、板鸭、狗牯脑茶等吉安特色美食和地方特产有较浓厚的兴趣。③韩国游客群体对吉安市的旅游服务质量作出了较高的正向评价，且在韩国游客群体的认知体系中，登山、体育竞技、农事体验、观光、摄影等是吉安市的主要旅游活动类型。他们对体育、休闲等主题业态的旅游活动体验也有一定程度的认知，但是对吉安旅游活动产生的"过度疲劳感"表现出了消极态度。④大巴车是韩国游客群体在开展吉安旅游活动过程中使用的主要交通工具。另外，他们对酒店、旅游经费、旅游预约服务等旅游信息表现出了较高的求知欲。

十、宜春市高频词分析

韩国游客群体对宜春市评论的高频词汇分析结果如表 4-10 所示，共有 67 个名词、13 个形容词及 20 个动词，词频区间为 51～1041，词频占比区间为 0.10%～2.01%。其中，高频名词主要包括"江西、《滕王阁序》、中国、宜春市、明月皇后、富硒、韩愈、Trip.com、酒店、《天工开物》、南昌、长沙、云海、日出、栈道"等，高频形容词主要包括"如春、最佳、最低价、康养、舒服、养老、迅速、乐于助人"等，高频动词主要包括"推荐、预约、直播、泡脚、登山、泡澡、健康体验、体检"等。

表 4-10　韩国游客群体对宜春市评论的高频词分析

词汇	词频	占比（%）	词汇	词频	占比（%）	词汇	词频	占比（%）
江西	1041	2.01	最低价	105	0.20	纯净水	70	0.14
《滕王阁序》	892	1.72	泡脚	103	0.20	广播	69	0.13
中国	808	1.56	康养	100	0.19	推拿	68	0.13
宜春市	789	1.52	商业街	99	0.19	演出	68	0.13
明月皇后	535	1.03	YouTube	98	0.19	世界	68	0.13
富硒	504	0.97	禅宗	98	0.19	地球财富	68	0.13
韩愈	439	0.85	登山	98	0.19	游客服务中心	65	0.13
如春	415	0.80	特色小镇	97	0.19	路灯	65	0.13
Trip.com	348	0.67	时间	97	0.19	菜市场	64	0.12
酒店	328	0.63	美食	96	0.19	生态	63	0.12
《天工开物》	261	0.50	泡澡	96	0.19	喷泉	63	0.12

续表

词汇	词频	占比（%）	词汇	词频	占比（%）	词汇	词频	占比（%）
南昌	228	0.44	健康体验	92	0.18	投资	63	0.12
长沙	217	0.42	舒服	91	0.18	游玩	61	0.12
云海	206	0.40	价格	90	0.17	合作	61	0.12
日出	206	0.40	体检	89	0.17	影像	60	0.12
栈道	189	0.37	健康管理	89	0.17	卫生间	60	0.12
电池	182	0.35	新闻	89	0.17	每天	59	0.11
月亮	175	0.34	特产	86	0.17	观光	59	0.11
洞窟	174	0.34	冰雪运动	86	0.17	地图	57	0.11
田园文化	159	0.31	滑雪	86	0.17	悬空栈道	57	0.11
温泉	157	0.30	父母	83	0.16	步行道	56	0.11
推荐	156	0.30	菊花茶	81	0.16	韩语翻译	56	0.11
预约	152	0.29	乡村佳肴	79	0.15	白酒	55	0.11
节庆	147	0.28	养老	79	0.15	企业	55	0.11
月亮文化	144	0.28	同伴	78	0.15	特价	55	0.11
嫦娥	138	0.27	杂志	78	0.15	友好	54	0.10
直播	136	0.26	安慰	77	0.15	城市	54	0.10
下午	136	0.26	迅速	77	0.15	环境保护	53	0.10
人潮	135	0.26	乐于助人	75	0.15	焕发新春	53	0.10
上午	127	0.25	明月山机场	73	0.14	我的世界	52	0.10
客机	122	0.24	宜春站	72	0.14	今天	52	0.10
附近	119	0.23	保健药品	72	0.14	高级民宿	51	0.10
最佳	111	0.21	低廉	72	0.14			
瀑布	108	0.21	工厂	71	0.14			

　　结合原始文本分析上述内容可知：①韩国游客群体对宜春市的地理区位信息有较为清晰的认知，可具体至省域范围，并且对周边邻近城市南昌、长沙等地也有所了解。②韩国游客群体对《滕王阁序》和韩愈描述宜春的诗句有较为深刻的认知，且对明月山景区的"明月皇后"故事、"富硒温泉"、《天工开物》、云海、日出，以及四季如春的气候特点等人文与自然旅游资源有系统性认知。③韩国游客群体对明月山景区的高山栈道项目表现出了浓厚的兴趣，对泡脚、登山、温泉体验、健康体验等旅游活动也表现出了较高关注度。④韩国游客群体对宜春旅游经费信息较为敏感，"Trip. com"是该群体了解掌握相关旅游信息的主要渠

道。⑤韩国游客群体对宜春市康养、养老主题业态表现出了一定的关注，且对宜春市旅游服务质量作出了较高的正向评价。

十一、抚州市高频词分析

韩国游客群体对抚州市评论的高频词汇分析结果如表4-11所示，共有65个名词、13个形容词及22个动词，词频区间为118～3998，词频占比区间为0.10%～3.46%。其中，高频名词主要包括"抚州、中国、江西、南昌、大觉山、文昌里、麻姑山、传统古村落、禅宗学派、宋明理学、临川文化、采茶戏、福银高速、蜜桔、体育、特色民宿、消费场景、城市、豆腐脑、猪脚饭、汤圆、特色餐饮、住宿、特色小吃"等，高频形容词主要包括"精神食粮、便宜、种类丰富、国际、友好的、视听盛宴、发展、商业发展、伟大、奋斗、细腻、热情、单调"等，高频动词主要包括"记录、感觉、学习、演艺、登山、访问、说明、推荐、教育、专业性、措施、安慰、演出、举办、到达、支持"等。

表4-11　韩国游客群体对抚州市评论的高频词分析

词汇	词频	占比（%）	词汇	词频	占比（%）	词汇	词频	占比（%）
抚州	3998	3.46	下午	262	0.23	时间	161	0.14
中国	3657	3.16	飞机	260	0.23	演出	159	0.14
江西	2506	2.17	大巴车	260	0.23	分类垃圾桶	159	0.14
南昌	1760	1.52	同伴	255	0.22	福建省	158	0.14
大觉山	1469	1.27	新闻	254	0.22	商业发展	157	0.14
文昌里	1448	1.25	访问	254	0.22	举办	154	0.13
麻姑山	1358	1.18	国际	251	0.22	到达	152	0.13
传统古村落	761	0.66	说明	243	0.21	宣传册	149	0.13
禅宗学派	672	0.58	头戴式耳机	238	0.21	文物	148	0.13
宋明理学	617	0.53	电子屏幕	238	0.21	古迹	148	0.13
临川文化	589	0.51	路标	233	0.20	出租车	148	0.13
采茶戏	538	0.47	售票处	222	0.19	中医	144	0.13
福银高速	524	0.45	卫生间	222	0.19	伟大	142	0.12
蜜桔	467	0.40	推荐	219	0.19	数码	139	0.12
体育	466	0.40	教育	213	0.18	支持	139	0.12
记录	462	0.40	展示窗	211	0.18	舞蹈	139	0.12
感觉	456	0.39	专业性	209	0.18	企业	137	0.12
精神食粮	445	0.39	残疾人厕所	203	0.18	孵化	136	0.12

续表

词汇	词频	占比（%）	词汇	词频	占比（%）	词汇	词频	占比（%）
学习	439	0.38	措施	201	0.17	气候	135	0.12
演艺	411	0.36	照片	199	0.17	唐宋八大家	135	0.12
登山	396	0.34	保健药品	198	0.17	跳舞	133	0.12
特色民宿	383	0.33	友好的	190	0.16	抚州东站	130	0.11
消费场景	348	0.30	视听盛宴	188	0.16	居住地	129	0.11
城市	343	0.30	发展	188	0.16	今天	128	0.11
豆腐脑	324	0.28	驴肉	187	0.16	奋斗	126	0.11
猪脚饭	321	0.28	厦门	187	0.16	细腻	125	0.11
汤圆	318	0.28	金溪米粉	186	0.16	热情	124	0.11
特色餐饮	306	0.27	上午	185	0.16	预约	124	0.11
住宿	305	0.26	炒麦鸡	184	0.16	建设	123	0.11
特色小吃	284	0.25	安慰	181	0.16	有色金属	123	0.11
小吃街	284	0.25	重工业	176	0.15	销售	120	0.10
便宜	284	0.25	新能源汽车	169	0.15	单调	118	0.10
种类丰富	283	0.25	录像	162	0.14			
情侣	275	0.24	世界	161	0.14			

结合原始文本分析上述内容可知：①韩国游客群体清晰知晓抚州市的地理区位信息，对抚州市周边邻近城市南昌也有所了解。②韩国游客群体对抚州市印象最深刻的自然旅游景区有大觉山、麻姑山等，印象最深刻的人文旅游景区是文昌里。他们对"传统古村落""禅宗学派""宋明理学""临川文化""采茶戏"等文化资源也表现出了浓厚的兴趣。③韩国游客群体对蜜桔、豆腐脑、猪脚饭、汤圆等抚州特产及地方特色美食表现出了极高程度的喜爱。④韩国游客群体较为关注特色民宿、福银高速等硬件方面的旅游基础配套设施以及消费场景的打造，同时还较关注抚州的旅游服务质量。⑤在韩国游客群体的认知体系中，登山、观看演出、文化研学等是抚州市的主要旅游活动类型，他们对体育、住宿、研学等主题业态的旅游活动有较为深刻的体验。⑥韩国游客群体对抚州市的商业化发展，以及城市的国际化进程持积极肯定的评价。另外，表现出了向他人推荐抚州旅游的行为倾向。

十二、上饶市高频词分析

韩国游客群体对上饶市评论的高频词汇分析结果如表4-12所示，共有65个

名词、9 个形容词及 26 个动词，词频区间为 38~1842，词频占比区间为 0.09%~
4.40%。其中，高频名词主要包括"上饶市、中国、江西、道教、三清山、旅游
城市、篁岭、鹅湖书院、中国丹霞、浙江、鹰潭市、南昌、灵山、龟峰、三清山
机场"等，高频形容词主要包括"神仙生活、舒心、万象、名山、休闲、拥挤、
著名、富裕、最大"等，高频动词主要包括"旅行、绿茶制作、转换心情、地
质测量、徒步、康养、推荐、背包旅行、享受美食"等。

表 4-12　韩国游客群体对上饶市评论的高频词分析

词汇	词频	占比（%）	词汇	词频	占比（%）	词汇	词频	占比（%）
上饶市	1842	4.40	绿茶	79	0.19	修道	53	0.13
中国	810	1.94	圣地	78	0.19	婺源宗祠	53	0.13
江西	775	1.85	观光地	74	0.18	发展	53	0.13
道教	704	1.68	转换心情	74	0.18	文化	52	0.12
三清山	699	1.67	美景	73	0.17	江湾	50	0.12
旅游城市	619	1.48	山	72	0.17	婺源傩舞	50	0.12
篁岭	432	1.03	客机	72	0.17	经济	47	0.11
鹅湖书院	375	0.90	村庄	69	0.17	重游	47	0.11
中国丹霞	226	0.54	城市	69	0.17	拥挤	47	0.11
浙江	222	0.53	地区	68	0.16	古建筑	46	0.11
鹰潭市	192	0.46	怀玉山脉	68	0.16	三清宫	46	0.11
旅行	181	0.43	地质测量	67	0.16	民间传说	46	0.11
南昌	181	0.43	民宿	66	0.16	下午	45	0.11
灵山	162	0.39	徒步	65	0.16	朱熹	45	0.11
绿茶制作	160	0.38	玉山	65	0.16	赣东北革命根据地	44	0.11
龟峰	149	0.36	康养	64	0.15	新能源	44	0.11
三清山机场	148	0.35	休闲	64	0.15	水库	44	0.11
神仙生活	141	0.34	世界	63	0.15	避暑	44	0.11
风景	139	0.33	推荐	62	0.15	记者	44	0.11
婺源站	136	0.33	商业街	61	0.15	农屋	43	0.10
登山	134	0.32	上海	61	0.15	感受民俗	43	0.10
舒心	117	0.28	产业	60	0.14	释然	42	0.10
万象	111	0.27	背包旅行	59	0.14	著名	42	0.10
时间	108	0.26	享受美食	59	0.14	月亮	41	0.10

续表

词汇	词频	占比（%）	词汇	词频	占比（%）	词汇	词频	占比（%）
研究	96	0.23	赏景	58	0.14	节庆	41	0.10
警戒线	94	0.23	白茶	58	0.14	悟道	40	0.10
民俗体验	92	0.22	同伴	56	0.13	万年贡米	39	0.09
晒秋	89	0.21	访问	56	0.13	YouTube	39	0.09
名山	89	0.21	黑猪	56	0.13	富裕	39	0.09
越野	82	0.20	照片	56	0.13	论道	39	0.09
拥抱自然	82	0.20	围栏	54	0.13	烫粉	38	0.09
品茶	81	0.19	位置地图	53	0.13	最大	38	0.09
山水	79	0.19	游步道	53	0.13			
影像	79	0.19	酒店	53	0.13			

结合原始文本分析上述内容可知：①韩国游客群体对于上饶市的地理区位认知能够具体到省域范围，对周边邻近的浙江省、南昌市、九江市、鹰潭市等也有所了解。②韩国游客群体对上饶旅游城市的形象定位有清晰认知，对三清山、篁岭、鹅湖书院、灵山、龟峰等旅游景区，以及道教文化、中国丹霞等代表性旅游资源的印象较为深刻。③在韩国游客群体的认知体系中，绿茶制作体验、享受美食、背包旅行、地质知识学习、徒步等是上饶市的主要旅游活动类型。他们对休闲、康养等主题业态的旅游活动也有较深刻的体会。④韩国游客群体对上饶市旅游活动和服务体验作出了积极正向的评价，且表现出了明显的向他人推荐上饶的行为倾向。另外，他们对三清山机场的相关信息表现出了一定程度的关注。

第三节　认知形象维度分析

本节依据前文构建的"认知—情感—整体"旅游形象感知分析模型及评价体系，对认知形象进行分析，将统计出的前100位高频词认知量按照旅游区位、旅游资源、旅游活动、旅游环境的维度进行梳理和分类，并根据认知形象评价方法对韩国游客群体各维度认知形象进行分析，具体如下：

一、江西省认知形象维度分析

韩国游客群体对江西省认知形象的维度分析结果如表 4-13 所示。其中，旅游区位维度的认知量为 11743，认知强度为 25.11；旅游资源维度的认知量为 7973，认知强度为 17.08；旅游活动维度的认知量为 15962，认知强度为 34.15；旅游环境维度的认知量为 10158，认知强度为 21.74。

表 4-13　江西省认知形象维度分析

维度	特征词	认知量	认知强度
旅游区位 A	江西、南昌、位置、地域、西部、中国、中心、庐山、滕王阁、井冈山、南昌大学、景德镇、鄱阳湖	11743	25.11
旅游资源 B	夜景、风景名胜、革命根据地、诗文化、滕王阁、诗人、文化、历史、民俗、桃花源	7973	17.08
旅游活动 C	观光、旅行、登山、费时、耗时、拥堵、打卡、拍照、登上、到访、咨询、攻略、推荐、再来、早上、下午、时间、枯燥无味、上午、担心、顾客、疲劳、当天、照片、休闲、欠缺、单调、美食、特产、茶叶、美味饭店、拌粉、门票、贵、消费、肉饼、汤、实惠、好吃、价值、聚集	15962	34.15
旅游环境 D	飞机、机场、昌北、机票、高铁、指引牌、路宽、齐全、功能、团队游、您好、旅游地、善良、爽快、很好、喜欢、友好、预订、预约、感谢、麻烦、耿直、想要、英语、现代化、崛起、农业、高楼、召开、发达、热闹、生活、建筑、有名、演员、成都	10158	21.74

结合原始文本分析上述内容如下：首先，韩国游客群体对江西省旅游活动维度的认知程度最高，除体现观光、旅行、登山、到访等多种具体的旅游行为外，还体现了该群体对旅游时间成本的关注。同时，出现了推荐、再来、枯燥无味、担心、疲劳等旅游活动结束后的心理倾向性词汇。另外，出现了美食、消费、出行时段等与旅游活动相关的词汇。其次，是对旅游区位和旅游环境维度的认知，两者之间的认知量和认知强度的差别较小。一方面，旅游区位维度认知形象的分析结果主要是集中在江西南昌位置等区位描述层面，以及滕王阁、井冈山、景德镇、鄱阳湖等周边旅游目的地的相关词汇上。值得注意的是，作为江西省内唯一的"211"重点高校——南昌大学已进入韩国游客群体的认知视域之内。另一方面，旅游环境维度认知形象的分析结果则主要体现了旅游环境层面的"硬件"和"软件"，其中包括了对航空交通手段、基础设施功能、人力服务水平以及城市环境等方面的形象认知。最后，是对旅游资源维度的认知，韩国游客群体对江

西省的自然旅游资源表现出了较低水平的认知，与之相比，他们较为关注革命根据地、诗文化、滕王阁等人文资源因素。

二、南昌市认知形象维度分析

韩国游客群体对南昌市认知形象的维度分析结果如表4-14所示。其中，旅游区位维度的认知量为13497，认知强度为39.88；旅游资源维度的认知量为4250，认知强度为12.56；旅游活动维度的认知量为7710，认知强度为22.76；旅游环境维度的认知量为8402，认知强度为24.82。显而易见，旅游区位维度的整体认知水平大幅领先于其他维度。

表4-14 南昌市认知形象维度分析

维度	特征词	认知量	认知强度
旅游区位 A	南昌、中国、江西、九江、庐山、上海、北京、广州、最近、位置、南京、青岛、长沙、杭州、无锡、上海周边	13497	39.88
旅游资源 B	夜景、江景、江边、空气、滕王阁、纪念馆、保利高尔夫、摩天轮、万寿宫、南昌大学、名校	4250	12.56
旅游活动 C	上午、堵车、城市漫步、蚊子、拍照、人多、旅行、跑步、第一次、拥挤、到达、醉酒、休养、漫游、味道、梦幻、访游、研学、购物、娱乐、商务、会议、瓦罐汤、酒店、粉蒸肉、腊肉、民宿、饮食、农家乐、女朋友	7710	22.76
旅游环境 D	巴士、旅游地、城市建设、设施、纱窗、街道、田园住宅、灯秀、推荐、安宁、导游、重游、再来、周到、咨询、热情、感受、接触、活力、喜欢、情境、问询、解答、城市生态、都市、现代化、地域、气派、科技、岁月、虚拟技术、树木、干净、创新、共产主义、学校、乡村、未来、英雄城、名气、杨钰莹、国际交流、世界	8402	24.82

结合原始文本分析上述内容如下：首先，韩国游客群体对南昌市旅游区位维度的认知程度最高，体现了该群体对南昌市的区位信息以及对其周边邻近地区的认知情况。除此之外，还体现出了该群体的始发地和中转地。其次，是韩国游客群体对南昌市旅游环境维度的认知分析，这一层面由积极正向的旅游服务评价态度、城市形象与建设情况感知、发展驱动技术，以及旅游活动结束后的行为倾向等认知结果构成。再次，是韩国游客群体对南昌市旅游活动维度的认知分析，他们虽然对旅游活动的认知内容较为宽广，但是从认知量和认知强度层面来观察却并不突出。除常态旅游活动的正向感知态度之外，该群体对"蚊虫叮咬"和"人群拥挤"两种现象表现出了消极的态度，需要行业职能部门和企业运营方予

以重视。最后，是韩国游客群体对南昌市旅游资源维度的认知分析，他们虽然对南昌市部分较具代表性的旅游景区景点和文旅资源作出了感知评价，但是认知量和认知强度却相对较低，体现出"韩国游客视角下南昌市文化和旅游资源在开发、规划、设计、包装等方面存在不充分、不到位，以及脱离游客市场需求"的现实问题。

三、九江市认知形象维度分析

韩国游客群体对九江市认知形象的维度分析结果如表 4-15 所示。其中，旅游区位维度的认知量为 16848，认知强度为 32.32；旅游资源维度的认知量为12824，认知强度为 24.63；旅游活动维度的认知量为 14328，认知强度为 27.50；旅游环境维度的认知量为 8113，认知强度为 15.54。

表 4-15　九江市认知形象维度分析

维度	特征词	认知量	认知强度
旅游区位 A	九江、中国、江西、南昌、景德镇、上饶	16848	32.32
旅游资源 B	庐山、日出、名山、鄱阳湖、瀑布、氧气、云雾缭绕、高山、森林、星星、李白、诗文、三千尺、牯岭镇、诗词、陶渊明、诗、《望庐山瀑布》、东林寺、大佛、风俗	12824	24.63
旅游活动 C	登山、摄影、拥挤、打卡、品茶、越野、散步、电影、比赛、自由、疲倦、乏力、热闹、商业街、安定、电影、跑步、眺望庐山、无聊、体育、养生、美食、康养、庆典、缆车、门票、土特产、价格、观光车、石鸡、石鱼、石耳、昂贵、山顶饭店、茶、满员、云雾茶、妻子、女友、老公	14328	27.50
旅游环境 D	大巴、高铁、昌北、飞机、交通、卫生间、栏杆、台阶、翻译牌、路标、专业、冰冷、反应迟缓、反驳、没反应、讲解、保安、发达、现代化、大都市、现代、大厦、高建筑、科技、小镇、美好生活、神秘、长寿、《庐山恋》、营销、视频、广告牌、美女	8113	15.54

结合原始文本分析上述内容如下：首先，韩国游客群体对九江市各维度的认知程度整体较高。其中对旅游区位维度的认知水平最高，能够反映出九江市韩国入境游客数量较多，且在韩国客源市场有相对较大的影响力。其次，对旅游活动和旅游资源两个维度的认知也表现出相对较高的水平，侧面反映出九江市拥有相对完整的旅游产业结构。最后，对旅游环境维度的认知程度较低，且大部分的认知内容集中于庐山景区，这也体现出了九江市过度依赖庐山，而城市旅游发展相对缓慢的短板问题。

四、景德镇市认知形象维度分析

韩国游客群体对景德镇市认知形象的维度分析结果如表4-16所示。其中，旅游区位维度的认知量为7009，认知强度为26.26；旅游资源维度的认知量为8039，认知强度为30.2；旅游活动维度的认知量为6590，认知强度为24.78；旅游环境维度的认知量为5053，认知强度为19。

表4-16 景德镇市认知形象维度分析

维度	特征词	认知量	认知强度
旅游区位 A	景德镇、中国、江西、位置、上海、北京、南昌	7009	26.26
旅游资源 B	怪石林、森林、陶瓷器、艺术、文化、古窑民俗博览区、陶阳里旅游地、陶溪川文创街、民俗、清朝、元朝、轿子、历史、传统、博物馆、陶艺、工艺、作家	8039	30.2
旅游活动 C	作品、手工体验、拍照、喝茶、制作、研究、文化体验、泥土、展览、陶艺家、交流、水壶、学习、旅行、时间、演示、文化庆典、陶瓷、访问、照片、个人展、庆典、思考、住宿、多样、庆典、购买、文创商品、美食店、民宿、青花白瓷、器皿、画作、茶杯、画廊、釉子、纪念品、白瓷、爸爸、妈妈、自己	6590	24.78
旅游环境 D	公共汽车、飞机、卫生间、便民、出口、指示牌、典雅、地区、推荐、人多、满意、优秀、珍贵、稀有、再来、翻译、介绍、都市、生产、商业交易、工作、技术、贸易、产地、现代化、最大、无价、繁荣、时代、进步、村庄、工厂、世界、宣传	5053	19

结合原始文本分析上述内容如下：首先，韩国游客群体对旅游资源维度的认知强度最高，体现出该群体对于景德镇市陶瓷文化的价值认同。但是，对旅游活动维度的认知强度却仅处于第三位，侧面反映出景德镇市虽然拥有极具价值的文化资源，但在开发与设计文化体验项目方面尚存欠缺的现实问题。其次，对旅游区位维度的认知强度处于第二位，反映出景德镇市在韩国客源市场中具有一定的影响力，韩国游客群体对景德镇市的区位信息有一定程度的了解。最后，对旅游环境维度的认知强度则相对较弱，反映出景德镇市文化和旅游产业的空间布局尚存在较大的优化空间。

五、萍乡市认知形象维度分析

韩国游客群体对萍乡市认知形象的维度分析结果如表4-17所示。其中，旅游区位维度的认知量为7100，认知强度为29.3；旅游资源维度的认知量为4654，认知强度为19.19；旅游活动维度的认知量为7982，认知强度为32.94；旅游环境维度的认知量为4654，认知强度为19.21。

表4-17　萍乡市认知形象维度分析

维度	特征词	认知量	认知强度
旅游区位 A	中国、萍乡、江西、内陆、宜春、南昌、北京、广州、天津、明月山	7100	29.3
旅游资源 B	武功山、金顶、索道、草甸、云顶、武功山脉、万里苍穹、星空、烟花制作、红色故事、赣文化	4654	19.19
旅游活动 C	野炊露营、眺望、登山、油菜花、搭帐篷、奔跑、野营、上午、房车、野趣、出发、徒步、下午、下雨、旅行、当天、访问、照片、干洗、再来、梦幻、房车旅行、住宿、乡村旅游、体育、休闲的、索道、甜茶、民宿、缆车少、门票、缆车票、零食、商业街、莲花血鸭、麻辣鱼、酒店、饭店、农庄、夫妻、女朋友	7982	32.94
旅游环境 D	列车、专列、铁路、坐飞机、火车、路线、卫生间、示意图、萍乡站、检票口、图画手册、位置图、实在、韩语翻译、英语、从业人员、移动、满意、热情、亲切、人性化、实惠、拥抱、城市、乡村振兴、富裕、豪车、大厦、繁荣、未来、贯通、通信发展、便捷、运行、乡村生活、金达莱花、新闻、记者	4654	19.21

结合原始文本分析上述内容如下：首先，旅游活动维度的认知量和认知强度最高，体现出韩国游客群体对萍乡市的旅游活动有非常深刻的印象。其中，野炊露营、观赏美景是萍乡最受欢迎的旅游活动。其次，对旅游区位维度的认知强度相对较高，说明韩国游客群体对萍乡市的区位信息的认知已基本清晰。最后，旅游资源和旅游环境两个维度的认知量相同，认知强度也基本一致，但均处于相对较低的水平。体现出萍乡市旅游资源的开发力度较为薄弱，对旅游资源的活化利用也存在不充分、不完全的问题。同时，萍乡城市旅游体系建设水平较低，尚存在较大的提升空间。

六、新余市认知形象维度分析

韩国游客群体对新余市认知形象的维度分析结果如表4-18所示。其中，旅游资源维度的认知量为13187，认知强度为36.55，整体认知水平最高；旅游活动维度的认知量为9653、认知强度为26.75；旅游区位维度的认知量为7563，认知强度为20.96；旅游环境维度的认知量为5681，认知强度为15.74。

表 4-18　新余市认知形象维度分析

维度	特征词	认知量	认知强度
旅游区位 A	新余、中国、江西、宜春、南昌、九江、袁州	7563	20.96
旅游资源 B	仙女湖、洞都、紫霞、湖水、微风、落叶、湖景、夜晚、拾年山、宋应星、祭祀、天工开物、祖先、民俗、宗庙、地方文化、工艺百科、祠堂、明代、明文化、七仙女、文化遗产、历代、元朝、祭文	13187	36.55
旅游活动 C	农事、风俗体验、爱情、伟大、科普、研究、神话、照片、参与、发明、制造技术、时间、内容、会议、知识习得、团体旅行、休闲、康养、研学旅行、商务会议、枯燥无味、饮食、单调、无聊、橘子、巨峰葡萄、文化商品、画作、蜜桔饼、土扎粉、价格、茶、商业街、新鲜、民宿、购书、低廉、朋友、同事、爸爸、父子	9653	26.75
旅游环境 D	巴士、高铁、指南、人多、解说员、导游、新开业、热情、推荐、英语解说、创新、富裕、升级发展、乡村振兴、人均收入、共同富裕、潜力、农业、手工业、智慧、发展、生态、面积小、现代化、传播、短片、广告牌	5681	15.74

　　结合原始文本分析上述内容如下：首先，韩国游客群体对新余市的旅游资源价值给予了充分肯定，且具备较高的认知水平，尤其是对于仙女湖旅游资源的印象最为深刻。其次，对旅游活动维度的认知也表现出了相对较高的水平，能够体现出新余市在打造旅游项目方面正处于快速发展阶段。其中，韩国游客群体对农事风俗体验活动表现出了较大兴趣。但是，他们对旅游区位维度的认知却处于相对较低的水平，侧面反映出新余市在拓展境外旅游市场方面存在的现实阻碍。最后，对旅游环境维度的综合认知水平最低，体现出新余市进一步加快构建城市旅游体系的必要性。

七、鹰潭市认知形象维度分析

　　韩国游客群体对鹰潭市认知形象的维度分析结果如表 4-19 所示。其中，旅游区位维度的认知量仅为 978，认知强度为 6.16；旅游资源维度的认知量为 3585，认知强度为 22.57；旅游活动维度的认知量为 5907，认知强度为 37.19；旅游环境维度的认知量为 5293，认知强度为 33.32。

表 4-19　鹰潭市认知形象维度分析

维度	特征词	认知量	认知强度
旅游区位 A	中国、江西、鹰潭市	978	6.16

续表

维度	特征词	认知量	认知强度
旅游资源B	龙虎山、南昌、九江、景德镇、萍乡、吉安、附近、阳光、空气、白云、自然风景、明媚、水景、美景、道教、历史、文化、王安石、三清、音乐、艺术团、公演、张慧雯	3585	22.57
旅游活动C	休闲、康养、商旅、健康、酒店、民宿、卤猪蹄、牛骨粉、早餐、茶、酒、门票、假货、商品、最低价、特价、价格、商业化、奢华、同伴、情侣、家人、观光、攻略、预约、计划、聊天、访问、跑步、徒步、游船、游泳、照片、节庆	5907	37.19
旅游环境D	标志牌、大剧院、停车场、舞台、高铁、大巴、再来、推荐、地域特色、疲惫、无聊、拥挤、人多、清爽、浪漫、最佳、游客、再见、服务、按摩、多样、乡村、物联网、农村、振兴、发展、投资、产业、建设、智能、技术、都市、自豪、移动、著名、国际交流、世界级、名山、最大、明慧网	5293	33.32

结合原始文本分析上述内容如下：首先，韩国游客群体对鹰潭市的整体感知水平偏低。其中，在认知量最高的旅游活动维度中，游客群体对鹰潭市具体的旅游活动的认知较为模糊，仅对相关主题的旅游业态有所感知。其次，在旅游环境维度中，韩国游客群体对标志牌、大剧院、停车场等基础配套设施表现出了相对集中的关注，体现出鹰潭市文化旅游产业基础尚存在薄弱环节的现实问题。再次，在旅游资源维度认知中，韩国游客群体对鹰潭市旅游资源的认知相对薄弱，其关注度反而大多集中在鹰潭市周边的著名旅游城市和旅游景区层面。最后，旅游区位维度的认知量和认知强度非常低。

八、赣州市认知形象维度分析

韩国游客群体对赣州市认知形象的维度分析结果如表4-20所示。其中，旅游区位维度的认知量是5219，认知强度为22.98；旅游资源维度的认知量为5675，认知强度为24.97；旅游活动维度的认知量为6428，认知强度为28.31；旅游环境的认知量为5389，认知强度为23.73。

表4-20　赣州市认知形象维度分析

维度	特征词	认知量	认知强度
旅游区位A	中国、赣州、江西、地区、吉安、龙岩市、广东省、北京	5219	22.98
旅游资源B	通天岩、稀土、三百山、龙虎山、毛泽东思想、宋城、瑞金共和国的摇篮、古城墙、红色故都、《爱莲说》、客家文化、恐龙、宋明理学	5675	24.97

续表

维度	特征词	认知量	认知强度
旅游活动 C	推荐、预约、堵车、登山、采摘、亲身体验、拥挤、滞留、访游、游览、发现、恐龙蛋、位置、时间、旅行、化石、漫游、人多、世界大国、星空、商务会议、节庆、酒店、最低价、美食街、三杯鸡、赣南脐橙、糯米鸡、板栗、微信支付、特价、星级酒店、生煎鸭、家人、爱人	6428	28.31
旅游环境 D	出租车、坐飞机、共享单车、旅行信息、天气预报、电观光车、垃圾桶、护栏、指示牌、游步道、出口、最佳、服务、交流、重游、敬业、国际标准、细致、企业、最大、城市、发展、工厂、电池、贸易、产业、大城市、人口、先进的、高质量发展、投资、大规模、推进、Trip.com、宣传、世界、纪录片、报道、广播、生态家园、世界橙乡、新闻、韩联社	5389	23.73

结合原始文本分析上述内容如下：首先，韩国游客群体对赣州市各维度的认知水平整体趋于均衡状态，差异不明显。其中，对旅游活动维度的认知水平最高，体现出赣州市在打造旅游项目与设计旅游活动方面有较为先进的经验。其次，韩国游客群体在旅游资源维度方面也表现出了相对较高的认知水平，对通天岩景区和稀土资源表现出了较为集中的关注。再次，在旅游环境的认知分析中，韩国游客群体较关注包括交通方式在内的赣州旅游信息，侧面反映出赣州市相关职能部门未来的重点工作方向。最后，韩国游客群体对赣州市的区位信息尚处于相对模糊的认知状态。

九、吉安市认知形象维度分析

韩国游客群体对吉安市认知形象的维度分析结果如表4-21所示。其中，旅游区位维度的认知量为8066，认知强度为27.29；旅游资源维度的认知量为2177，认知强度为7.37；旅游活动维度的认知量为9569，认知强度为32.37；旅游环境维度的认知量为5984，认知强度为20.25。

表4-21　吉安市认知形象维度分析

维度	特征词	认知量	认知强度
旅游区位 A	吉安、中国、江西省、位置、明月山、萍乡	8066	27.29
旅游资源 B	羊狮慕、山岳、古树、云丘、井冈山、白鹭洲、文天祥、青原山、历史、庐陵文化、吉州、佛教文化、欧阳修、遗迹、石碑、古村、墓	2177	7.37

续表

维度	特征词	认知量	认知强度
旅游活动 C	登山、竞技、预约、下午、农业体验、上午、颠簸、观光、今天、到达、感受、热、照片、时间、腿累、人多、预订、开始、知识习得、旅行、休闲、体育、摄影、高山火车、酒店、火腿、板鸭、价格、狗牯脑茶、民宿、小吃、辣、礼品、米粉、特色商业街、藤田猪、茶、饮食、爱人、家人	9569	32.37
旅游环境 D	大巴、交通、出租车、电源插口、登山路、休息长廊、停车场、卫生间、服务中心、服务员、服务、禁烟、态度、诚实、再来、理解、感动、很好、翻译、鼓励、农作物、小村庄、城市、铁路、开发区、市容、文明、尖端技术、包容性、清洁、崛起、夜晚、新闻、天下第一山、宣传片、记者	5984	20.25

结合原始文本分析上述内容如下：首先，韩国游客群体对吉安市旅游活动维度的认知水平最高，集中表现在登山、体育竞技等具体的旅游活动方面。其次，韩国游客群体对吉安市的区位信息有相对清晰的认知。再次，韩国游客群体对旅游环境维度的认知水平相对较弱，较为关注吉安市旅游基础配套设施方面的建设情况，这为吉安市政府相关职能部门的下一步工作重点指明了方向。最后，韩国游客群体对吉安市旅游资源的价值认知水平较低，体现出吉安市在旅游资源的渲染与包装方面的工作不到位，虽然游客对于旅游活动感知较为深刻，但是对于旅游资源的价值认同感却不高。

十、宜春市认知形象维度分析

韩国游客群体对宜春市认知形象的维度分析结果如表4-22所示。其中，旅游区位维度的认知量为3083，认知强度为20.76；旅游资源维度的认知量为4316，认知强度为29.07；旅游活动维度的认知量为4211，认知强度为28.35；旅游环境维度的认知量为3240，认知强度为21.82。

表4-22 宜春市认知形象维度分析

维度	特征词	认知量	认知强度
旅游区位 A	江西、中国、宜春市、南昌、长沙	3083	20.76
旅游资源 B	富硒、如春、云海、日出、洞窟、瀑布、滕王阁序、明月皇后、韩愈、《天工开物》、月亮、田园文化、月亮文化、禅宗	4316	29.07

续表

维度	特征词	认知量	认知强度
旅游活动 C	Trip.com、预约、下午、人潮、上午、登山、特色小镇、时间、纯净水、游玩、每天、观光、今天、节庆、康养、冰雪运动、养老、酒店、温泉、附近、最低价、泡脚、商业街、美食、泡澡、健康体验、价格、体检、特产、滑雪、菊花茶、乡村佳肴、保健药品、低廉、推拿、演出、白酒、特价、高级民宿、父母、同伴	4211	28.35
旅游环境 D	客机、明月山机场、宜春站、栈道、游客服务中心、路灯、喷泉、卫生间、地图、悬空栈道、步行道、韩语翻译、推荐、最佳、舒服、健康管理、安慰、迅速、乐于助人、友好、焕发新春、我的世界、电池、工厂、地球财富、菜市场、生态、投资、合作、企业、城市、环境保护、嫦娥、直播、YouTube、新闻、杂志、广播、世界、影像	3240	21.82

结合原始文本分析上述内容如下：首先，韩国游客群体对宜春市的整体感知水平偏低。其中，旅游资源维度的认知水平最高，主要是集中在自然资源方面。其次，对旅游活动维度的认知主要集中在旅游信息获取的环节，这为宜春市政府相关职能部门的下一步工作重点指明了方向。最后，对宜春市的旅游环境和旅游区位的认知均处于相对模糊的阶段。在旅游环境维度的分析中，韩国游客群体的视线多集中于交通方式和交通设施方面，对宜春市区位信息的认知也处于相对模糊的状态。综合分析，能够反映出宜春市在旅游信息传播与共享方面的工作存在进步的空间。

十一、抚州市认知形象维度分析

韩国游客群体对抚州市认知形象的维度分析结果如表4-23所示。其中，旅游区位维度的认知量为12266，认知强度为31.35；旅游资源维度的认知量为8018，认知强度为20.49；旅游活动维度的认知量为10646，认知强度为27.2；旅游环境维度的认知量为8198，认知强度为20.95。

表4-23 抚州市认知形象维度分析

维度	特征词	认知量	认知强度
旅游区位 A	抚州、中国、江西、南昌、厦门、福建省	12266	31.35
旅游资源 B	大觉山、麻姑山、气候、文昌里、传统古村落、禅宗学派、宋明理学、临川文化、采茶戏、文物、古迹、唐宋八大家	8018	20.49

续表

维度	特征词	认知量	认知强度
旅游活动 C	记录、感觉、精神食粮、学习、登山、下午、访问、照片、上午、时间、举办、到达、中医、伟大、跳舞、预约、体育、演艺、住宿、单调、蜜桔、特色民宿、消费场景、豆腐脑、猪脚饭、汤圆、特色餐饮、特色小吃、小吃街、便宜、种类丰富、保健药品、视听盛宴、驴肉、金溪米粉、炒麦鸡、演出、舞蹈、销售、情侣	10646	27.2
旅游环境 D	福银高速、飞机、大巴车、同伴、出租车、抚州东站、头戴式耳机、电子屏幕、路标、售票处、卫生间、展示窗、残疾人厕所、分类垃圾桶、说明、推荐、教育、专业性、措施、友好的、安慰、支持、细腻、热情、城市、国际、发展、重工业、新能源汽车、商业发展、数码、企业、孵化、居住地、今天、奋斗、建设、有色金属、新闻、录像、世界、宣传册	8198	20.95

结合原始文本分析上述内容如下：首先，韩国游客群体对抚州市的整体感知水平相对较高。其中，旅游区位维度的认知量和认知强度最高，说明韩国游客群体对抚州市的区位信息有十分清晰的认知，对抚州市的周边城市，以及前往及离开抚州市的始发与中转地点的相关区位信息也有一定的了解。其次，对旅游活动有较为深刻的认知，重点集中在人文知识的习得与感受人文魅力等方面，表现出较强烈的热情和选择倾向。再次，在旅游环境维度中，韩国游客群体的关注多集中在交通方式和交通基础设施建设方面，为抚州市政府相关职能部门的下一步工作重点指明了方向。另外，也体现出抚州市的城市旅游体系建设尚存在较大的提升与优化空间。最后，在旅游资源维度中，韩国游客群体对大觉山和麻姑山两处景区的印象最为深刻，虽然排位靠后，但是认知量和认知强度尚处于较高水平，说明依然存在较大的发展空间。

十二、上饶市认知形象维度分析

韩国游客群体对上饶市认知形象的维度分析结果如表4-24所示。其中，旅游区位维度的认知量为4148，认知强度为31.38；旅游资源维度的认知量为3695，认知强度为27.97；旅游活动维度的认知量为2579，认知强度为19.52；旅游环境维度的认知量为2793，认知强度为21.13。

表4-24　上饶市认知形象维度分析

维度	特征词	认知量	认知强度
旅游区位 A	上饶市、中国、江西、玉山、浙江、鹰潭市、南昌、上海	4148	31.38

续表

维度	特征词	认知量	认知强度
旅游资源 B	三清山、篁岭、中国丹霞、山水、灵山、龟峰、风景、美景、山、怀玉山脉、江湾、水库、月亮、道教、鹅湖书院、婺源宗祠、文化、婺源傩舞、古建筑、三清宫、民间传说、朱熹、赣东北革命根据地	3695	27.97
旅游活动 C	旅行、登山、万象、时间、研究、民俗体验、晒秋、越野、拥抱自然、品茶、转换心情、地质测量、徒步、背包旅行、赏景、访问、照片、修道、拥挤、下午、避暑、感受民俗、悟道、论道、康养、休闲、节庆、绿茶、民宿、商业街、享受美食、白茶、黑猪、酒店、农屋、万年贡米、烫粉、同伴	2579	19.52
旅游环境 D	三清山机场、婺源站、客机、警戒线、围栏、位置地图、游步道、绿茶制作、神仙生活、舒心、推荐、重游、释然、旅游城市、村庄、城市、地区、产业、发展、经济、新能源、富裕、最大、名山、影像、圣地、观光地、世界、记者、著名、You-Tube	2793	21.13

结合原始文本分析上述内容如下：首先，韩国游客群体对上饶市的整体感知水平相对偏低。其中，对上饶市旅游区位信息的认知水平最高，对上饶市邻近城市如鹰潭市、南昌、上海等地的区位信息有所了解。其次，在旅游资源维度中，虽然上饶市拥有三清山、篁岭、中国丹霞、灵山、龟峰、怀玉山脉、江湾、鹅湖书院、婺源宗祠、婺源傩舞、古建筑、三清宫等丰富的自然与人文旅游资源，但是游客群体对这些资源的感知并不突出，侧面反映出上饶市在旅游资源的包装渲染方面存在进步空间。再次，在旅游环境维度中，韩国游客群体的视线大多集中在交通设施与旅游景区基础设施建设方面，这为上饶市政府相关职能部门的下一步工作重点指明了方向。最后，韩国游客群体对上饶市旅游活动维度的认知水平最低，说明韩国游客群体在上饶市的旅游活动体验并不深刻，反映出旅游产品与服务供给的同质化、单一化，以及缺乏创新的现实问题。

第四节　认知形象维度下级指标分析

一、江西省认知形象维度下级指标分析

（一）江西省旅游区位认知形象分析

韩国游客群体对江西省认知形象维度的二级指标旅游区位的分析结果如

表4-25所示，共有地理区位和周边旅游2个三级指标。其中，地理区位的认知量为174~6949，总体认知量为10203，认知强度为0.37~14.87，总体认知强度为21.82；周边旅游的认知量为188~892，总体认知量为2540，认知强度为0.40~1.90，总体认知强度为5.42。

表4-25　江西省旅游区位认知形象分析

旅游区位A	特征词	认知量	认知强度
地理区位A1	江西	6949	14.87
	南昌	1902	4.06
	位置	426	0.91
	地域	307	0.66
	西部	230	0.49
	中国	215	0.46
	中心	174	0.37
合计	—	10203	21.82
周边旅游A2	庐山	892	1.90
	井冈山	646	1.38
	南昌大学	603	1.29
	景德镇	211	0.45
	鄱阳湖	188	0.40
合计	—	2540	5.42

由表4-25可知，除江西省整体区位外，韩国游客群体对南昌的区位认知最为深刻，凸显了南昌市的省会城市地位。对其他地理区位词汇依照认知强度的高低排序依次为位置、地域、西部、中国、中心。韩国游客群体对江西省内的庐山和滕王阁景点的认知水平最高，对红色旅游目的地井冈山和研学旅行目的地南昌大学的认知水平相对较高，而对景德镇和鄱阳湖两处旅游目的地的认知水平相对较低。

（二）江西省旅游资源认知形象分析

韩国游客群体对江西省认知形象维度的二级指标旅游资源的分析结果如表4-26所示，共有自然景观和文化资源2个三级指标。其中，自然景观的认知量为234~965，总体认知量为1190，认知强度为0.50~2.05，总体认知强度为2.55；文化资源的认知量为185~3154，总体认知量为6341，认知强度为0.40~6.75，总体认知强度为13.58。

表4-26 江西省旅游资源认知形象分析

旅游资源 B	特征词	认知量	认知强度
自然景观 B1	夜景	234	0.50
	风景名胜	956	2.05
合计	—	1190	2.55
文化资源 B2	革命根据地	3154	6.75
	诗文化	761	1.63
	滕王阁	746	1.60
	诗人	658	1.41
	文化	319	0.68
	历史	276	0.59
	民俗	242	0.52
	桃花源	185	0.40
合计	—	6341	13.58

从总体上看，韩国游客群体对江西省旅游资源的认知主要集中在文化资源方面，最为显著的是江西省革命根据地的红色文化资源，并且，对诗文化、诗人、文化三类文化资源的认知水平略高于历史和民俗两类文化资源。在对自然景观旅游资源的认知形象分析中，风景名胜的认知强度最高，其次为夜景。

（三）江西省旅游活动认知形象分析

韩国游客群体对江西省认知形象维度的二级指标旅游活动的分析结果如表4-27所示，共有旅游活动体验、旅游业态、旅游消费体验、伴游群体4个三级指标。其中，旅游活动体验的认知量为171~1383，总体认知量为9481，认知强度为0.37~2.96，总体认知强度为20.29；旅游业态的认知量为254~538，总体认知量为1103，认知强度为0.54~1.15，总体认知强度为2.36；旅游消费体验的认知量为197~932，总体认知量为5203，认知强度为0.42~1.99，总体认知强度为11.13；在"伴游群体"的认知形象分析中，仅出现了"聚集"一个词，体现了以家庭游形态为主的出游方式，认知量为175，认知强度为0.37。

表4-27 江西省旅游活动认知形象分析

旅游活动 C	特征词	认知量	认知强度
旅游活动体验 C1	观光	1383	2.96
	旅行	648	1.39

续表

旅游活动 C	特征词	认知量	认知强度
旅游活动体验 C1	登山	551	1.18
	费时	430	0.92
	耗时	364	0.78
	拥堵	347	0.74
	打卡	236	0.50
	拍照	236	0.50
	登上	234	0.50
	到访	214	0.46
	咨询	209	0.45
	攻略	538	1.15
	推荐	680	1.45
	再来	371	0.79
	早上	560	1.20
	下午	498	1.07
	时间	430	0.92
	枯燥无味	308	0.66
	上午	185	0.40
	担心	231	0.49
	顾客	176	0.38
	疲劳	308	0.66
	当天	173	0.37
	照片	171	0.37
合计	—	9481	20.29
旅游业态 C2	休闲	254	0.54
	欠缺	538	1.15
	单调	311	0.67
合计	—	1103	2.36
旅游消费体验 C3	美食	338	0.72
	特产	301	0.64
	茶叶	295	0.63
	美味饭店	279	0.60
	拌粉	215	0.46

续表

旅游活动 C	特征词	认知量	认知强度
旅游消费体验 C3	门票	206	0.44
	贵	199	0.43
	消费	197	0.42
	肉饼	932	1.99
	汤	932	1.99
	实惠	733	1.57
	好吃	279	0.60
	价值	297	0.64
合计	—	5203	11.13
伴游群体 C4	聚集	175	0.37
合计	—	175	0.37

由表4-27可知，韩国游客群体对江西省旅游活动体验方面的认知水平很高，但从总体上看，认知强度的差值区间不大，对与观光、推荐、旅行、登山、攻略、早上、下午等词汇关联的旅游活动体验的认知较为深刻，对其他种类旅游活动体验的认知偏低，差异起伏也较小。韩国游客群体对江西省旅游业态的认知形象分析结果显示，韩国游客群体虽然已对江西省的"休闲"旅游业态形成认知，但是依然存在"欠缺""单调"的实际问题。在旅游消费体验方面，韩国游客群体对肉饼、汤、美食、美味饭店、拌粉等江西饮食产生了浓厚的兴趣。在消费价格方面，虽然大部分群体持有"实惠"的认知，但是依然有少部分群体表现出了价格"贵"的感知。关于"伴游群体"的认知形象，结合多数原文样本进行分析发现，韩国游客群体对江西省休闲旅游属性带来的家庭聚集功能表现出了认可。

（四）江西省旅游环境认知形象分析

韩国游客群体对江西省认知形象维度的二级指标旅游环境的分析结果如表4-28所示，共有旅游交通、旅游基础配套、旅游服务体验、地方发展、旅游宣传5个三级指标。其中，旅游交通的认知量为177~981，总体认知量为1889，认知强度为0.38~2.10，总体认知强度为4.04；旅游基础配套的认知量为171~297，总体认知量为695，认知强度为0.37~0.64，总体认知强度为1.50；旅游服务体验的认知量为166~523，总体认知量为4525，认知强度为0.36~1.12，总体认知强度为9.68；地方发展的认知量为177~515，总体认知量为2366，认知强度为0.38~1.10，总体认知强度为5.06；旅游宣传的认知量为165~302，总体认知量为683，认知强度为0.35~0.65，总体认知强度为1.46。

表4-28　江西省旅游环境认知形象分析

旅游环境 D	特征词	认知量	认知强度
旅游交通 D1	飞机	981	2.10
	机场	294	0.63
	昌北	240	0.51
	机票	197	0.42
	高铁	177	0.38
合计	—	1889	4.04
旅游基础配套 D2	指引牌	227	0.49
	路宽	171	0.37
	齐全	297	0.64
合计	—	695	1.50
旅游服务体验 D3	功能	478	1.02
	团队游	477	1.02
	您好	375	0.80
	旅游地	523	1.12
	善良	250	0.53
	爽快	294	0.63
	很好	300	0.64
	喜欢	213	0.46
	友好	189	0.40
	预订	187	0.40
	预约	176	0.38
	感谢	172	0.37
	麻烦	166	0.36
	耿直	230	0.49
	想要	178	0.38
	英语	317	0.68
合计	—	4525	9.68
地方发展 D4	现代化	515	1.10
	崛起	206	0.44
	农业	192	0.41

续表

旅游环境 D	特征词	认知量	认知强度
地方发展 D4	高楼	306	0.65
	召开	209	0.45
	发达	186	0.40
	热闹	177	0.38
	生活	221	0.47
	建筑	354	0.76
合计	—	2366	5.06
旅游宣传 D5	有名	302	0.65
	演员	165	0.35
	成都	216	0.46
合计	—	683	1.46

由表4-28可知,在旅游交通方面,韩国游客群体对飞机这种交通方式展现出了极大程度的期待。韩国游客群体感知到的江西省旅游基础配套设施基本齐全,较为关注的是指引牌,对江西省持有"道路较宽"的良好认知。旅游服务体验方面,以团队游为主要方式的游客群体较为关注旅游服务的"功能"层面是否能够得到满足,同时对江西旅游服务具有较好的印象,倾向于使用"您好""善良""爽快""很好""友好""喜欢""感谢""耿直"等正向词汇形容江西省旅游从业人员、旅游服务品质,展示了他们对江西旅游服务持有的态度。江西省给韩国游客群体留下了"现代化"程度较高的总体印象,对于城市的建筑、高楼较为深刻。结合原始文本发现,韩国游客群体对江西籍较为"有名"的演员邓超持有一定程度的认知。另外,韩国游客群体会立足于旅游需求视角把江西与四川两个省份进行比较。

二、南昌市认知形象维度下级指标分析

(一)南昌市旅游区位认知形象分析

韩国游客群体对南昌市认知形象维度的二级指标旅游区位的分析结果如表4-29所示,共有地理区位和周边旅游2个三级指标。其中,地理区位的认知量为2990~3884,总体认知量为10104,认知强度为8.83~11.47,总体认知强度为29.84;周边旅游的认知量为98~1098,总体认知量为3393,认知强度为0.29~3.24,总体认知强度为10.04。

表 4-29　南昌市旅游区位认知形象分析

旅游区位 A	特征词	认知量	认知强度
	南昌	3884	11.47
地理区位 A1	中国	3230	9.54
	江西	2990	8.83
合计	—	10104	29.84
	九江	1098	3.24
	庐山	688	2.03
	上海	241	0.71
	北京	192	0.57
	广州	145	0.43
	最近	143	0.43
周边旅游 A2	位置	143	0.43
	南京	141	0.42
	青岛	139	0.41
	长沙	139	0.41
	杭州	125	0.37
	无锡	101	0.30
	上海周边	98	0.29
合计	—	3393	10.04

总体上看，韩国游客群体对南昌市的地理区位有较为清晰的认识，可判断其知晓南昌省会城市的地位。韩国游客群体对南昌市周边旅游目的地如九江市、庐山景区、上海市、长沙市等地也有一定水平的认知。韩国游客群体倾向于将南昌市与北京、广州、南京、青岛、杭州、无锡等城市产生认知联系，结合原始文本分析可知，这与韩国游客群体的入境旅游行进路线有关，同时还能体现出在韩国游客群体的认知体系中已将南昌市与上述城市归结为同类型城市。

（二）南昌市旅游资源认知形象分析

韩国游客群体对于南昌市认知形象维度的二级指标旅游资源的分析结果如表 4-30 所示，共有自然景观和文化资源 2 个三级指标。其中，自然景观的认知量为 182~332，总体认知量为 936，认知强度为 0.54~0.98，总体认知强度为 2.77；文化资源的认知量为 368~688，总体认知量为 3314，认知强度为 1.09~2.03，总体认知强度为 9.79。

表 4-30　南昌市旅游资源认知形象分析

旅游资源 B	特征词	认知量	认知强度
自然景观 B1	夜景	332	0.98
	江景	230	0.68
	江边	192	0.57
	空气	182	0.54
合计	—	936	2.77
文化资源 B2	滕王阁	688	2.03
	纪念馆	526	1.55
	保利高尔夫	478	1.41
	摩天轮	458	1.35
	万寿宫	415	1.23
	南昌大学	381	1.13
	名校	368	1.09
合计	—	3314	9.79

由表 4-30 可知，与自然景观相比，韩国游客群体对南昌市人文景观的认知水平更高，尤其是对滕王阁景点的印象最为深刻，同时对南昌摩天轮、万寿宫等景区景点以及江西省内唯一的"211"高校南昌大学也有较高的关注度。值得注意的是，韩国游客群体对保利高尔夫俱乐部表现出了较高兴趣，这与该群体热爱跨国高尔夫观光活动的旅游倾向十分契合。另外，韩国游客群体对南昌市的城市夜景与沿江风景带等自然景观表现出了相对较高的认知水平。

（三）南昌市旅游活动认知形象分析

韩国游客群体对南昌市认知形象维度的二级指标旅游活动的分析结果如表 4-31 所示，共有旅游活动体验、旅游业态、旅游消费体验、伴游群体 4 个三级指标。其中，旅游活动体验的认知量为 99～577，总体认知量为 3590，认知强度为 0.29～1.70，总体认知强度为 10.60；旅游业态的认知量为 127～423，总体认知量为 1221，认知强度为 0.38～1.25，总体认知强度为 3.61；旅游消费体验的认知量为 105～1261，总体认知量为 2634，认知强度为 0.31～3.72，总体认知强度为 7.78；伴游群体仅出现了"女朋友"一个词，认知量为 265，认知强度为 0.78。

表 4-31　南昌市旅游活动认知形象分析

旅游活动 C	特征词	认知量	认知强度
旅游活动体验 C1	上午	577	1.70
	堵车	322	0.95
	城市漫步	311	0.92
	蚊子	273	0.81
	拍照	265	0.78
	人多	264	0.78
	旅行	192	0.57
	跑步	181	0.53
	第一次	176	0.52
	拥挤	170	0.50
	到达	137	0.40
	醉酒	108	0.32
	休养	107	0.32
	漫游	103	0.30
	味道	99	0.29
	梦幻	197	0.58
	访游	108	0.32
合计	—	3590	10.60
旅游业态 C2	研学	423	1.25
	购物	302	0.89
	娱乐	223	0.66
	商务	146	0.43
	会议	127	0.38
合计	—	1221	3.61
旅游消费体验 C3	瓦罐汤	1261	3.72
	酒店	370	1.09
	粉蒸肉	321	0.95
	腊肉	287	0.85
	民宿	176	0.52
	饮食	114	0.34
	农家乐	105	0.31

续表

旅游活动 C	特征词	认知量	认知强度
合计	—	2634	7.78
伴游群体 C4	女朋友	265	0.78
合计	—	265	0.78

由表4-31可知，首先，在旅游活动体验指标分析中，"上午"的认知量和认知强度最高，代表了韩国游客群体的游览出发时间。其他部分高频词汇按照认知量和认知强度高低排序依次为"堵车""城市漫步""蚊子""拍照""人多"等。体现了韩国游客群体对南昌市旅游承载力持有消极态度，同时也体现了韩国游客群体喜欢在南昌市开展"城市漫步""拍照"等旅游活动，以及讨厌蚊虫过多的认知结果。其次，基于对旅游业态指标分析结果的判断，南昌市研学主题业态的旅游产品与服务体系最为完善，能够给予游客群体较深刻的旅游印象。而购物、娱乐、商务、会议等主题业态则尚存在较大的提升与优化空间。再次，瓦罐汤绝对是韩国游客群体最喜爱的南昌特色美食，这为南昌市的旅游企业在旅游美食商品供给方面提供了思路。最后，韩国游客群体多以情侣出游形式开展南昌市旅游活动。

（四）南昌市旅游环境认知形象分析

韩国游客群体对南昌市认知形象维度的二级指标旅游环境的分析结果如表4-32所示，共有旅游交通、旅游基础配套、旅游服务体验、地方发展、旅游宣传5个三级指标。其中，旅游交通仅出现了"巴士"一个相关词，认知量为670，认知强度为1.98；旅游基础配套的认知量为104~240，总体认知量为1091，认知强度为0.31~0.71，总体认知强度为3.22；旅游服务体验的认知量为96~365，总体认知量为2355，认知强度为0.28~1.08，总体认知强度为6.96；地方发展的认知量为96~376，总体认知量为3111，认知强度为0.28~1.11，总体认知强度为9.19；旅游宣传的认知量为166~423，总体认知量为1175，认知强度为0.49~1.25，总体认知强度为3.47。

表4-32　南昌市旅游环境认知形象分析

旅游环境 D	特征词	认知量	认知强度
旅游交通 D1	巴士	670	1.98
合计	—	670	1.98

续表

旅游环境 D	特征词	认知量	认知强度
旅游基础配套 D2	旅游地	240	0.71
	城市建设	205	0.61
	设施	166	0.49
	纱窗	148	0.44
	街道	122	0.36
	田园住宅	106	0.31
	灯秀	104	0.31
合计	—	1091	3.22
旅游服务体验 D3	推荐	365	1.08
	安宁	264	0.78
	导游	261	0.77
	重游	240	0.71
	再来	131	0.39
	周到	131	0.39
	咨询	123	0.36
	热情	114	0.34
	感受	111	0.33
	接触	109	0.32
	活力	108	0.32
	喜欢	107	0.32
	情境	98	0.29
	问询	97	0.29
	解答	96	0.28
合计	—	2355	6.96
地方发展 D4	城市生态	376	1.11
	都市	315	0.93
	现代化	270	0.80
	地域	235	0.69
	气派	227	0.67
	科技	208	0.61
	岁月	207	0.61
	虚拟技术	197	0.58

旅游环境 D	特征词	认知量	认知强度
地方发展 D4	树木	195	0.58
	干净	188	0.56
	创新	184	0.54
	共产主义	167	0.49
	学校	130	0.38
	乡村	116	0.34
	未来	96	0.28
合计	—	3111	9.19
旅游宣传 D5	英雄城	423	1.25
	名气	221	0.65
	杨钰莹	188	0.56
	国际交流	177	0.52
	世界	166	0.49
合计	—	1175	3.47

从总体上看，首先，高速巴士是韩国游客群体在南昌旅游过程中使用的主要交通方式。其次，韩国游客群体较为关注旅游景区和城市旅游目的地的旅游基础配套设施的建设情况，这为南昌市政府相关职能部门的未来工作重点指明了方向。并且，韩国游客群体持有强烈的向他人推荐南昌的行为倾向。最后，现代化的都市风貌和优美的城市生态环境同属于南昌市极为重要的旅游吸引力所在。

三、九江市认知形象维度下级指标分析

（一）九江市旅游区位认知形象分析

韩国游客群体对九江市认知形象维度的二级指标旅游区位的分析结果如表4-33所示，共有"地理区位"和"周边旅游"2个三级指标。其中，地理区位的认知量为616~13639，总体认知量为15091，认知强度为1.18~26.17，总体认知强度为28.95；周边旅游的认知量为565~602，总体认知量为1757，认知强度为1.08~1.16，总体认知强度为3.37。

表4-33　九江市旅游区位认知形象分析

旅游区位 A	特征词	认知量	认知强度
地理区位 A1	九江	13639	26.17
	中国	836	1.60
	江西	616	1.18
合计	—	15091	28.95
周边旅游 A2	南昌	602	1.16
	景德镇	590	1.13
	上饶	565	1.08
合计	—	1757	3.37

由表4-33可知，韩国游客群体对九江市的区位信息有较高水平的认知，体现出九江市在我国旅游城市中具有一定的影响力与市场辨识度。并且，对九江市周边邻近城市也有所了解，按照认知强度的高低排序，依次为南昌市、景德镇市、上饶市。这也反映出在韩国游客群体认知体系中，九江市与南昌市、景德镇市、上饶市等同属于江西省旅游目的地的串联游线上。

（二）九江市旅游资源认知形象分析

韩国游客群体对九江市认知形象维度的二级指标旅游资源的分析结果如表4-34所示，共有自然景观和文化资源2个三级指标。其中，自然景观的认知量为186~2409，总体认知量为7201，认知强度为0.36~4.62，总体认知强度为13.82；文化资源的认知量为186~907，总体认知量为5623，认知强度为0.36~1.74，总体认知强度为10.79。

表4-34　九江市旅游资源认知形象分析

旅游资源 B	特征词	认知量	认知强度
自然景观 B1	庐山	2409	4.62
	日出	1239	2.38
	名山	696	1.34
	鄱阳湖	521	1.00
	瀑布	517	0.99
	氧气	498	0.96
	云雾缭绕	477	0.92
	高山	466	0.89

续表

旅游资源 B	特征词	认知量	认知强度
自然景观 B1	森林	186	0.36
	星星	192	0.37
合计	—	7201	13.82
文化资源 B2	李白	907	1.74
	诗文	869	1.67
	三千尺	867	1.66
	牯岭镇	832	1.60
	诗词	453	0.87
	陶渊明	451	0.87
	诗	285	0.55
	《望庐山瀑布》	194	0.37
	东林寺	188	0.36
	大佛	186	0.36
	风俗	391	0.75
合计	—	5623	10.79

总体上看，韩国游客群体对自然景观总体的认知量和认知强度要高于人文资源。其中，在对自然景观的指标分析中，按照认知量和认知强度的高低排序依次为"庐山""日出""名山""鄱阳湖""瀑布""氧气""云雾缭绕""高山""星星""森林"。而除鄱阳湖旅游目的地之外，其他所有与自然景观相关的词汇均是对庐山景区自然风景的描述，这充分体现了庐山景区在九江市旅游产业发展中的带头作用与龙头地位。另外，在文化资源指标分析中，韩国游客群体对"李白""诗文""三千尺""牯岭镇"等词汇关联的人文景观的印象最为深刻，集中反映出该群体对李白诗词文化和庐山牯岭镇康养文化的关注。另外，其他印象相对较深的还有与"诗词""陶渊明""诗""《望庐山瀑布》""东林寺""大佛""风俗"等词汇相关的人文景观，反映出韩国游客群体还对陶渊明诗词文化、东林寺的佛教文化，以及九江本土民俗文化的关注。上述结论为九江市拓展海外旅游市场、强化海外旅游营销提供了思路。

（三）九江市旅游活动认知形象分析

韩国游客群体对九江市认知形象维度的二级指标旅游活动的分析结果如表 4-35 所示，共有旅游活动体验、旅游业态、旅游消费体验、伴游群体 4 个三级指标。其中，旅游活动体验的认知量为 183~702，总体认知量为 5937，认知强度为 0.35~1.35，认知强度总量为 11.39；旅游业态的认知量为 193~726，总体认知量为 2243，认知强度为 0.37~1.39，总体认知强度为 4.30；旅游消费体验的认知量为 256~1500，总体认知量为 5281，认知强度为 0.49~2.88，总体认知强度为 10.13；伴游群体的认知量为 268~323，总体认知量为 867，认知强度为 0.51~0.62，总体认知强度为 1.66。

表 4-35　九江市旅游活动认知形象分析

旅游活动 C	特征词	认知量	认知强度
旅游活动体验 C1	登山	702	1.35
	摄影	575	1.10
	拥挤	538	1.03
	打卡	370	0.71
	品茶	365	0.70
	越野	364	0.70
	散步	361	0.69
	电影	274	0.53
	比赛	271	0.52
	自由	246	0.47
	疲倦	234	0.45
	乏力	232	0.45
	热闹	217	0.42
	商业街	209	0.40
	安定	207	0.40
	电影节	200	0.38
	跑步	195	0.37
	眺望庐山	194	0.37
	无聊	183	0.35
合计	—	5937	11.39
旅游业态 C2	体育	394	0.76
	养生	358	0.69
	美食	193	0.37
	康养	726	1.39
	庆典	572	1.10
合计	—	2243	4.30

续表

旅游活动 C	特征词	认知量	认知强度
旅游消费体验 C3	缆车	356	0.68
	门票	355	0.68
	土特产	353	0.68
	价格	333	0.64
	观光车	349	0.67
	石鸡	323	0.62
	石鱼	306	0.59
	石耳	296	0.57
	昂贵	288	0.55
	山顶饭店	286	0.55
	茶	280	0.54
	满员	256	0.49
	云雾茶	1500	2.88
合计	—	5281	10.13
伴游群体 C4	妻子	323	0.62
	女友	276	0.53
	老公	268	0.51
合计	—	867	1.66

总体上看，韩国游客群体对旅游活动体验指标的认知最为深刻，其中，对"登山""摄影"的认知强度最高。值得注意的是，韩国游客群体对景区人流拥挤的现象表现出了不满情绪。在旅游业态指标分析中，韩国游客群体对"康养"和"庆典"主题业态的旅游活动有较为深刻的认知，而"体育""养生""美食"等其他主题业态尚存在较大提升与优化的空间。在旅游消费体验指标分析中，韩国游客群体对庐山云雾茶表现出了较高程度的认知水平，这为九江市针对入境游客市场开发重点文旅商品提供了思路。另外，韩国游客群体还对乘坐庐山缆车体验有较为深刻的印象。通过伴游群体指标分析可知，九江市的韩国游客群体多以情侣形式出游。

（四）九江市旅游环境认知形象分析

韩国游客群体对九江市认知形象维度的二级指标旅游环境的分析结果如表4-36所示，共有旅游交通、旅游基础配套、旅游服务体验、地方发展、旅游宣传5个二级指标。其中，旅游交通的认知量为198~271，总体认知量为1252，认知强度为 0.38~0.52，总体认知强度为 2.40；旅游基础配套的认知量为 246~255，总体认知量为 1257，认知强度为 0.47~0.49，总体认知强度为 2.41；旅游服务体验的认知量为 187~290，总体认知量为 1630，认知强度为 0.36~0.56，总体认知强度为 3.13；地方发展的认知量为 189~226，总体认知量为 1904，认知强度为 0.36~0.43，总体认知强度为 3.65；旅游宣传的认知量为 191~429，总体认知量为 2070，认知强度为 0.37~0.82，总体认知强度为 3.97。

表 4-36　九江市旅游活动认知形象分析

旅游环境 D	特征词	认知量	认知强度
旅游交通 D1	大巴	271	0.52
	高铁	267	0.51
	昌北	260	0.50
	飞机	256	0.49
	交通	198	0.38
合计	—	1252	2.40
旅游基础配套 D2	卫生间	255	0.49
	栏杆	255	0.49
	台阶	253	0.49
	翻译牌	248	0.48
	路标	246	0.47
合计	—	1257	2.41
旅游服务体验 D3	专业	290	0.56
	冰冷	243	0.47
	反应迟缓	242	0.46
	反驳	240	0.46
	没反应	239	0.46
	讲解	189	0.36
	保安	187	0.36
合计	—	1630	3.13
地方发展 D4	发达	226	0.43
	现代化	221	0.42
	大都市	221	0.42
	现代	216	0.41

续表

旅游环境 D	特征词	认知量	认知强度
地方发展 D4	大厦	216	0.41
	高建筑	215	0.41
	科技	210	0.40
	小镇	190	0.36
	美好生活	189	0.36
合计	—	1904	3.65
旅游宣传 D5	神秘	429	0.82
	长寿	427	0.82
	《庐山恋》	399	0.77
	营销	216	0.41
	视频	204	0.39
	广告牌	204	0.39
	美女	191	0.37
合计	—	2070	3.97

由表 4-36 可知,首先,韩国游客群体对旅游宣传指标的认知最为突出,其中,"神秘"和"长寿"是韩国游客群体获取到的印象最深刻的投射形象。其次,在旅游交通指标分析中,韩国游客群体对大巴、高铁、昌北、飞机均表现出了较高的认知强度。在旅游基础配套指标分析中,韩国游客群体对卫生间、栏杆、台阶、翻译牌、路标均表现出了较高的关注度。最后,在旅游服务体验指标分析中,韩国游客群体对旅游从业人员的服务专业性给予了充分肯定,同时,也对部分从业人员在提供服务过程中表现出的态度冰冷、反应迟缓、反驳游客意见等不良行为作出了消极评价。

四、景德镇市认知形象维度下级指标分析

(一)景德镇市旅游区位认知形象分析

韩国游客群体对景德镇市认知形象维度的二级指标旅游区位的分析结果如表 4-37 所示,共有地理区位和周边旅游 2 个三级指标。其中,地理区位的认知量为 102~3131,总体认知量为 6744,认知强度为 0.38~11.73,总体认知强度为 25.27;周边旅游的认知量为 83~96,总体认知量为 265,认知强度为 0.31~0.36,总体认知强度为 0.99。

表4-37　景德镇市旅游区位认知形象分析

旅游区位 A	特征词	认知量	认知强度
地理区位 A1	景德镇	3131	11.73
	中国	2759	10.34
	江西	752	2.82
	位置	102	0.38
合计	—	6744	25.27
周边旅游 A2	上海	96	0.36
	北京	86	0.32
	南昌	83	0.31
合计	—	265	0.99

由表4-37可知，景德镇市在我国拥有一定程度的代表性与辨识度。另外，韩国游客群体对景德镇市周边旅游地的认知，按照强度高低排序依次为上海、北京、南昌，这能够侧面反映出韩国游客群体到访景德镇市的出发或中转地。

（二）景德镇市旅游资源认知形象分析

韩国游客群体对景德镇市认知形象维度的二级指标旅游资源的分析结果如表4-38所示，共有自然景观和文化资源2个三级指标。其中，自然景观的认知量为327~355，总体认知量为682，认知强度为1.23~1.33，总体认知强度为2.56；文化资源的认知量为89~2620，总体认知量为7357，认知强度为0.33~9.85，总体认知强度为27.65。

表4-38　景德镇市旅游资源认知形象分析

旅游资源 B	特征词	认知量	认知强度
自然景观 B1	怪石林	355	1.33
	森林	327	1.23
合计	—	682	2.56
文化资源 B2	陶瓷器	2620	9.85
	艺术	906	3.40
	文化	739	2.78
	古窑民俗博览区	504	1.89
	陶阳里旅游地	439	1.65
	陶溪川文创街	377	1.42

续表

旅游资源 B	特征词	认知量	认知强度
文化资源 B2	民俗	288	1.08
	清朝	204	0.77
	元朝	166	0.62
	轿子	166	0.62
	历史	164	0.62
	传统	141	0.53
	博物馆	107	0.40
	陶艺	99	0.37
	工艺	89	0.33
	作家	348	1.31
合计	—	7357	27.65

总体来看，韩国游客群体对景德镇市文化资源的认知程度大幅高于自然景观。其中，在对文化资源的认知分析中，"陶瓷器"的认知量最高，另外还有与"艺术""文化""古窑民俗博览区""陶阳里旅游地""陶溪川文创街"等词汇相关的文化资源类型和文化旅游目的地名称。在自然景观指标分析中，仅出现了"怪石林"和"森林"两个高频词汇，整体认知水平不高。

（三）景德镇市旅游活动认知形象分析

韩国游客群体对景德镇市认知形象维度的二级指标旅游活动的分析结果如表 4-39 所示，共有旅游活动体验、旅游业态、旅游消费体验、"伴游群体" 4 个三级指标。其中，旅游活动体验的认知量为 82～302，总体认知量为 3919，认知强度为 0.31～1.13，总体认知强度为 14.73；旅游业态的认知量为 98～221，总体认知量为 464，认知强度为 0.37～0.83，总体认知强度为 1.74；旅游消费体验的认知量为 83～272，总体认知量为 1714，认知强度为 0.31～1.02，总体认知强度为 6.43；伴游群体的认知量为 161～168，总体认知量为 493，认知强度为 0.61～0.63，总体认知强度为 1.86。

表 4-39　景德镇市旅游活动认知形象分析

旅游活动 C	特征词	认知量	认知强度
旅游活动体验 C1	作品	302	1.13
	手工体验	268	1.01
	拍照	252	0.95

续表

旅游活动 C	特征词	认知量	认知强度
旅游活动体验 C1	喝茶	236	0.89
	制作	235	0.88
	研究	231	0.87
	文化体验	231	0.87
	泥土	215	0.81
	展览	193	0.73
	陶艺家	183	0.69
	交流	164	0.62
	水壶	161	0.61
	学习	151	0.57
	旅行	142	0.53
	时间	128	0.48
	演示	120	0.45
	文化庆典	118	0.44
	陶瓷	109	0.41
	访问	108	0.41
	照片	107	0.40
	个人展	100	0.38
	庆典	83	0.31
	思考	82	0.31
合计	—	3919	14.73
旅游业态 C2	住宿	221	0.83
	多样	98	0.37
	庆典	145	0.54
合计	—	464	1.74
旅游消费体验 C3	购买	272	1.02
	文创商品	185	0.70
	美食店	142	0.53
	民宿	137	0.51
	青花白瓷	123	0.46
	器皿	112	0.42
	画作	98	0.37

续表

旅游活动 C	特征词	认知量	认知强度
旅游消费体验 C3	茶杯	98	0.37
	画廊	86	0.32
	釉子	83	0.31
	纪念品	190	0.71
	白瓷	188	0.71
合计	—	1714	6.43
伴游群体 C4	爸爸	168	0.63
	妈妈	164	0.62
	自己	161	0.61
合计	—	493	1.86

由表 4-39 可知，韩国游客群体对旅游活动体验指标表现出了最为广泛的认知状态，主要集中在"作品""手工体验""拍照""喝茶""制作""研究""文化体验""泥土"等与陶瓷器制作和陶瓷文化体验相关的旅游活动层面。在旅游业态方面，韩国游客群体对"住宿"和"庆典"两类业态的感知较为突出，认知量和认知强度分别为"221，0.83"和"145，0.54"。在旅游消费体验方面，"购买"的认知量（272）和认知强度（1.02）最高。另外，文创商品、美食店、民宿、青花白瓷、器皿等词汇的认知量和认知强度也相对较高，分别是"185，0.70""142，0.53""137，0.51""123，0.46""112，0.42"。在伴游群体指标分析中，按照认知量和认知强度高低排序依次为"爸爸"（168，0.63）、"妈妈"（164，0.62）、"自己"（161，0.61）。

（四）景德镇市旅游环境认知形象分析

韩国游客群体对景德镇市认知形象维度的二级指标旅游环境的分析结果如表 4-40 所示，共有旅游交通、旅游基础配套、旅游服务体验、地方发展、旅游宣传 5 个三级指标。其中，旅游交通的认知量为 176~202，总体认知量为 378，认知强度为 0.66~0.76，总体认知强度为 1.42；旅游基础配套的认知量为 84~135，总体认知量为 436，认知强度为 0.32~0.51，总体认知强度为 1.65；旅游服务体验的认知量为 88~287，总体认知量为 1577，认知强度为 0.33~1.08，总体认知强度为 5.92；地方发展的认知量为 83~422，总体认知量为 2197，认知强度为 0.31~1.59，总体认知强度为 8.28；旅游宣传的认知量为 158~307，总体认知量为 465，认知强度为 0.59~1.15，总体认知强度为 1.74。

表 4-40　景德镇市旅游环境认知形象分析

旅游环境 D	特征词	认知量	认知强度
旅游交通 D1	公共汽车	202	0.76
	飞机	176	0.66
合计	—	378	1.42
旅游基础配套 D2	卫生间	135	0.51
	便民	132	0.50
	出口	85	0.32
	指示牌	84	0.32
合计	—	436	1.65
旅游服务体验 D3	典雅	287	1.08
	地区	206	0.77
	推荐	181	0.68
	人多	156	0.59
	满意	130	0.49
	优秀	123	0.46
	珍贵	108	0.41
	稀有	105	0.39
	再来	104	0.39
	翻译	89	0.33
	介绍	88	0.33
合计	—	1577	5.92
地方发展 D4	都市	422	1.59
	生产	237	0.89
	商业交易	201	0.76
	工作	173	0.65
	技术	164	0.62
	贸易	162	0.61
	产地	108	0.41
	现代化	101	0.38
	最大	95	0.36
	无价	92	0.35
	繁荣	91	0.34
	时代	90	0.34

续表

旅游环境 D	特征词	认知量	认知强度
地方发展 D4	进步	90	0.34
	村庄	88	0.33
	工厂	83	0.31
合计	—	2197	8.28
旅游宣传 D5	世界	307	1.15
	宣传	158	0.59
合计	—	465	1.74

首先，在旅游交通指标分析中，飞机和高速巴士是韩国游客群体开展景德镇市旅游活动过程中使用的主要交通手段。其次，韩国游客群体对卫生间和便民服务设施的建设情况表现出了较高的关注度。在"旅游服务体验"指标分析中，仅有"典雅"和"地区"两个词汇的认知量和认知强度相对突出，体现出景德镇市已将地方典雅艺术文化融入旅游服务体系之中，且取得了较好效果。在地方发展指标分析中，韩国游客群体集中对"都市""生产""商业交易""工作""技术""贸易""产地""现代化""最大""无价""繁荣"等词汇展现出了高频感知，体现了景德镇市繁荣多样的城市发展景象。最后，通过旅游宣传指标分析可知，韩国游客群体对景德镇市的世界级文化资源给予了充分肯定。

五、萍乡市认知形象维度下级指标分析

（一）萍乡市旅游区位认知形象分析

韩国游客群体对萍乡市认知形象维度的二级指标旅游区位的分析结果如表 4-41 所示，共有地理区位和周边旅游 2 个三级指标。其中，地理区位的认知量为 82~2120，总体认知量为 5027，认知强度为 0.34~8.75，总体认知强度为 20.75；周边旅游的认知量为 119~643，总体认知量为 2073，认知强度为 0.49~2.65，总体认知强度为 8.55。

表 4-41　萍乡市旅游区位认知形象分析

旅游区位 A	特征词	认知量	认知强度
地理区位 A1	中国	2120	8.75
	萍乡	1430	5.90
	江西	1395	5.76
	内陆	82	0.34

续表

旅游区位 A	特征词	认知量	认知强度
合计	—	5027	20.75
周边旅游 A2	宜春	643	2.65
	南昌	594	2.45
	北京	164	0.68
	广州	144	0.59
	天津	119	0.49
	明月山	409	1.69
合计	—	2073	8.55

首先，在地理区位指标分析中，除了"萍乡"之外，韩国游客群体对于"中国"认知强度最高，其次为"江西"，最后是"内陆"，表明韩国游客群体对萍乡市地理区位的认知较为清晰。其次，韩国游客群体对萍乡市以外旅游地的认知，按照强度高低排序依次为宜春、南昌、北京、广州、天津等，除体现出韩国游客群体对萍乡市周边著名旅游目的地的认知程度外，还侧面反映出韩国游客群体到访萍乡市的始发地和中转地。

（二）萍乡市旅游资源认知形象分析

韩国游客群体对萍乡市认知形象维度的二级指标旅游资源的分析结果如表 4-42 所示，共有自然景观和文化资源 2 个三级指标。其中，自然景观的认知量为 65～1632，总体认知量为 4165，认知强度为 0.27～6.73，总体认知强度为 17.18；文化资源的认知量为 69～338，总体认知量为 489，认知强度为 0.28～1.39，总体认知强度为 2.01。

表 4-42 萍乡市旅游资源认知形象分析

旅游资源 B	特征词	认知量	认知强度
自然景观 B1	武功山	1632	6.73
	金顶	877	3.62
	索道	599	2.47
	草甸	434	1.79
	云顶	398	1.64
	武功山脉	82	0.34
	万里苍穹	78	0.32
	星空	65	0.27

续表

旅游资源 B	特征词	认知量	认知强度
合计	—	4165	17.18
文化资源 B2	烟花制作	338	1.39
	红色故事	82	0.34
	赣文化	69	0.28
合计	—	489	2.01

总体来看，韩国游客群体对萍乡市自然旅游资源的认知程度远远大于人文旅游资源。其中，对于自然资源的认知主要集中在武功山旅游目的地，认知量为1632，认知强度为6.73。另外，对于金顶景点的认知量为877，认知强度为3.62，与其他自然景观相比相对较高。韩国游客群体对文化资源的认知量和认知强度按照高低排序依次为"烟花制作"（338，1.39）、"红色故事"（82，0.34）、"赣文化"（69，0.28）。

（三）萍乡市旅游活动认知形象分析

韩国游客群体对萍乡市认知形象维度的二级指标旅游活动的分析结果如表4-43所示，共有旅游活动体验、旅游业态、旅游消费体验、伴游群体4个三级指标。其中，旅游活动体验的认知量为71~380，总体认知量为4187，认知强度为0.29~1.57，总体认知强度为17.26；旅游业态的认知量为98~234，总体认知量为942，总体认知强度为0.40~0.97，总体认知强度为3.89；旅游消费体验的认知量为69~599，总体认知量为2580，认知强度为0.28~2.47，总体认知强度为10.65；伴游群体的认知量为135~138，总体认知量为273，认知强度为0.56~0.57，总体认知强度为1.13。

表4-43　萍乡市旅游活动认知形象分析

旅游活动 C	特征词	认知量	认知强度
旅游活动体验 C1	野炊露营	380	1.57
	眺望	314	1.30
	登山	312	1.29
	油菜花	311	1.28
	搭帐篷	299	1.23
	奔跑	258	1.06
	野营	257	1.06

续表

旅游活动 C	特征词	认知量	认知强度
旅游活动体验 C1	上午	253	1.04
	房车	243	1.00
	野趣	249	1.03
	出发	231	0.95
	徒步	196	0.81
	下午	174	0.72
	下雨	166	0.68
	旅行	88	0.36
	当天	78	0.32
	访问	80	0.33
	照片	79	0.33
	干洗	75	0.31
	再来	73	0.30
	梦幻	71	0.29
合计	—	4187	17.26
旅游业态 C2	房车旅行	234	0.97
	住宿	223	0.92
	乡村旅游	201	0.83
	体育	186	0.77
	休闲的	98	0.40
合计	—	942	3.89
旅游消费体验 C3	索道	599	2.47
	甜茶	332	1.37
	民宿	213	0.88
	缆车少	213	0.88
	门票	184	0.76
	缆车票	175	0.72
	零食	170	0.70
	商业街	169	0.70
	莲花血鸭	160	0.66
	麻辣鱼	145	0.60
	酒店	79	0.33

续表

旅游活动 C	特征词	认知量	认知强度
旅游消费体验 C3	饭店	72	0.30
	农庄	69	0.28
合计	—	2580	10.65
伴游群体 C4	夫妻	138	0.57
	女朋友	135	0.56
合计	—	273	1.13

总体上看，韩国游客群体对于萍乡市旅游活动体验的认知最为广泛，总体认知量高达 4187，总体认知强度为 17.26。其中，对于"野炊露营"（380，1.57）、"眺望"（314，1.30）、"登山"（312，1.29）、"油菜花"（311，1.28）的认知量和认知强度较为突出。在旅游业态指标分析中，"房车旅行"的认知量为 234，认知强度为 0.97；"住宿"的认知量为 223，认知强度为 0.92；"乡村旅游"的认知量为 201，认知强度为 0.83；"体育"的认知量为 186，认知强度为 0.77；"休闲的"的认知量为 98，认知强度为 0.40。在"旅游消费体验"指标分析中，"索道"的认知量为 599，认知强度为 2.47，整体表现最为突出。其他还有"甜茶"（332，1.37）、"民宿"（213，0.88）、"缆车少"（213，0.88）等词汇的认知量和认知强度相对较高。在伴游群体的分析中，按照高低排序依次为"夫妻（138，0.57）""女朋友（135，0.56）"。

（四）萍乡市旅游环境认知形象分析

韩国游客群体对萍乡市认知形象维度的二级指标旅游环境的分析结果如表 4-44 所示，共有旅游交通、旅游基础配套、旅游服务体验、地方发展、旅游宣传 5 个三级指标。其中，旅游交通的认知量为 67～804，总体认知量为 1335，认知强度为 0.28～3.32，总体认知强度为 5.51；旅游基础配套的认知量为 76～182，总体认知量为 693，认知强度为 0.31～0.75，总体认知强度为 2.85；旅游服务体验的认知量为 68～166，总体认知量为 1126，认知强度为 0.28～0.68，总体认知强度为 4.63；地方发展的认知量为 67～118，总体认知量为 962，认知强度为 0.28～0.49，总体认知强度为 3.96；旅游宣传的认知量为 67～328，总体认知量为 538，认知强度为 0.28～1.35，总体认知强度为 2.22。

表 4-44　萍乡市旅游环境认知形象分析

旅游环境 D	特征词	认知量	认知强度
旅游交通 D1	列车	804	3.32

续表

旅游环境 D	特征词	认知量	认知强度
旅游交通 D1	专列	191	0.79
	铁路	146	0.60
	坐飞机	127	0.52
	火车	67	0.28
合计	—	1335	5.51
旅游基础配套 D2	路线	182	0.75
	卫生间	99	0.41
	示意图	98	0.40
	萍乡站	81	0.33
	检票口	80	0.33
	图画手册	77	0.32
	位置图	76	0.31
合计	—	693	2.85
旅游服务体验 D3	实在	166	0.68
	韩语翻译	117	0.48
	英语	111	0.46
	从业人员	107	0.44
	移动	101	0.42
	满意	95	0.39
	热情	94	0.39
	亲切	93	0.38
	人性化	88	0.36
	实惠	86	0.35
	拥抱	68	0.28
合计	—	1126	4.63
地方发展 D4	城市	118	0.49
	乡村振兴	87	0.36
	富裕	85	0.35
	豪车	85	0.35
	大厦	83	0.34
	繁荣	83	0.34
	未来	75	0.31

续表

旅游环境 D	特征词	认知量	认知强度
地方发展 D4	贯通	72	0.30
	通信发展	69	0.28
	便捷	69	0.28
	运行	69	0.28
	乡村生活	67	0.28
合计	—	962	3.96
旅游宣传 D5	金达莱花	328	1.35
	新闻	143	0.59
	记者	67	0.28
合计	—	538	2.22

由表4-44可知，首先，韩国游客群体仅对这种列车的旅游交通方式表现出了较为深刻的认知，体现了该群体去萍乡市旅游使用的主要交通工具。其次，在旅游基础配套指标分析中，韩国游客群体对路线表现出了高水平关注，认知量为182，认知强度为0.75，对于其他旅游基础配套相关因素的认知均不突出。在旅游服务体验指标分析中，"实在"的认知量为166，认知强度为0.68；"韩语翻译"的认知量为117，认知强度为0.48；"英语"的认知量为111，认知强度为0.46；"从业人员"的认知量为107，认知强度为0.44；"移动"的认知量为101，认知强度为0.42。韩国游客群体对其他旅游服务体验因素的认知均不突出，反映出该群体对旅游服务的关注点。在地方发展指标分析中，仅有"城市"的认知量达到118，认知强度为0.49，其他地方发展相关因素的认知水平均不突出。最后，在旅游宣传的指标分析中，韩国游客群体对"金达莱花"的认知量和认知强度最高，原因是此花又名杜鹃花，为萍乡市的市花，同时该花在韩国又有长久繁荣、喜悦和幸福的寓意，这为萍乡市开拓韩国客源市场提供了有利思路。

六、新余市认知形象维度下级指标分析

(一) 新余市旅游区位认知形象分析

韩国游客群体对新余市认知形象维度的二级指标旅游区位的分析结果如表4-45所示，共有地理区位和周边旅游2个三级指标。其中，地理区位的认知量为209~5060，总体认知量为5655，认知强度为0.58~14.02，总体认知强度为15.67；周边旅游的认知量为243~739，总体认知量为1908，认知强度为0.67~

2.05，总体认知强度为5.29。

表4-45　新余市旅游区位认知形象分析

旅游区位 A	特征词	认知量	认知强度
地理区位 A1	新余	5060	14.02
	中国	386	1.07
	江西	209	0.58
合计	—	5655	15.67
周边旅游 A2	宜春	739	2.05
	南昌	682	1.89
	九江	244	0.68
	袁州	243	0.67
合计	—	1908	5.29

首先，在地理区位指标分析中，除"新余"之外，韩国游客群体对"中国"认知强度最高，次之为"江西"，表明韩国游客群体对新余市地理区位有基础认知。其次，在周边旅游指标分析中，韩国游客群体对新余市周边旅游地的认知按照强度高低排序依次为宜春、南昌、九江、袁州等，体现出韩国游客群体对新余市周边著名旅游目的地有所了解。

（二）新余市旅游资源认知形象分析

韩国游客群体对新余市认知形象维度的二级指标旅游资源的分析结果如表4-46所示，共有自然景观和文化资源2个三级指标。其中，自然景观的认知量为149~1054，总体认知量为3312，认知强度为0.41~2.92，总体认知强度为9.18；文化资源的认知量为147~3007，总体认知量为9875，认知强度为0.41~8.33，总体认知强度为27.39。

表4-46　新余市旅游资源认知形象分析

旅游资源 B	特征词	认知量	认知强度
自然景观 B1	仙女湖	1054	2.92
	洞都	614	1.70
	紫霞	456	1.26
	湖水	349	0.97
	微风	320	0.89

续表

旅游资源 B	特征词	认知量	认知强度
自然景观 B1	落叶	216	0.60
	湖景	154	0.43
	夜晚	149	0.41
合计	—	3312	9.18
文化资源 B2	拾年山	3007	8.33
	宋应星	1013	2.81
	祭祀	831	2.30
	《天工开物》	760	2.11
	祖先	591	1.64
	民俗	479	1.33
	宗庙	453	1.26
	地方文化	435	1.21
	工艺百科	433	1.20
	祠堂	345	0.96
	明代	318	0.88
	明文化	255	0.71
	七仙女	236	0.65
	文化遗产	212	0.59
	历代	181	0.50
	元朝	179	0.50
	祭文	147	0.41
合计	—	9875	27.39

总体来看，韩国游客群体对新余市文化旅游资源的认知程度远远大于自然旅游资源。其中，对文化资源的认知主要集中在"拾年山"旅游目的地，认知量为3007，认知强度为8.33。对于"宋应星"也有较高的认知水平，认知量为1013，认知强度为2.81。在韩国游客群体对新余市自然旅游资源的认知分析中，"仙女湖"的认知量高达1054，认知强度为2.92，整体认知水平较高，而对于其他自然资源因素的认知水平不突出。

（三）新余市旅游活动认知形象分析

韩国游客群体对新余市认知形象维度的二级指标旅游活动的分析结果如表4-47所示，共有旅游活动体验、旅游业态、旅游消费体验、伴游群体4个三级指标。其中，旅游活动体验的认知量为151~428，总体认知量为3736，认知强度为0.42~1.19，总体认知强度为10.35；旅游业态的认知量为148~400，总体认知量为1688，认知强度为0.41~1.11，总体认知强度为4.69；旅游消费体验的认知量为151~513，总体认知量为3124，认知强度为0.42~1.42，总体认知强度为8.66；伴游群体的认知量为206~341，总体认知量为1105，认知强度为0.57~0.95，总体认知强度为3.07。

表4-47　新余市旅游活动认知形象分析

旅游活动 C	特征词	认知量	认知强度
旅游活动体验 C1	农事	428	1.19
	风俗体验	407	1.13
	爱情	268	0.74
	伟大	255	0.71
	科普	245	0.68
	研究	236	0.65
	神话	235	0.65
	照片	228	0.63
	参与	227	0.63
	发明	183	0.51
	制造技术	182	0.50
	时间	181	0.50
	内容	178	0.49
	会议	177	0.49
	知识习得	155	0.43
	团体旅行	151	0.42
合计	—	3736	10.35
旅游业态 C2	休闲	400	1.11
	康养	339	0.94
	研学旅行	176	0.49
	商务会议	163	0.45
	枯燥无味	150	0.42
	饮食	162	0.45
	单调	150	0.42
	无聊	148	0.41

续表

旅游活动 C	特征词	认知量	认知强度
合计	—	1688	4.69
旅游消费体验 C3	橘子	513	1.42
	巨峰葡萄	492	1.36
	文化商品	341	0.95
	画作	223	0.62
	蜜桔饼	189	0.52
	土扎粉	187	0.52
	价格	197	0.55
	茶	178	0.49
	商业街	170	0.47
	新鲜	165	0.46
	民宿	159	0.44
	购书	159	0.44
	低廉	151	0.42
合计	—	3124	8.66
伴游群体 C4	朋友	341	0.95
	同事	339	0.94
	爸爸	219	0.61
	父子	206	0.57
合计	—	1105	3.07

首先，在旅游活动体验指标分析中，"农事"体验和"风俗体验"活动的认知量和认知强度相对突出，分别为"428，1.19""407，1.13"，其他因素的认知水平则不突出。其次，在旅游业态指标分析中，只有"休闲"和"康养"的认知量和认知强度相对突出，分别为"400，1.11""339，0.94"，而对其他旅游业态的认知不明显。在旅游消费体验指标分析中，"橘子"和"巨峰葡萄"的认知量和认知强度相对较高，分别是"513，1.42""492，1.36"。另外，"文化商品"的认知量为341，认知强度为0.95，相比而言较为突出，但是旅游消费体验的其他因素不突出。最后，在伴游群体指标分析中以"朋友"和"同事"为主。

（四）新余市旅游环境认知形象分析

韩国游客群体对新余市认知形象维度的二级指标旅游环境的分析结果如

表4-48所示，共有旅游交通、旅游基础配套、旅游服务体验、地方发展、旅游宣传5个三级指标。其中，旅游交通的认知量为181~296，总体认知量为477，认知强度为0.50~0.82，总体认知强度为1.32；旅游基础配套指标分析中仅出现了"指南"一个词，认知量为173，认知强度为0.48；旅游服务体验的认知量为170~334，总体认知量为1545，认知强度为0.47~0.93，总体认知强度为4.29；地方发展的认知量为153~381，总体认知量为2833，认知强度为0.42~1.06，总体认知强度为7.85；旅游宣传的认知量为193~250，总体认知量为653，认知强度为0.53~0.69，总体认知强度为1.80。

表4-48 新余市旅游环境认知形象分析

旅游环境 D	特征词	认知量	认知强度
旅游交通 D1	高速巴士	296	0.82
	高铁	181	0.50
合计	—	477	1.32
旅游基础配套 D2	指南	173	0.48
合计	—	173	0.48
旅游服务体验 D3	人多	334	0.93
	解说员	273	0.76
	导游	219	0.61
	新开业	190	0.53
	热情	182	0.50
	推荐	177	0.49
	英语解说	170	0.47
合计	—	1545	4.29
地方发展 D4	创新	381	1.06
	富裕	239	0.66
	升级发展	211	0.58
	乡村振兴	203	0.56
	人均收入	202	0.56
	共同富裕	193	0.53
	潜力	187	0.52
	农业	186	0.52
	手工业	183	0.51
	智慧	176	0.49

续表

旅游环境 D	特征词	认知量	认知强度
地方发展 D4	发展	173	0.48
	生态	173	0.48
	面积小	173	0.48
	现代化	153	0.42
合计	—	2833	7.85
旅游宣传 D5	传播	250	0.69
	短片	210	0.58
	广告牌	193	0.53
合计	—	653	1.80

首先，在旅游交通指标分析中，韩国游客群体仅对"高速巴士"的旅游交通方式表现出了较为深刻的认知，认知量为296，认知强度为0.82。其次，在旅游基础配套指标分析中，韩国游客群体仅对"指南"表现出了关注，认知量为173，认知强度为0.48。在旅游服务体验指标分析中，"人多"的认知量为334，认知强度为0.93；"解说员"的认知量为273，认知强度为0.76；"导游"的认知量为219，认知强度为0.61，其他旅游服务体验因素的认知水平均不突出。在地方发展指标分析中，仅有"创新"的认知量达到381，认知强度为1.06，其他地方发展相关因素的认知水平均不突出。最后，在旅游宣传指标分析中，韩国游客群体对于"传播""短片""广告牌"的认知量和认知强度分别为"250，0.69""210，0.58""193，0.53"。

七、鹰潭市认知形象维度下级指标分析

（一）鹰潭市旅游区位认知形象分析

韩国游客群体对鹰潭市认知形象维度的二级指标旅游区位的分析结果如表4-49所示，共有地理区位和周边旅游2个三级指标。其中，地理区位认知量为139～435，总体认知量为978，认知强度为0.88～2.74，总体认知强度为6.16；周边旅游认知量为109～201，总体认知量为937，认知强度为0.69～1.27，总体认知强度为5.92。

表4-49　鹰潭市旅游区位认知形象分析

旅游区位 A	特征词	认知量	认知强度
地理区位 A1	中国	404	2.54

续表

旅游区位 A	特征词	认知量	认知强度
地理区位 A1	江西	139	0.88
	鹰潭市	435	2.74
合计	—	978	6.16
周边旅游 A2	龙虎山	201	1.27
	南昌	139	0.88
	九江	122	0.77
	景德镇	110	0.69
	萍乡	109	0.69
	吉安	117	0.74
	附近	139	0.88
合计	—	937	5.92

由表 4-49 可知，除"鹰潭市"之外，韩国游客群体对"中国"有较强烈的认知，但是对"江西"的认知相对较低。值得注意的是，在韩国游客群体对鹰潭市周边旅游地的认知形象分析中，他们对"南昌"表现出了较高水平的认知，说明南昌的知名度较高。

（二）鹰潭市旅游资源认知形象分析

韩国游客群体对鹰潭市认知形象维度的二级指标旅游资源的分析结果如表 4-50 所示，共有自然景观和文化资源 2 个三级指标。其中，自然景观的认知量为 112~264，总体认知量为 1062，认知强度为 0.71~1.66，总体认知强度为 6.69；文化资源的认知量为 111~483，总体认知量为 1586，认知强度为 0.70~3.04，总体认知强度为 9.99。

表 4-50　鹰潭市旅游资源的认知形象分析

旅游资源 B	特征词	认知量	认知强度
自然景观 B1	阳光	264	1.66
	空气	213	1.34
	白云	106	0.67
	自然风景	137	0.86
	明媚	117	0.74
	水景	113	0.71
	美景	112	0.71

旅游资源 B	特征词	认知量	认知强度
合计	—	1062	6.69
文化资源 B2	道教	216	1.36
	历史	111	0.70
	文化	128	0.81
	王安石	483	3.04
	三清	118	0.74
	音乐	152	0.96
	艺术团	117	0.74
	公演	148	0.93
	张慧雯	113	0.71
合计	—	1586	9.99

由表 4-50 可知，在自然景观指标分析中，韩国游客群体对鹰潭市明媚的"阳光"表现出了最高程度的认知，对新鲜的"空气"资源也表现出了较高程度的认知。在文化资源指标分析中，韩国游客群体对"王安石"文化表现出了高涨的热情，对"道教"文化也表现出了一定水平的关注。值得注意的是，演员"张慧雯"凭借《琅琊榜2》影视作品进入了韩国游客群体的视线之中。

（三）鹰潭市旅游活动认知形象分析

韩国游客群体对鹰潭市认知形象维度的二级指标旅游活动的分析结果如表 4-51 所示，共有旅游活动体验、旅游业态、旅游消费体验、伴游群体 4 个三级指标。其中，旅游活动体验的认知量为 106~886，总体认知量为 2634，认知强度为 0.67~5.58，总体认知强度为 16.59；旅游业态指标的认知量为 107~184，总体认知量为 582，认知强度为 0.67~1.16，总体认知强度为 3.67；旅游消费体验的认知量为 106~476，总体认知量为 2355，认知强度为 0.67~3.00，总体认知强度为 14.83；伴游群体的认知量为 107~120，总体认知量为 336，认知强度为 0.67~0.76，总体认知强度为 2.12。

表 4-51　鹰潭市旅游活动的认知形象分析

旅游活动 C	特征词	认知量	认知强度
旅游活动体验 C1	观光	886	5.58
	攻略	442	2.78

续表

旅游活动 C	特征词	认知量	认知强度
旅游活动体验 C1	预约	316	1.99
	计划	112	0.71
	聊天	106	0.67
	访问	119	0.75
	跑步	111	0.70
	徒步	110	0.69
	游船	106	0.67
	游泳	113	0.71
	照片	107	0.67
	节庆	106	0.67
合计	—	2634	16.59
旅游业态 C2	休闲	184	1.16
	康养	174	1.10
	商旅	117	0.74
	健康	107	0.67
合计	—	582	3.67
旅游消费体验 C3	酒店	476	3.00
	民宿	201	1.27
	卤猪蹄	135	0.85
	牛骨粉	107	0.67
	早餐	107	0.67
	茶	125	0.79
	酒	107	0.67
	门票	113	0.71
	假货	109	0.69
	商品	107	0.67
	最低价	262	1.65
	特价	160	1.01
	价格	106	0.67
	商业化	118	0.74
	奢华	122	0.77
合计	—	2355	14.83

续表

旅游活动 C	特征词	认知量	认知强度
伴游群体 C4	同伴	120	0.76
	情侣	109	0.69
	家人	107	0.67
合计	—	336	2.12

由表 4-51 可知，首先，在旅游活动体验指标分析中，"观光"活动的认知强度大幅领先，之后是"攻略""预约"等。在旅游业态指标分析中，"休闲"和"康养"两个主题业态的认知最为深刻。在旅游消费体验指标分析中，"酒店"环节的认知强度最高，其他认知强度相对较高的还有"最低价""民宿""特价"等词汇，体现出了韩国游客群体对各旅游活动体验环节的价格较为敏感。最后，在伴游群体指标分析中，共出现了"同伴""情侣"以及"家人"三种伴游形态，且认知强度表现趋于一致。

（四）鹰潭市旅游环境认知形象分析

韩国游客群体对鹰潭市认知形象维度的二级指标旅游环境的分析结果如表 4-52 所示，共有旅游交通、旅游基础配套、旅游服务体验、地方发展、旅游宣传 5 个三级指标。其中，旅游交通的认知量为 113~128，总体认知量为241，认知强度为 0.71~0.81，总体认知强度为 1.52；旅游基础配套的认知量为107~134，总体认知量为 469，认知强度为 0.67~0.84，总体认知强度为 2.94；旅游服务体验的认知量为 106~282，总体认知量为 2425，认知强度为 0.67~1.78，总体认知强度为 15.29；地方发展的认知量为 107~186，总体认知量为1704，认知强度为 0.67~1.17，总体认知强度为 10.73；旅游宣传的认知量为108~129，总体认知量为 575，认知强度为 0.68~0.81，总体认知强度为 3.62。

表 4-52　鹰潭市旅游环境认知形象分析

旅游环境 D	特征词	认知量	认知强度
旅游交通 D1	高铁	128	0.81
	大巴	113	0.71
合计	—	241	1.52
旅游基础配套 D2	标志牌	134	0.84
	大剧院	121	0.76

续表

旅游环境 D	特征词	认知量	认知强度
旅游基础配套 D2	停车场	107	0.67
	舞台	107	0.67
合计	—	469	2.94
旅游服务体验 D3	再来	282	1.78
	推荐	278	1.75
	地域特色	209	1.32
	疲惫	138	0.87
	无聊	136	0.86
	拥挤	139	0.88
	人多	118	0.74
	清爽	130	0.82
	浪漫	110	0.69
	最佳	143	0.90
	游客	259	1.63
	再见	109	0.69
	服务	136	0.86
	按摩	132	0.83
	多样	106	0.67
合计	—	2425	15.29
地方发展 D4	乡村	130	0.82
	物联网	121	0.76
	农村	116	0.73
	振兴	115	0.72
	发展	112	0.71
	投资	108	0.68
	产业	119	0.75
	建设	107	0.67
	智能	107	0.67
	技术	107	0.67
	都市	147	0.93
	自豪	109	0.69
	移动	120	0.76
	著名	186	1.17

续表

旅游环境 D	特征词	认知量	认知强度
合计	—	1704	10. 73
旅游宣传 D5	国际交流	129	0.81
	世界级	118	0.74
	名山	109	0.69
	最大	108	0.68
	明慧网	111	0.70
合计	—	575	3.62

由表 4-52 可知，首先，在旅游交通指标分析中，"高铁"和"大巴"的认知强度基本相同，体现了韩国游客群体开展鹰潭市旅游活动时使用的主要交通工具。其次，在旅游基础配套指标分析中，"标志牌"的认知强度最高，其他按照强度高低排序依次为"大剧院""停车场"和"舞台"。在旅游服务体验指标分析中，"再来"和"推荐"的认知最为强烈，反映出韩国游客群体对鹰潭市旅游的整体满意度较高。在地方发展指标分析中，"著名"的认知强度表现突出，"都市"和"乡村"的认知强度也较为明显，反映出鹰潭市核心旅游目的地的世界影响力，以及鹰潭市的繁华都市面貌与美丽乡村景象给韩国游客群体留下了深刻的印象。最后，通过旅游宣传指标的分析结果可判断，鹰潭市有较为活跃的国际交流活动，有力推动了城市的国际化发展进程。

八、赣州市认知形象维度下级指标分析

（一）赣州市旅游区位认知形象分析

韩国游客群体对赣州市认知形象维度的二级指标旅游区位的分析结果如表 4-53 所示，共有地理区位和周边旅游 2 个三级指标。其中，地理区位的认知量为 130~2096，总体认知量为 4327，认知强度为 0.57~9.23，总体认知强度为 19.05；周边旅游的认知量为 84~372，总体认知量为 892，认知强度为 0.37~1.64，总体认知强度为 3.93。

表 4-53 赣州市旅游区位认知形象分析

旅游区位 A	特征词	认知量	认知强度
地理区位 A1	中国	2096	9.23
	赣州	1089	4.80

续表

旅游区位 A	特征词	认知量	认知强度
地理区位 A1	江西	1012	4.46
	地区	130	0.57
合计	—	4327	19.05
周边旅游 A2	吉安	372	1.64
	龙岩市	350	1.54
	广东省	86	0.38
	北京	84	0.37
合计	—	892	3.93

由表4-53可知，首先，除"赣州"之外，韩国游客群体对"中国"的认知量和认知强度最高，其后为"江西"和"地区"，说明在韩国游客群体视角下，赣州市在我国有一定的影响力和辨识度。同时，也侧面反映出韩国游客群体对赣州市的地理区位有较为清晰的认知。其次，在韩国游客群体对赣州市周边旅游地的认知情况分析中，按照认知量和认知强度的高低进行排序，依次为"吉安""龙岩市""广东省""北京"等，体现出韩国游客群体对于赣州市周边著名旅游目的地的认知情况，同时也反映出韩国游客群体到访赣州市的始发地和中转站地。

（二）赣州市旅游资源认知形象分析

韩国游客群体对赣州市认知形象维度的二级指标旅游资源的分析结果如表4-54所示，共有自然景观和文化资源2个三级指标。其中，自然景观的认知量为316~1051，总体认知量为2878，认知强度为1.39~4.63，总体认知强度为12.67；文化资源的认知量为76~866，总体认知量为2797，认知强度为0.33~3.81，总体认知强度为12.30。

表4-54　赣州市旅游资源认知形象分析

旅游资源 B	特征词	认知量	认知强度
自然景观 B1	通天岩	1051	4.63
	稀土	986	4.34
	三百山	525	2.31
	龙虎山	316	1.39
合计	—	2878	12.67

旅游资源 B	特征词	认知量	认知强度
文化资源 B2	毛泽东思想	866	3.81
	宋城	749	3.30
	瑞金共和国的摇篮	405	1.78
	古城墙	244	1.07
	红色故都	151	0.66
	《爱莲说》	104	0.46
	客家文化	102	0.45
	恐龙	100	0.44
	宋明理学	76	0.33
合计	—	2797	12.30

总体上看，韩国游客群体对赣州市的自然与文化旅游资源的认知程度趋于均衡。其中，对自然景观资源的认知主要有"通天岩"旅游目的地，认知量为1051，认知强度为4.63。对"稀土"也有较高的认知水平，认知量为986，认知强度为4.34。对"三百山"景区的认知量为525，认知强度为2.31。对"龙虎山"的认知量为316，认知强度为1.39。在韩国游客群体对赣州市文化旅游资源的认知形象分析中，"毛泽东思想"文化的认知量高达886，认知强度为3.81，整体认知水平较高，"宋城"文化资源的认知量为749，认知强度为3.30，而其他文化旅游资源因素的认知水平并未有突出表现。

（三）赣州市旅游活动认知形象分析

韩国游客群体对赣州市认知形象维度的二级指标旅游活动的认知形象分析如表4-55所示，共有旅游活动体验、旅游业态、旅游消费体验、伴游群体4个三级指标。其中，旅游活动体验的认知量为65~426，总体认知量为3372，认知强度为0.29~1.88，总体认知强度为14.85；旅游业态的认知量为202~215，总体认知量为626，认知强度为0.89~0.95，总体认知强度为2.76；旅游消费体验的认知量为67~735，总体认知量为2121，认知强度为0.30~3.24，总体认知强度为9.35；伴游群体的认知量为143~166，总体认知量为309，认知强度为0.63~0.73，总体认知强度为1.36。

表4-55　赣州市旅游活动认知形象分析

旅游活动 C	特征词	认知量	认知强度
旅游活动体验 C1	推荐	426	1.88

续表

旅游活动 C	特征词	认知量	认知强度
	预约	288	1.27
	堵车	234	1.03
	登山	232	1.02
	采摘	231	1.02
	亲身体验	220	0.97
	拥挤	215	0.95
	滞留	212	0.93
	访游	157	0.69
	游览	152	0.67
旅游活动体验 C1	发现	122	0.54
	恐龙蛋	120	0.53
	位置	119	0.52
	时间	108	0.48
	旅行	102	0.45
	化石	99	0.44
	漫游	96	0.42
	人多	96	0.42
	世界大国	78	0.34
	星空	65	0.29
合计	—	3372	14.85
	商务	215	0.95
旅游业态 C2	会议	209	0.92
	节庆	202	0.89
合计	—	626	2.76
	酒店	735	3.24
	最低价	191	0.84
	美食街	189	0.83
	三杯鸡	188	0.83
旅游消费体验 C3	赣南脐橙	163	0.72
	糯米鸡	161	0.71
	板栗	131	0.58
	微信支付	124	0.55

续表

旅游活动 C	特征词	认知量	认知强度
旅游消费体验 C3	特价	94	0.41
	星级酒店	78	0.34
	生煎鸭	67	0.30
合计	—	2121	9.35
伴游群体 C4	家人	166	0.73
	爱人	143	0.63
合计	—	309	1.36

由表 4-55 可知，在旅游活动体验指标分析中，"推荐"的认知强度大幅领先，之后是"预约""堵车""登山""采摘""亲身体验""拥挤""滞留"等词。在旅游业态指标分析中，"商务""会议"和"节庆"三个主题业态的认知程度趋于均衡水平。在旅游消费体验指标分析中，"酒店"环节的认知强度最高，同时其他认知强度相对较高的还有"最低价""美食街""三杯鸡""赣南脐橙""糯米鸡""板栗""微信支付"等。在伴游群体指标分析中，"家人"和"爱人"的伴游对象形态较为普遍。

（四）赣州市旅游环境认知形象分析

韩国游客群体对赣州市认知形象维度的二级指标旅游环境的分析结果如表 4-56 所示，共有旅游交通、旅游基础配套、旅游服务体验、地方发展、旅游宣传 5 个二级指标。其中，旅游交通的认知量为 129～147，总体认知量为 411，认知强度为 0.57～0.65，总体认知强度为 1.81；旅游基础配套的认知量为 85～117，总体认知量为 856，认知强度为 0.37～0.52，总体认知强度为 3.77；旅游服务体验的认知量为 70～329，总体认知量为 817，认知强度为 0.31～1.45，总体认知强度为 3.60；地方发展的认知量为 72～215，总体认知量为 1712，认知强度为 0.32～0.95，总体认知强度为 7.54；旅游宣传的认知量为 68～752，总体认知量为 1593，认知强度为 0.30～3.31，总体认知强度为 7.02。

表 4-56　赣州市旅游环境认知形象分析

旅游环境 D	特征词	认知量	认知强度
旅游交通 D1	出租车	147	0.65
	坐飞机	135	0.59
	共享单车	129	0.57

续表

旅游环境 D	特征词	认知量	认知强度
合计	—	411	1.81
旅游基础配套 D2	旅行信息	117	0.52
	天气预报	111	0.49
	电观光车	111	0.49
	垃圾桶	109	0.48
	护栏	109	0.48
	指示牌	107	0.47
	游步道	107	0.47
	出口	85	0.37
合计	—	856	3.77
旅游服务体验 D3	最佳	329	1.45
	服务	109	0.48
	交流	96	0.42
	重游	72	0.32
	敬业	71	0.31
	国际标准	70	0.31
	细致	70	0.31
合计	—	817	3.60
地方发展 D4	企业	215	0.95
	最大	183	0.81
	城市	144	0.63
	发展	136	0.60
	工厂	132	0.58
	电池	129	0.57
	贸易	123	0.54
	产业	98	0.43
	大城市	89	0.39
	人口	85	0.37
	先进的	81	0.36
	高质量发展	78	0.34
	投资	74	0.33
	大规模	73	0.32
	推进	72	0.32

续表

旅游环境 D	特征词	认知量	认知强度
合计	—	1712	7.54
旅游宣传 D5	Trip. com	752	3.31
	宣传	145	0.64
	世界	129	0.57
	纪录片	98	0.43
	报道	97	0.43
	广播	81	0.36
	生态家园	75	0.33
	世界橙乡	75	0.33
	新闻	73	0.32
	韩联社	68	0.30
合计	—	1593	7.02

由表 4-56 可知，在旅游交通指标分析中，韩国游客群体对"出租车"的旅游交通方式表现出了较为深刻的认知，认知量为 147，认知强度为 0.65。另外，"坐飞机"和"共享单车"两种交通方式的认知水平也有相对突出的表现。在旅游基础配套的指标分析中，韩国游客群体对于"旅游信息""天气预报""电观光车"三项均表现出了高水平关注，认知量和认知强度分别为"117，0.52""111，0.49""111，0.49"，对于其他旅游基础配套的认知还包括"垃圾桶""护栏""指示牌""游步道"以及"出口"。在旅游服务体验指标分析中，"最佳"的认知量高达 329，认知强度为 1.45；"服务"的认知量为 109，认知强度为 0.48，其他旅游服务体验因素的认知水平均不突出。在地方发展指标分析中，"企业"的认知量达到 215，认知强度为 0.95，其他与地方发展相关的因素认知水平相对较高的还包括"最大""城市""发展""工厂""电池""贸易"等。在旅游宣传的分析中，韩国游客群体对"Trip. com"的认知量和认知强度最高，分别为 752 和 3.31。

九、吉安市认知形象维度下级指标分析

（一）吉安市旅游区位认知形象分析

韩国游客群体对吉安市认知形象维度的二级指标旅游区位的分析结果如表 4-57 所示，共有地理区位和周边旅游 2 个三级指标。其中，地理区位的认知量为 165~4011，总体认知量为 7168，认知强度为 0.56~13.57，总体认知强度为

24.26；周边旅游的认知量为 430~468，总体认知量为 898，认知强度为 1.45~
1.58，总体认知强度为 3.03。

表4-57　吉安市旅游区位认知形象分析

旅游区位 A	特征词	认知量	认知强度
地理区位 A1	吉安	4011	13.57
	中国	2145	7.26
	江西省	847	2.87
	位置	165	0.56
合计	—	7168	24.26
周边旅游 A2	明月山	468	1.58
	萍乡	430	1.45
合计	—	898	3.03

由表4-57可知，除"吉安"之外，韩国游客群体对"中国"认知强度最
高，其次为"江西省"，最后是"位置"，反映出韩国游客群体对吉安市地理区
位有较为清晰的认知。另外，在韩国游客群体对吉安市周边旅游地的认知情况分
析中，按照强度高低排序依次为"明月山""萍乡"。

（二）吉安市旅游资源认知形象分析

韩国游客群体对吉安市认知形象维度的二级指标旅游资源的分析结果如
表4-58所示，共有自然景观和文化资源2个三级指标。其中，自然景观的认知
量为124~923，总体认知量为2071，认知强度为0.42~3.12，总体认知强度为
7.01；文化资源的认知量为106~1273，总体认知量为3745，认知强度为0.36~
4.31，总体认知强度为12.68。

表4-58　吉安市旅游资源认知形象分析

旅游资源 B	特征词	认知量	认知强度
自然景观 B1	羊狮慕	923	3.12
	山岳	791	2.68
	古树	233	0.79
	云丘	124	0.42
合计	—	2071	7.01

续表

旅游资源 B	特征词	认知量	认知强度
文化资源 B2	井冈山	1273	4.31
	白鹭洲	737	2.49
	文天祥	298	1.01
	青原山	172	0.58
	历史	169	0.57
	庐陵文化	168	0.57
	吉州	166	0.56
	佛教文化	148	0.50
	欧阳修	147	0.50
	遗迹	138	0.47
	石碑	112	0.38
	古村	111	0.38
	墓	106	0.36
合计	—	3745	12.68

总体上看，与自然旅游资源相比，韩国游客群体对吉安市的文化旅游资源的认知更为深刻。其中，对文化资源的认知主要有"井冈山"旅游目的地，认知量为1273，认知强度为4.31。对"白鹭洲"书院也有较高的认知水平，认知量为737，认知强度为2.49。对"文天祥""青原山""历史""庐陵文化"等也有所了解，但是程度相对较弱。在韩国游客群体对吉安市自然旅游资源的认知形象分析中，"羊狮慕"景区的认知量高达923，认知强度为3.12，整体认知水平较高。"山岳"资源的认知量为791，认知强度为2.68，而其他自然景观资源如"古树""云丘"的认知水平相对较低。

（三）吉安市旅游活动认知形象分析

韩国游客群体对吉安市认知形象维度的二级指标旅游活动的分析结果如表4-59所示，共有旅游活动体验、旅游业态、旅游消费体验、伴游群体4个三级指标。其中，旅游活动体验的认知量为99~623，总体认知量为4068，认知强度为0.33~2.11，总体认知强度为13.77；旅游业态的认知量为149~421，总体认知量为946，认知强度为0.50~1.42，总体认知强度为3.19；旅游消费体验的认知量为124~618，总体认知量为4182，认知强度为0.42~2.09，总体认知强度为14.14；伴游群体的认知量为144~229，总体认知量为373，认知强度为0.49~0.77，总体认知强度为1.26。

表4-59　吉安市旅游活动认知形象分析

旅游活动 C	特征词	认知量	认知强度
旅游活动体验 C1	登山	623	2.11
	竞技	416	1.41
	预约	340	1.15
	下午	305	1.03
	农业体验	241	0.82
	上午	230	0.78
	颠簸	226	0.76
	观光	183	0.62
	今天	179	0.61
	到达	154	0.52
	感受	134	0.45
	热	131	0.44
	照片	129	0.44
	时间	123	0.42
	腿累	123	0.42
	人多	121	0.41
	预订	106	0.36
	开始	104	0.35
	知识习得	101	0.34
	旅行	99	0.33
合计	—	4068	13.77
旅游业态 C2	休闲	421	1.42
	体育	376	1.27
	摄影	149	0.50
合计	—	946	3.19
旅游消费体验 C3	高山火车	618	2.09
	酒店	382	1.29
	火腿	345	1.17
	板鸭	341	1.15
	价格	337	1.14
	狗牯脑茶	323	1.09
	民宿	289	0.98

续表

旅游活动 C	特征词	认知量	认知强度
旅游消费体验 C3	小吃	289	0.98
	辣	270	0.91
	礼品	199	0.67
	米粉	188	0.64
	特色商业街	186	0.63
	藤田猪	154	0.52
	茶	137	0.46
	饮食	124	0.42
合计	—	4182	14.14
伴游群体 C4	爱人	229	0.77
	家人	144	0.49
合计	—	373	1.26

由表 4-59 可知，在旅游活动体验指标分析中，"登山"的认知强度大幅领先，另外还有"竞技""预约""下午""农业体验""上午""颠簸""观光"等词。在旅游业态指标分析中，对"休闲"和"体育"两种主题业态的认知较为深刻，而对于"摄影"主题业态的认知程度相对较低。在旅游消费体验指标分析中，"高山火车"旅游项目的认知强度最高，其他认知强度相对较高的还有"酒店""火腿""板鸭""价格""狗牯脑茶""民宿""小吃""辣"等。在伴游群体指标分析中，"爱人"和"家人"是主要的伴游形态。

（四）吉安市旅游环境认知形象分析

韩国游客群体对吉安市认知形象维度的二级指标旅游环境的分析结果如表 4-60 所示，共有旅游交通、旅游基础配套、旅游服务体验、地方发展、旅游宣传 5 个三级指标。其中，旅游交通的认知量为 121~552，总体认知量为 919，认知强度为 0.41~1.87，总体认知强度为 3.11；旅游基础配套的认知量为 121~287，总体认知量为 1181，认知强度为 0.41~0.97，总体认知强度为 4.00；旅游服务体验的认知量为 99~305，总体认知量为 1758，认知强度为 0.33~1.03，总体认知强度为 5.97；地方发展的认知量为 98~246，总体认知量为 1514，认知强度为 0.33~0.83，总体认知强度为 5.14；旅游宣传的认知量为 99~256，总体认知量为 612，认知强度为 0.33~0.87，总体认知强度为 2.07。

表 4-60　吉安市旅游环境认知形象分析

旅游环境 D	特征词	认知量	认知强度
旅游交通 D1	大巴	552	1.87
	交通	246	0.83
	出租车	121	0.41
合计	—	919	3.11
旅游基础配套 D2	电源插口	287	0.97
	登山路	204	0.69
	休息长廊	203	0.69
	停车场	186	0.63
	卫生间	180	0.61
	服务中心	121	0.41
合计	—	1181	4.00
旅游服务体验 D3	服务员	305	1.03
	服务	303	1.03
	禁烟	194	0.66
	态度	138	0.47
	诚实	136	0.46
	再来	144	0.49
	理解	120	0.41
	感动	109	0.37
	很好	108	0.37
	翻译	102	0.35
	鼓励	99	0.33
合计	—	1758	5.97
地方发展 D4	农作物	246	0.83
	小村庄	187	0.63
	城市	117	0.40
	铁路	117	0.40
	开发区	115	0.39
	市容	113	0.38
	文明	108	0.37
	尖端技术	108	0.37
	包容性	103	0.35

续表

旅游环境 D	特征词	认知量	认知强度
地方发展 D4	清洁	102	0.35
	崛起	100	0.34
	夜晚	98	0.33
合计	—	1514	5.14
旅游宣传 D5	新闻	256	0.87
	天下第一山	151	0.51
	宣传片	106	0.36
	记者	99	0.33
合计	—	612	2.07

由表4-60可知，在旅游交通指标分析中，韩国游客群体对"大巴"的旅游交通方式表现出了较为深刻的认知，认知量为552，认知强度为1.87。在旅游基础配套指标分析中，韩国游客群体对"电源插口""登山路""休息长廊"三项均表现出了高水平的关注度，对于其他旅游基础配套的认知还包括"停车场""卫生间""服务中心"。在旅游服务体验指标分析中，"服务员"的认知量高达305，认知强度为1.03；"服务"的认知量为303，认知强度为1.03，其他旅游服务体验因素的认知水平均不突出。在地方发展的指标分析中，"农作物"的认知量达到246，认知强度为0.83，其他与地方发展相关因素的认知水平相对较高的还包括"小村庄""城市""铁路""开发区""市容""文明"等。在旅游宣传的指标分析中，韩国游客群体对"新闻"的认知量和认知强度最高，分别为256、0.87。

十、宜春市认知形象维度下级指标分析

（一）宜春市旅游区位认知形象分析

韩国游客群体对宜春市认知形象维度的二级指标旅游区位的分析结果如表4-61所示，共有地理区位和周边旅游2个三级指标。其中，地理区位的认知量为789~1041，总体认知量为2638，认知强度为5.31~7.01，总体认知强度为17.76；周边旅游的认知量为217~228，总体认知量为445，认知强度为1.46~1.54，总体认知强度为3.00。

表4-61　宜春市旅游区位认知形象分析

旅游区位 A	特征词	认知量	认知强度
地理区位 A1	江西	1041	7.01
	中国	808	5.44
	宜春市	789	5.31
合计	—	2638	17.76
周边旅游 A2	南昌	228	1.54
	长沙	217	1.46
合计	—	445	3.00

由表4-61可知，首先，除了"宜春市"，韩国游客群体对"江西"认知强度最高，次之为"中国"，在反映出韩国游客群体对宜春市的地理区位已形成了较为清晰的认知的同时，也说明在韩国游客群体的视角中，宜春市在江西省有一定程度的代表性和辨识度。其次，在韩国游客群体对宜春市周边旅游地的认知情况分析中，按照认知量和认知强度的高低排序依次为"南昌""长沙"。体现了韩国游客群体出游宜春的旅游路线。

（二）宜春市旅游资源认知形象分析

韩国游客群体对宜春市认知形象维度的二级指标旅游资源的分析结果如表4-62所示，共有自然景观和文化资源2个三级指标。其中，自然景观的认知量为108～504，总体认知量为1613，认知强度为0.73～3.39，总体认知强度为10.86；文化资源的认知量为98～892，总体认知量为2703，认知强度为0.66～6.01，总体认知强度为18.21。

表4-62　宜春市旅游资源认知形象分析

旅游资源 B	特征词	认知量	认知强度
自然景观 B1	富硒	504	3.39
	如春	415	2.79
	云海	206	1.39
	日出	206	1.39
	洞窟	174	1.17
	瀑布	108	0.73
合计	—	1613	10.86

续表

旅游资源 B	特征词	认知量	认知强度
文化资源 B2	《滕王阁序》	892	6.01
	明月皇后	535	3.60
	韩愈	439	2.96
	《天工开物》	261	1.76
	月亮	175	1.18
	田园文化	159	1.07
	月亮文化	144	0.97
	禅宗	98	0.66
合计	—	2703	18.21

总体上看，与自然旅游资源相比，韩国游客群体对宜春市的文化旅游资源的认知更为深刻。其中，在对文化资源的认知中，主要词是"《滕王阁序》"，认知量为 892，认知强度为 6.01。对"明月皇后"故事也有较高的认知水平，认知量为 535，认知强度为 3.60。对与"韩愈""《天工开物》""月亮""田园文化""月亮文化""禅宗"等词相关的人文资源也有所了解。在韩国游客群体对宜春市自然旅游资源的认知形象分析中，"富硒"概念的认知量为 504，认知强度为 3.39。对"如春"气候条件的认知量为 415，认知强度为 2.79，而对于其他自然景观资源如"云海""日出""洞窟""瀑布"的认知水平相对较弱。

（三）宜春市旅游活动认知形象分析

韩国游客群体对宜春市认知形象维度的二级指标旅游活动的分析结果如表 4-63 所示，共有旅游活动体验、旅游业态、旅游消费体验、伴游群体 4 个三级指标。其中，旅游活动体验的认知量为 52~348，总体认知量为 1491，认知强度为 0.35~2.34，总体认知强度为 10.04；旅游业态的认知量为 79~147，总体认知量为 412，认知强度为 0.53~0.99，总体认知强度为 2.77；旅游消费体验的认知量为 51~328，总体认知量为 2147，认知强度为 0.34~2.21，总体认知强度为 14.47；伴游群体的认知量为 78~83，总体认知量为 161，认知强度为 0.53~0.56，总体认知强度为 1.09。

表 4-63　宜春市旅游活动认知形象分析

旅游活动 C	特征词	认知量	认知强度
旅游活动体验 C1	Trip.com	348	2.34
	预约	152	1.02

续表

旅游活动 C	特征词	认知量	认知强度
旅游活动体验 C1	下午	136	0.92
	人潮	135	0.91
	上午	127	0.86
	登山	98	0.66
	特色小镇	97	0.65
	时间	97	0.65
	纯净水	70	0.47
	游玩	61	0.41
	每天	59	0.40
	观光	59	0.40
	今天	52	0.35
合计	—	1491	10.04
旅游业态 C2	节庆	147	0.99
	康养	100	0.67
	冰雪运动	86	0.58
	养老	79	0.53
合计	—	412	2.77
旅游消费体验 C3	酒店	328	2.21
	温泉	157	1.06
	附近	119	0.80
	最低价	105	0.71
	泡脚	103	0.69
	商业街	99	0.67
	美食	96	0.65
	泡澡	96	0.65
	健康体验	92	0.62
	价格	90	0.61
	体检	89	0.60
	特产	86	0.58
	滑雪	86	0.58
	菊花茶	81	0.55
	乡村佳肴	79	0.53

旅游活动 C	特征词	认知量	认知强度
旅游消费体验 C3	保健药品	72	0.48
	低廉	72	0.48
	推拿	68	0.46
	演出	68	0.46
	白酒	55	0.37
	特价	55	0.37
	高级民宿	51	0.34
合计	—	2147	14.47
伴游群体 C4	父母	83	0.56
	同伴	78	0.53
合计	—	161	1.09

由表 4-63 可知,在旅游活动体验指标分析中,"Trip. com"的认知强度大幅领先,另外还有"预约""下午""人潮""上午""登山""特色小镇""时间""纯净水""游玩""每天"等词。在旅游业态指标分析中,对"节庆"和"康养"两种主题业态的认知较为深刻,对"冰雪运动"和"养老"主题业态的认知程度相对较低。在旅游消费体验指标分析中,"酒店"环节的认知强度最高,其他认知强度相对较高的还有"温泉""附近""最低价""泡脚""健康体验""价格""体验""特产""滑雪""菊花茶""乡村佳肴""保健药品"等。在伴游群体指标分析中,"父母"和"同伴"为主要形态。

（四）宜春市旅游环境认知形象分析

韩国游客群体对宜春市认知形象维度的二级指标旅游环境的分析结果如表 4-64 所示,共出现了旅游交通、旅游基础配套、旅游服务体验、地方发展、旅游宣传 5 个三级指标。其中,旅游交通指标的认知量为 72~122,总体认知量为 267,认知强度为 0.48~0.82,总体认知强度为 1.79;旅游基础配套指标的认知量为 56~189,总体认知量为 668,认知强度为 0.38~1.27,总体认知强度为 4.49;旅游服务体验指标的认知量为 52~156,总体认知量为 835,认知强度为 0.35~1.05,总体认知强度为 5.62;地方发展指标的认知量为 53~182,总体认知量为 734,认知强度为 0.36~1.23,总体认知强度为 4.94;旅游宣传指标的认知量为 60~138,总体认知量为 736,认知强度为 0.40~0.93,总体认知强度为 4.96。

表4-64 宜春市旅游环境认知形象分析

旅游环境 D	特征词	认知量	认知强度
旅游交通 D1	客机	122	0.82
	明月山机场	73	0.49
	宜春站	72	0.48
合计	—	267	1.79
旅游基础配套 D2	栈道	189	1.27
	游客服务中心	65	0.44
	路灯	65	0.44
	喷泉	63	0.42
	卫生间	60	0.40
	地图	57	0.38
	悬空栈道	57	0.38
	步行道	56	0.38
	韩语翻译	56	0.38
合计	—	668	4.49
旅游服务体验 D3	推荐	156	1.05
	最佳	111	0.75
	舒服	91	0.61
	健康管理	89	0.60
	安慰	77	0.52
	迅速	77	0.52
	乐于助人	75	0.51
	友好	54	0.36
	焕发新春	53	0.36
	我的世界	52	0.35
合计	—	835	5.62
地方发展 D4	电池	182	1.23
	工厂	71	0.48
	地球财富	68	0.46
	菜市场	64	0.43
	生态	63	0.42
	投资	63	0.42
	合作	61	0.41

续表

旅游环境 D	特征词	认知量	认知强度
地方发展 D4	企业	55	0.37
	城市	54	0.36
	环境保护	53	0.36
合计	—	734	4.94
旅游宣传 D5	嫦娥	138	0.93
	直播	136	0.92
	YouTube	98	0.66
	新闻	89	0.60
	杂志	78	0.53
	广播	69	0.46
	世界	68	0.46
	影像	60	0.40
合计	—	736	4.96

由表4-64可知，在旅游交通指标分析中，韩国游客群体对"客机"的旅游交通方式表现出了较为深刻的认知，认知量为122，认知强度为0.82。另外还有"明月山机场"和"宜春站"两个词出现，可判断该群体访游宜春市的主要交通方式为乘坐飞机。在旅游基础配套指标分析中，韩国游客群体对"栈道"旅游体验项目表现出了较为深刻的认知，认知量为189，认知强度为1.27。对其他旅游基础配套的认知还包括"游客服务中心""路灯""喷泉""卫生间""地图""悬空栈道""步行道"，以及"韩语翻译"指示牌。在旅游服务体验指标分析中，"推荐"和"最佳"的认知表现最为突出，认知量和认知强度分别为"156，1.05"和"111，0.75"，其他旅游服务体验认知诸如"舒服""健康管理""安慰""迅速""乐于助人"等词汇的表现相对较弱。在地方发展指标分析中，"电池"的认知量达到182，认知强度为1.23，其他与地方发展相关因素的认知水平相对较高的还包括"工厂""地球财富""菜市场""生态""投资""合作""企业""城市""环境保护"等。在旅游宣传指标分析中，韩国游客群体对"嫦娥"故事传说的印象最为深刻。对旅游宣传形象认知程度较高的词汇还有"直播""YouTube""新闻""杂志""广播"等，反映出韩国游客群体接触宜春市旅游信息的渠道和方式。上述结果为宜春市文旅产业的升级发展，以及对进一步推动文旅产业的国际化进程发展有重要的借鉴意义。

十一、抚州市认知形象维度下级指标分析

（一）抚州市旅游区位认知形象分析

韩国游客群体对抚州市认知形象维度的二级指标旅游区位的分析结果如表 4-65 所示，共有地理区位和周边旅游 2 个三级指标。其中，地理区位的认知量为 2506~3998，总体认知量为 10161，认知强度为 6.40~10.22，总体认知强度为 25.97；周边旅游的认知量为 158~1760，总体认知量为 2105，认知强度为 0.40~4.50，总体认知强度为 5.38。

表 4-65　抚州市旅游区位认知形象分析

旅游区位 A	特征词	认知量	认知强度
地理区位 A1	抚州	3998	10.22
	中国	3657	9.35
	江西	2506	6.40
合计	—	10161	25.97
周边旅游 A2	南昌	1760	4.50
	厦门	187	0.48
	福建省	158	0.40
合计	—	2105	5.38

由表 4-65 可知，首先，除"抚州"之外，韩国游客群体对"中国"认知强度最高，次之为"江西"，反映出韩国游客群体对抚州市的地理区位具有基本的认知。其次，在韩国游客群体对抚州市周边旅游地的认知情况分析中，按照认知强度的高低排序依次为"南昌""厦门""福建省"，体现了该群体对于抚州市周边城市的认知情况，同时还反映出他们前往及离开抚州市的始发和中转地。

（二）抚州市旅游资源认知形象分析

韩国游客群体对抚州市认知形象维度的二级指标旅游资源的分析结果如表 4-66 所示，共有自然景观和文化资源 2 个三级指标。其中，自然景观的认知量为 135~1469，总体认知量为 2962，认知强度为 0.35~3.75，总体认知强度为 7.57；文化资源的认知量为 135~1448，总体认知量为 5056，认知强度为 0.35~3.70，总体认知强度为 12.93。

表4-66 抚州市旅游资源认知形象分析

旅游资源 B	特征词	认知量	认知强度
自然景观 B1	大觉山	1469	3.75
	麻姑山	1358	3.47
	气候	135	0.35
合计	—	2962	7.57
文化资源 B2	文昌里	1448	3.70
	传统古村落	761	1.94
	禅宗学派	672	1.72
	宋明理学	617	1.58
	临川文化	589	1.51
	采茶戏	538	1.37
	文物	148	0.38
	古迹	148	0.38
	唐宋八大家	135	0.35
合计	—	5056	12.93

总体上看，与自然旅游资源相比，韩国游客群体对抚州市的文化旅游资源的认知更为深刻。其中，对于文化旅游资源的认知主要有"文昌里"历史文化街区，认知量为1448，认知强度为3.70。对"传统古村落""禅宗学派"以及"宋明理学"文化也有较高的认知水平，认知量和认知强度分别为"761, 1.94""672, 1.72""617, 1.58"。另外，对与"临川文化""采茶戏""文物""古迹""唐宋八大家"等相关的人文资源也有所了解。在韩国游客群体对抚州市自然旅游资源的认知形象分析中，"大觉山"的认知量为1469，认知强度为3.75；"麻姑山"的认知量为1358，认知强度为3.47；"气候"的认知量为135，认知强度为0.35。

（三）抚州市旅游活动认知形象分析

韩国游客群体对抚州市认知形象维度的二级指标旅游活动分析结果如表4-67所示，共有旅游活动体验、旅游业态、旅游消费体验、伴游群体4个三级指标。其中，旅游活动体验的认知量为124~462，总体认知量为4108，认知强度为0.32~1.18，总体认知强度为10.50；旅游业态的认知量为118~466，总体认知量1300，认知强度为0.30~1.19，总体认知强度为3.32；旅游消费体验的认知量为120~467，总体认知量为4963，认知强度为0.31~1.19，总体认知强度为12.71；伴游群体指标分析中仅出现了"情侣"一个词，认知量为275，认知强度为 0.70。

表 4-67　抚州市旅游活动认知形象分析

旅游活动 C	特征词	认知量	认知强度
旅游活动体验 C1	记录	462	1.18
	感觉	456	1.17
	精神食粮	445	1.14
	学习	439	1.12
	登山	396	1.01
	下午	262	0.67
	访问	254	0.65
	照片	199	0.51
	上午	185	0.47
	时间	161	0.41
	举办	154	0.39
	到达	152	0.39
	中医	144	0.37
	伟大	142	0.36
	跳舞	133	0.34
	预约	124	0.32
合计	—	4108	10.50
旅游业态 C2	体育	466	1.19
	演艺	411	1.05
	住宿	305	0.78
	单调	118	0.30
合计	—	1300	3.32
旅游消费体验 C3	蜜桔	467	1.19
	特色民宿	383	0.98
	消费场景	348	0.89
	豆腐脑	324	0.83
	猪脚饭	321	0.82
	汤圆	318	0.81
	特色餐饮	306	0.78
	特色小吃	284	0.73

续表

旅游活动 C	特征词	认知量	认知强度
旅游消费体验 C3	小吃街	284	0.73
	便宜	284	0.73
	种类丰富	283	0.72
	保健药品	198	0.51
	视听盛宴	188	0.48
	驴肉	187	0.48
	金溪米粉	186	0.48
	炒麦鸡	184	0.47
	演出	159	0.41
	舞蹈	139	0.36
	销售	120	0.31
合计	—	4963	12.71
伴游群体 C4	情侣	275	0.70
合计	—	275	0.70

由表4-67可知，在旅游活动体验指标分析中，"记录""感觉""精神食粮"以及"学习"等的认知强度相对较高，分别是1.18、1.17、1.14、1.12。另外，"登山""下午""访问""照片""上午""时间""举办""到达""中医""伟大""跳舞""预约"等也呈现出一定程度的被认知状态。在旅游业态指标分析中，对"体育"和"演艺"两种主题业态的认知较为深刻，认知强度分别为1.19和1.05，而其他主题业态的认知强度相对较低。在旅游消费体验指标分析中，"蜜桔"认知强度相对较高（1.19），同时表现相对突出的还有"特色民宿""消费场景""豆腐脑""猪脚饭""汤圆""特色餐饮"等。

（四）抚州市旅游环境认知形象分析

韩国游客群体对抚州市认知形象维度的二级指标旅游环境的分析结果如表4-68所示，共有旅游交通、旅游基础配套、旅游服务体验、地方发展、旅游宣传5个三级指标。其中，旅游交通的认知量为130～524，总体认知量为1577，认知强度为0.33～1.34，总体认知强度为4.02；旅游基础配套的认知量为159～238，总体认知量为1726，认知强度为0.41～0.61，总体认知强度为4.43；旅游服务体验的认知量为124～243，总体认知量为1844，认知强度为0.32～0.62，总体认知强度为4.71；地方发展的认知量为123～343，总体认知量为2325，认知强度为 0.31~0.88，总体认知强度为 5.94；旅游宣传认知量为 149~254，总体认知量为 726，认知强度为 0.38~0.65，总体认知强度为 1.85。

表4-68 抚州市旅游环境认知形象分析

旅游环境 D	特征词	认知量	认知强度
旅游交通 D1	福银高速	524	1.34
	飞机	260	0.66
	大巴车	260	0.66
	搭乘	255	0.65
	出租车	148	0.38
	抚州东站	130	0.33
合计	—	1577	4.02
旅游基础配套 D2	头戴式耳机	238	0.61
	电子屏幕	238	0.61
	路标	233	0.60
	售票处	222	0.57
	卫生间	222	0.57
	展示窗	211	0.54
	残疾人厕所	203	0.52
	分类垃圾桶	159	0.41
合计	—	1726	4.43
旅游服务体验 D3	说明	243	0.62
	推荐	219	0.56
	教育	213	0.54
	专业性	209	0.53
	措施	201	0.51
	友好的	190	0.49
	安慰	181	0.46
	支持	139	0.36
	细腻	125	0.32
	热情	124	0.32
合计	—	1844	4.71
地方发展 D4	城市	343	0.88
	国际	251	0.64

续表

旅游环境 D	特征词	认知量	认知强度
地方发展 D4	发展	188	0.48
	重工业	176	0.45
	新能源汽车	169	0.43
	商业发展	157	0.40
	数码	139	0.36
	企业	137	0.35
	孵化	136	0.35
	居住地	129	0.33
	今天	128	0.33
	奋斗	126	0.32
	建设	123	0.31
	有色金属	123	0.31
合计	—	2325	5.94
旅游宣传 D5	新闻	254	0.65
	录像	162	0.41
	世界	161	0.41
	宣传册	149	0.38
合计	—	726	1.85

由表4-68可知,在旅游交通指标分析中,韩国游客群体对"福银高速"表现出了最高程度的认知,认知量为524,认知强度为1.34。另外还有对"飞机""大巴车""搭乘""出租车""抚州东站"等交通方式和交通设施方面的认知。说明韩国游客群体对"福银高速"的印象较为深刻,但前往及离开抚州市的主要交通工具为飞机,且在抚州市开展旅游活动过程中使用的主要交通工具为大巴车。在旅游基础配套的指标分析中,韩国游客群体对"头戴式耳机"表现出了较为深刻的认知,认知量为238,认知强度为0.61。对其他旅游基础配套的认知还包括"电子屏幕""路标""售票处""卫生间""展示窗""残疾人厕所""分类垃圾桶"等,这为抚州市政府相关职能部门的下一步重点工作指明了方向。在旅游服务体验指标分析中,"说明""推荐""教育""专业性""措施"的认知表现相对突出,且基本处于同一水平,认知强度分别为0.62、0.56、0.54、0.53、0.51。其他旅游服务体验认知如"友好的""安慰""支持""细腻""热情"等的表现则相对较弱。在地方发展的指标分析中,"城市"的认知

·170·

量达到343，认知强度为0.88，其他与地方发展相关因素的认知水平相对较高的还包括"国际""发展""重工业""新能源汽车""商业发展""数码""企业""孵化""居住地"等，充分体现了韩国游客群体对抚州现代化的城市面貌有较深刻的印象。在旅游宣传的指标分析中，韩国游客群体对"新闻"途径的传播行为的认知强度（0.65）最高，另外与"旅游宣传"相关的感知词还有"录像""世界""宣传册"，反映出了该群体接收抚州市相关旅游信息的渠道与方式。

十二、上饶市认知形象维度下级指标分析

（一）上饶市旅游区位认知形象分析

韩国游客群体对上饶市认知形象维度的二级指标旅游区位的分析结果如表4-69所示，共有地理区位和周边旅游2个三级指标。其中，地理区位的认知量为65~1842，总体认知量为3492，认知强度为0.49~13.94，总体认知强度为26.42；周边旅游的认知量为61~222，总体认知量为656，认知强度为0.46~1.68，总体认知强度为4.96。

表4-69　上饶市旅游区位认知形象分析

旅游区位 A	特征词	认知量	认知强度
地理区位 A1	上饶市	1842	13.94
	中国	810	6.13
	江西	775	5.86
	玉山	65	0.49
合计	—	3492	26.42
周边旅游 A2	浙江	222	1.68
	鹰潭市	192	1.45
	南昌	181	1.37
	上海	61	0.46
合计	—	656	4.96

由表4-69可知，除"上饶市"之外，韩国游客群体对"中国"认知强度最高，其次为"江西"，最后为"玉山"，反映出该群体对于上饶市的地理区位有一定程度的认知。在韩国游客群体对上饶市周边旅游地的认知情况分析中，按照认知强度的高低排序，依次为"浙江""鹰潭市""南昌""上海"。

（二）上饶市旅游资源认知形象分析

韩国游客群体对上饶市认知形象维度的二级指标旅游资源的分析结果如表4-70所示，共有自然景观和文化资源2个三级指标。其中，自然景观的认知量为41~699，总体认知量为2234，认知强度为0.31~5.29，总体认知强度为16.90；文化资源的认知量为44~704，总体认知量为1461，认知强度为0.33~5.33，总体认知强度为11.06。

表4-70　上饶市旅游资源认知形象分析

旅游资源B	特征词	认知量	认知强度
自然景观 B1	三清山	699	5.29
	篁岭	432	3.27
	中国丹霞	226	1.71
	山水	79	0.60
	灵山	162	1.23
	龟峰	149	1.13
	风景	139	1.05
	美景	73	0.55
	山	72	0.54
	怀玉山脉	68	0.51
	江湾	50	0.38
	水库	44	0.33
	月亮	41	0.31
合计	—	2234	16.90
文化资源 B2	道教	704	5.33
	鹅湖书院	375	2.84
	婺源宗祠	53	0.40
	文化	52	0.39
	婺源傩舞	50	0.38
	古建筑	46	0.35
	三清宫	46	0.35
	民间传说	46	0.35
	朱熹	45	0.34
	赣东北革命根据地	44	0.33
合计	—	1461	11.06

总体上看，与文化旅游资源相比，韩国游客群体对上饶市的自然旅游资源的认知更为深刻。其中，对于自然旅游资源的认知主要有"三清山"景区，认知量为699，认知强度为5.29。对"篁岭"和"中国丹霞"也有较高的认知水平，认知强度分别为3.27和1.71。另外，对与"山水""灵山""龟峰""风景""美景""山""怀玉山脉""江湾""水库""月亮"等词相关的自然资源也有相对较低程度的了解。在韩国游客群体对上饶市文化旅游资源的认知形象分析中，"道教"认知量为704，认知强度为5.33。"鹅湖书院"的认知量为375，认知强度为2.84，而对上饶市的其他文化资源如"婺源宗祠""婺源傩舞""古建筑""三清宫""民间传说""朱熹""赣东北革命根据地"也有相对较低的认知程度。

（三）上饶市旅游活动认知形象分析

韩国游客群体对上饶市认知形象维度的二级指标旅游活动的分析结果如表4-71所示，共有旅游活动体验、旅游业态、旅游消费体验、伴游群体4个三级指标。其中，旅游活动体验的认知量为39~181，总体认知量为1802，认知强度为0.30~1.37，总体认知强度为13.64；旅游业态的认知量为41~64，总体认知量为169，认知强度为0.31~0.48，总体认知强度为1.27；旅游消费体验的认知量为38~79，总体认知量为552，认知强度为0.29~0.60，总体认知强度为4.19；伴游群体指标分析中，仅出现了"同伴"一个词，认知量为56，认知强度为0.42。

表4-71　上饶市旅游活动认知形象分析

旅游活动 C	特征词	认知量	认知强度
旅游活动体验 C1	旅行	181	1.37
	登山	134	1.01
	万象	111	0.84
	时间	108	0.82
	研究	96	0.73
	民俗体验	92	0.70
	晒秋	89	0.67
	越野	82	0.62
	拥抱自然	82	0.62
	品茶	81	0.61
	转换心情	74	0.56

续表

旅游活动 C	特征词	认知量	认知强度
旅游活动体验 C1	地质测量	67	0.51
	徒步	65	0.49
	背包旅行	59	0.45
	赏景	58	0.44
	访问	56	0.42
	照片	56	0.42
	修道	53	0.40
	拥挤	47	0.36
	下午	45	0.34
	避暑	44	0.33
	感受民俗	43	0.33
	悟道	40	0.30
	论道	39	0.30
合计	—	1802	13.64
旅游业态 C2	康养	64	0.48
	休闲	64	0.48
	节庆	41	0.31
合计	—	169	1.27
旅游消费体验 C3	绿茶	79	0.60
	民宿	66	0.50
	商业街	61	0.46
	享受美食	59	0.45
	白茶	58	0.44
	黑猪	56	0.42
	酒店	53	0.40
	农屋	43	0.33
	万年贡米	39	0.30
	烫粉	38	0.29
合计	—	552	4.19
伴游群体 C4	同伴	56	0.42
合计	—	56	0.42

由表4-71可知，在旅游活动体验指标分析中，韩国游客群体对与"旅行""登山""万象""时间"等相关的旅游活动体验的认知强度相对较高，分别是1.37、1.01、0.84、0.82，对"研究""民俗体验""晒秋""越野""拥抱自然""品茶""转换心情""地质测量""徒步""背包旅行""赏景""访问""照片""修道"等也有一定程度的认知。在旅游业态指标分析中，对"康养"和"休闲"两种主题业态的认知相对深刻，认知强度均为0.48，而对"节庆"主题业态的认知程度相对较低。在旅游消费体验指标分析中，"绿茶"表现出了相对较高的认知强度（0.60），同时较高的还有"民宿""商业街""享受美食""白茶""黑猪""酒店"等；在伴游群体指标分析中，仅出现了"同伴"一词。

（四）上饶市旅游环境认知形象分析

韩国游客群体对上饶市认知形象维度的二级指标旅游环境的分析结果如表4-72所示，共有旅游交通、旅游基础配套、旅游服务体验、地方发展、旅游宣传5个三级指标。其中，旅游交通认知量为72~148，总体认知量为356，认知强度为0.54~1.12，总体认知强度为2.69；旅游基础配套的认知量为53~94，总体认知量为254，认知强度为0.40~0.71，总体认知强度为1.92；旅游服务体验的认知量为42~160，总体认知量为569，认知强度为0.32~1.21，总体认知强度为4.32；地方发展的认知量为38~619，总体认知量1106，认知强度为0.29~4.68，总体认知强度为8.36；旅游宣传的认知量为39~89，总体认知量为508，认知强度为0.30~0.67，总体认知强度为3.85。

表4-72　上饶市旅游环境认知形象分析

旅游环境 D	特征词	认知量	认知强度
旅游交通 D1	三清山机场	148	1.12
	婺源站	136	1.03
	客机	72	0.54
合计	—	356	2.69
旅游基础配套 D2	警戒线	94	0.71
	围栏	54	0.41
	位置地图	53	0.40
	游步道	53	0.40
合计	—	254	1.92

续表

旅游环境 D	特征词	认知量	认知强度
旅游服务体验 D3	绿茶制作	160	1.21
	神仙生活	141	1.07
	舒心	117	0.89
	推荐	62	0.47
	重游	47	0.36
	释然	42	0.32
合计	—	569	4.32
地方发展 D4	旅游城市	619	4.68
	村庄	69	0.52
	城市	69	0.52
	地区	68	0.51
	产业	60	0.45
	发展	53	0.40
	经济	47	0.36
	新能源	44	0.33
	富裕	39	0.30
	最大	38	0.29
合计	—	1106	8.36
旅游宣传 D5	名山	89	0.67
	影像	79	0.60
	圣地	78	0.59
	观光地	74	0.56
	世界	63	0.48
	记者	44	0.33
	著名	42	0.32
	YouTube	39	0.30
合计	—	508	3.85

由表4-72可知，在旅游交通指标分析中，韩国游客群体对"三清山机场"表现出了最高程度的认知，认知量为148，认知强度1.12。另外，对"婺源站"和"客机"等交通方式和交通设施方面也有一定的认知。在旅游基础配套的指标分析中，韩国游客群体对"警戒线"表现出了较为深刻的认知，认知量为94，

认知强度为0.71，其他的还包括"围栏""位置地图""游步道"等。在"旅游服务体验"的指标分析中，"绿茶制作""神仙生活""舒心"的认知表现相对突出，且基本处于同一水平，认知量和认知强度分别为"160，1.21""141，1.07""117，0.89"。其他旅游服务体验认知如"推荐""重游""释然"等的认知表现则相对较弱。在地方发展的指标分析中，"旅游城市"的认知量达到619，认知强度为4.68，其他与地方发展相关因素的认知水平均较低。在旅游宣传的指标分析中，韩国游客群体对"名山"宣传内容的认知水平最高，认知量为89，认知强度为0.67；"影像"宣传介质的认知量为79，认知强度为0.60；"圣地"宣传形象的认知量为78，认知强度为0.59；"观光地"宣传形象的认知量为74，认知强度为0.56。

第五章 韩国游客群体对江西省及省内各旅游城市的情感形象感知分析

第一节 整体情感形象感知分析

关于韩国游客群体对江西省及省内各旅游城市的整体情感形象感知，本书通过 Textom 程序系统活用贝叶斯分类器（Bayes Classifer）进行机器学习情感分析，旨在探究韩国游客群体对江西省及省内各旅游城市的整体情感形象感知状况。其中，"总量"代表通过 Textom 程序系统的韩文情感词典筛选出的明确带有情感倾向的精准文本数据；"正向评论"代表韩国游客群体持有的正向积极的情感形象感知；"中性评论"代表韩国游客群体持有的中性无方向的情感形象感知；"负向评论"代表韩国游客群体持有的负向消极的情感形象感知。

一、江西省整体情感形象感知分析

韩国游客群体对江西省整体的情感形象感知分析结果如表 5-1 所示，经过 Textom 程序系统韩文情感词典的筛选分析，共收集到 7657 条明确带有情感倾向的精准文本数据。

表 5-1 江西省整体情感形象感知分析

主体	总量（条）	正向评论		中性评论		负向评论	
		数量（条）	占比（%）	数量（条）	占比（%）	数量（条）	占比（%）
韩国游客	7657	4625	60.40	2003	26.16	1029	13.44

其中，积极的正向情感文本共有 4625 条，占比 60.40%；中性的情感文本有 2003 条，占比 26.16%；消极的负向情感文本有 1029 条，占比 13.44%。从整体上来看，韩国游客群体对江西省持有的情感形象感知以积极的正向情感感知为主。

二、南昌市整体情感形象感知分析

韩国游客群体对南昌市整体的情感形象感知分析结果如表 5-2 所示，经过 Textom 程序系统韩文情感词典的筛选分析，共收集到 5280 条明确带有情感倾向的精准文本数据。

表 5-2 南昌市整体情感形象感知分析

主体	总量（条）	正向评论		中性评论		负向评论	
		数量（条）	占比（%）	数量（条）	占比（%）	数量（条）	占比（%）
韩国游客	5280	2849	53.96	1594	30.19	837	15.85

其中，积极的正向情感文本共有 2849 条，占比 53.96%；中性的情感文本有 1594 条，占比 30.19%；消极的负向情感文本有 837 条，占比 15.85%。从总体上来看，韩国游客群体对南昌市持有的情感形象感知以积极的正向情感为主，但是中性评论占比相对较高。

三、九江市整体情感形象感知分析

韩国游客群体对九江市的整体情感形象感知分析结果如表 5-3 所示，经过 Textom 程序系统韩文情感词典的筛选分析，共收集到 8253 条明确带有情感倾向的精准文本数据。

表 5-3 九江市整体情感形象感知分析

主体	总量（条）	正向评论		中性评论		负向评论	
		数量（条）	占比（%）	数量（条）	占比（%）	数量（条）	占比（%）
韩国游客	8253	4756	57.63	1854	22.46	1643	19.91

其中，积极的正向情感文本共有 4756 条，占比 57.63%；中性的情感文本有 1854 条，占比 22.46%；消极的负向情感文本有 1643 条，占比 19.91%。从整体上来看，韩国游客群体对九江市持有的情感形象感知以积极的正向情感为主。

四、景德镇市整体情感形象感知分析

韩国游客群体对景德镇市的整体情感形象感知分析结果如表5-4所示，经过Textom程序系统韩文情感词典的筛选分析，共收集到3155条明确带有情感倾向的精准文本数据。

表5-4　景德镇市整体情感形象感知分析

主体	总量（条）	正向评论		中性评论		负向评论	
		数量（条）	占比（%）	数量（条）	占比（%）	数量（条）	占比（%）
韩国游客	3155	1464	46.40	1399	44.34	292	9.26

其中，正向评论有1464条，占比达46.40%；中性评论有1399条，占比44.34%；负向评论有292条，占比9.26%。这反映出韩国游客群体对景德镇市整体情感形象的正向情感与中性情感感知基本处于同一程度。

五、萍乡市整体情感形象感知分析

韩国游客群体对萍乡市的整体情感形象感知分析结果如表5-5所示，经过Textom程序系统韩文情感词典的筛选分析，共收集到2015条明确带有情感倾向的精准文本数据。

表5-5　萍乡市整体情感形象感知分析

主体	总量（条）	正向评论		中性评论		负向评论	
		数量（条）	占比（%）	数量（条）	占比（%）	数量（条）	占比（%）
韩国游客	2015	1096	54.39	610	30.27	309	15.33

其中，正向评论有1096条，占比54.39%；中性评论有610条，占比30.27%；负向评论有309条，占比15.33%。反映出韩国游客群体对萍乡市整体情感形象感知以积极正向情感感知为主，但是中性情感感知的占比略高。

六、新余市整体情感形象感知分析

韩国游客群体对新余市的整体情感形象感知分析结果如表5-6所示，经过Textom程序系统韩文情感词典的筛选分析，共收集到4739条明确带有情感倾向的精准文本数据。

表 5-6　新余市整体情感形象感知分析

主体	总量（条）	正向评论		中性评论		负向评论	
		数量（条）	占比（%）	数量（条）	占比（%）	数量（条）	占比（%）
韩国游客	4739	2862	60.39	995	21.00	882	18.61

其中，正向评论有 2862 条，占比 60.39%；中性评论有 995 条，占比 21.00%；负向评论仅 882 条，占比 18.61%。反映出韩国游客群体对新余市整体情感形象感知以积极正向情感感知为主。

七、鹰潭市整体情感形象感知分析

韩国游客群体对鹰潭市的整体情感形象感知分析结果如表 5-7 所示，经过 Textom 程序系统韩文情感词典的筛选分析，共收集到 15885 条明确带有情感倾向的精准文本数据。

表 5-7　鹰潭市整体情感形象感知分析

主体	总量（条）	正向评论		中性评论		负向评论	
		数量（条）	占比（%）	数量（条）	占比（%）	数量（条）	占比（%）
韩国游客	15885	7064	44.47	7763	48.87	1058	6.66

其中，积极的正向情感文本有 7064 条，占比 44.47%；中性情感文本有 7763 条，占比 48.87%；消极的负向情感文本有 1058 条，占比 6.66%。从整体上来看，虽然负向评论占比较低，但是出现了中性评论略高于正向评论的情况。

八、赣州市整体情感形象感知分析

韩国游客群体对赣州市的整体情感形象分析结果如表 5-8 所示，经过 Textom 程序系统韩文情感词典的筛选分析，共收集到 3373 条明确带有情感倾向的精准文本数据。

表 5-8　赣州市整体情感形象感知分析

主体	总量（条）	正向评论		中性评论		负向评论	
		数量（条）	占比（%）	数量（条）	占比（%）	数量（条）	占比（%）
韩国游客	3373	1692	50.16	1443	42.78	238	7.06

其中，积极的正向情感文本有 1692 条，占比 50.16%；中性情感文本有 1443 条，占比 42.78%；消极的负向情感文本有 238 条，占比 7.06%。从整体上来看，韩国游客群体对赣州市负向情感评价的数量占比较少，正向情感评价与中性情感评价的数量占比相差不大。

九、吉安市整体情感形象感知分析

韩国游客群体对吉安市的整体情感形象感知分析结果如表 5-9 所示，经过 Textom 程序系统韩文情感词典的筛选分析，共收集到 4150 条明确带有情感倾向的精准文本数据。

表 5-9　吉安市整体情感形象感知分析

主体	总量（条）	正向评论		中性评论		负向评论	
		数量（条）	占比（%）	数量（条）	占比（%）	数量（条）	占比（%）
韩国游客	4150	2515	60.60	1135	27.35	500	12.05

其中，积极的正向情感文本有 2515 条，占比 60.60%；中性情感文本有 1135 条，占比 27.35%；负向情感文本有 500 条，占比 12.05%。从整体上来看，韩国游客群体对吉安市的整体情感形象感知以积极正向的情感评价为主，中性情感评价占比在合理区位范畴之内，负向情感评价的占比较少，同样处于可控范畴之内。

十、宜春市整体情感形象感知分析

韩国游客群体对宜春市的整体情感形象感知分析结果如表 5-10 所示，经过 Textom 程序系统韩文情感词典的筛选分析，共收集到 3457 条明确带有情感倾向的精准文本数据。

表 5-10　宜春市整体情感形象感知分析

主体	总量（条）	正向评论		中性评论		负向评论	
		数量（条）	占比（%）	数量（条）	占比（%）	数量（条）	占比（%）
韩国游客	3457	1995	57.71	1218	35.23	244	7.06

其中，积极的正向情感文本有 1995 条，占比 57.71%；中性情感文本有 1218 条，占比 35.23%；负向情感文本有 244 条，占比 7.06%。从整体上来看，韩国

游客群体对宜春市的整体情感形象感知以正向的情感评价为主，虽然负向情感评价的数量和占比较少，但是中性情感评价的份额略大，体现出仍有部分韩国游客群体对宜春市旅游活动持有的情感形象认知尚处于界限模糊的状态。

十一、抚州市整体情感形象感知分析

韩国游客群体对抚州市的整体情感形象感知分析结果如表 5-11 所示，经过 Textom 程序系统韩文情感词典的筛选分析，共收集到 4167 条明确带有情感倾向的精准文本数据。

表 5-11　抚州市整体情感形象感知分析

主体	总量（条）	正向评论		中性评论		负向评论	
		数量（条）	占比（%）	数量（条）	占比（%）	数量（条）	占比（%）
韩国游客	4167	2564	61.53	1182	28.37	421	10.10

其中，积极的正向情感文本有 2564 条，占比 61.53%；中性情感文本有 1182 条，占比 28.37%；负向情感文本有 421 条，占比 10.10%。从整体上来看，韩国游客群体对抚州市的整体情感形象感知以正向情感评价为主，负向情感评价的数量和占比较少，但是中性情感评价的占比略高。

十二、上饶市整体情感形象感知分析

韩国游客群体对上饶市的整体情感形象感知分析结果如表 5-12 所示，经过 Textom 程序系统韩文情感词典的筛选分析，共收集到 2078 条明确带有情感倾向的精准文本数据。

表 5-12　上饶市整体情感形象感知分析

主体	总量（条）	正向评论		中性评论		负向评论	
		数量（条）	占比（%）	数量（条）	占比（%）	数量（条）	占比（%）
韩国游客	2078	1424	68.53	497	23.92	157	7.56

其中，积极的正向情感文本有 1424 条，占比 68.53%；中性情感文本有 497 条，占比 23.92%；负向情感文本有 157 条，占比 7.56%。从整体上来看，韩国游客群体对上饶市的整体情感形象感知以正向情感评价为主，中性和负向情感评价的数量和占比较小，处于正常范畴以内。

第二节　情感词汇分析

围绕韩国游客群体对江西省及省内各旅游城市的情感形象感知进行情感词汇分析，具体情况如下：

一、江西省情感词汇分析

韩国游客群体对江西省情感形象感知的正向情感词汇分析如表5-13所示，共出现"好感""快乐""兴趣"三种情感类别。其中，有关"好感"情感类别的词汇中，"推荐""很好""现代"的频度和情感强度较高，分别是"759，4.78""613，4.33""533，5.78"；有关"快乐"情感类别的词汇中，"愉快""爽快""感激"的频度和强度相对较高，分别是"280，4.00""230，4.22""209，3.44"；有关"兴趣"情感类别的词汇中，"特别""创新"的频度和情感强度相对最高，分别是"110，3.78"和"80，3.89"。

表5-13　韩国游客群体对江西省情感形象感知的正向情感词汇分析

情感分类	情感词汇	频度（条）	频度比率（%）	情感强度	情感词汇	频度（条）	频度比率（%）	情感强度
好感	推荐	759	8.40	4.78	精细	5	0.05	4.78
	很好	613	6.78	4.33	积极	5	0.05	3.00
	现代	533	5.90	5.78	和谐	5	0.05	2.89
	爱意	316	3.50	4.00	健全	5	0.05	2.67
	喜欢	207	2.29	2.78	有用	4	0.04	2.56
	方便	69	0.76	5.89	熟悉	4	0.04	1.78
	优秀	61	0.67	2.11	正直	4	0.04	3.56
	满足	60	0.66	2.56	帅气	4	0.04	5.11
	简便	49	0.54	5.78	浪漫	3	0.03	4.22
	安心	48	0.53	3.00	干净	3	0.03	4.33
	自然	46	0.50	4.56	苗条	3	0.03	2.11
	明确	42	0.46	3.78	华美	3	0.03	2.22
	紧密	42	0.46	4.22	清爽	3	0.03	4.22
	善良	41	0.45	3.33	经典	2	0.02	3.33

续表

情感分类	情感词汇	频度（条）	频度比率（%）	情感强度	情感词汇	频度（条）	频度比率（%）	情感强度
好感	获得	41	0.45	4.00	和谐	2	0.02	5.56
	大众	38	0.42	4.00	恰当	2	0.02	2.89
	规矩	32	0.35	6.56	良好	2	0.02	5.11
	挺好	30	0.33	4.33	端正	2	0.02	2.67
	传统	29	0.32	3.33	敬畏	2	0.02	3.67
	迅速	23	0.25	4.22	清洁	2	0.02	4.00
	强力推荐	20	0.22	3.11	着迷	2	0.02	5.33
	平安	20	0.22	3.22	好起来	2	0.02	5.00
	便利	20	0.22	6.67	精密	2	0.02	5.89
	洋气	19	0.21	3.56	充分	2	0.02	3.67
	高级感	19	0.21	5.67	华丽	1	0.01	5.89
	魅力	19	0.21	2.89	奢华	1	0.01	2.56
	感性	18	0.19	3.22	好看	1	0.01	4.44
	正确	18	0.19	3.89	简单	1	0.01	3.33
	快速	17	0.18	2.78	成熟	1	0.01	2.11
	安定性	16	0.17	3.33	爽快	1	0.01	3.22
	美丽	15	0.16	5.11	沉稳	1	0.01	2.78
	完整	14	0.15	2.78	柔和	1	0.01	3.67
	完美	13	0.14	2.89	坚固	1	0.01	5.44
	适合	11	0.12	4.67	感谢	1	0.01	5.33
	知性	10	0.11	4.00	精巧	1	0.01	3.67
	真诚	9	0.09	4.56	鲜明	1	0.01	6.11
	安乐	7	0.07	3.78	复古	1	0.01	3.89
	新鲜	7	0.07	5.00	柔软	1	0.01	1.89
	古典	6	0.06	5.89	利落	1	0.01	4.44
	干练	6	0.06	4.11	取向	1	0.01	4.78
	漂亮	6	0.06	4.22	均衡	1	0.01	4.33
	亮丽	6	0.06	4.00	明朗	1	0.01	5.56
	纯正	6	0.06	3.56	整顿	1	0.01	4.89
	大胆	5	0.05	3.33	审美	1	0.01	3.89
	亲切	5	0.05	4.56				

续表

情感分类	情感词汇	频度（条）	频度比率（%）	情感强度	情感词汇	频度（条）	频度比率（%）	情感强度
快乐	愉快	280	3.10	4.00	感动	3	0.03	5.00
	爽快	230	2.54	4.22	高兴	3	0.03	5.67
	感激	209	2.31	3.44	感慨	1	0.01	6.00
	最好	125	1.38	4.00	相聚	1	0.01	4.56
	幸福	78	0.86	2.56	兴旺	1	0.01	3.44
	微笑	10	0.11	3.22	满意	1	0.01	4.67
	厉害	8	0.08	4.33	嫣然	1	0.01	6.67
	棒	7	0.07	5.11	兴致	1	0.01	4.44
	自负	4	0.04	5.89				
兴趣	特别	110	1.21	3.78	独特	4	0.04	4.89
	创新	80	0.88	3.89	生动感	3	0.03	3.89
	期待	29	0.32	4.67	神秘	2	0.02	1.78
	愿望	8	0.08	5.00	破格	2	0.02	4.78
	立体	7	0.07	6.00	动感	1	0.01	3.33
	别开生面	5	0.05	3.67	新奇性	1	0.01	5.33
	印象深刻	5	0.05	3.44	生命力	1	0.01	5.22
	活生生	5	0.05	4.89	幻想性	1	0.01	5.78
	特别	5	0.05	4.00	趣味	1	0.01	3.44
	压倒性	4	0.04	3.33	好奇心	1	0.01	5.44

二、南昌市情感词汇分析

韩国游客群体对南昌市情感形象感知的正向情感词汇分析结果如表 5-14 所示，共出现"好感""兴趣""快乐"三种情感类别。其中，有关"好感"情感类别的词汇中，"推荐""现代""很好"的频度比率相对较高，分别为 12.12%、9.39%、7.95%，情感强度分别为 4.78、5.78、4.33；"兴趣"情感类别的词汇中只有"创新"的频度比率相对较高，达到了 6.26%，情感强度为 3.89；而"快乐"情感类别中并未出现频度比率和情感强度全部较高的词汇。

表 5-14 韩国游客群体对南昌市情感形象感知的正向情感词汇分析

情感分类	情感词汇	频度（条）	频度比率（%）	情感强度	情感词汇	频度（条）	频度比率（%）	情感强度
好感	推荐	395	12.12	4.78	有用	5	0.15	2.56
	现代	306	9.39	5.78	鲜明	5	0.15	6.11
	很好	259	7.95	4.33	华美	5	0.15	2.22
	温暖	189	5.80	4.33	端庄	5	0.15	2.67
	喜欢	104	3.19	2.78	安心	5	0.15	3.00
	成长	48	1.47	4.00	可亲	4	0.12	4.33
	满意	46	1.41	2.56	坚硬	4	0.12	6.44
	传统的	45	1.38	3.33	知性	4	0.12	4.00
	可爱	36	1.10	4.00	整顿	4	0.12	4.89
	准确	30	0.92	3.78	感性	3	0.09	3.22
	大众化	29	0.89	4.00	简单	3	0.09	3.33
	高贵	29	0.89	5.67	纯正	3	0.09	3.56
	自然	25	0.76	4.56	踏实	2	0.06	3.33
	稳定	24	0.73	3.33	优雅	2	0.06	4.00
	漂亮	21	0.64	4.00	结实	2	0.06	4.44
	好看	20	0.61	4.22	豪华	2	0.06	4.11
	舒服	19	0.58	3.22	舒适	2	0.06	3.78
	经典	18	0.55	3.33	丰富	2	0.06	2.33
	方便	17	0.52	6.67	摆平	2	0.06	3.89
	完全	14	0.42	2.78	迷人	2	0.06	3.22
	优秀	14	0.42	2.11	新鲜	2	0.06	5.00
	完美	14	0.42	2.89	凉爽	2	0.06	4.22
	魅力	14	0.42	2.89	健全	2	0.06	2.67
	合适	12	0.36	4.67	奢华	1	0.03	2.56
	强推荐	11	0.33	3.11	浪漫的	1	0.03	4.22
	均衡	11	0.33	4.33	善良	1	0.03	3.33
	安适	11	0.33	5.89	忠实	1	0.03	5.89
	快速	10	0.30	2.78	雅致	1	0.03	3.78
	柔和	10	0.30	3.67	清纯	1	0.03	4.67
	没关系	9	0.27	4.33	样子	1	0.03	4.67
	和谐	8	0.24	5.56	恰当	1	0.03	2.89

情感分类	情感词汇	频度（条）	频度比率（%）	情感强度	情感词汇	频度（条）	频度比率（%）	情感强度
好感	帅气	7	0.21	5.11	谢谢	1	0.03	5.33
	性感	7	0.21	3.89	清凉	1	0.03	4.78
	精密	7	0.21	5.89	利落	1	0.03	4.44
	洋气	6	0.18	3.56	精细	1	0.03	4.78
	真诚	6	0.18	4.56	羡慕	1	0.03	3.33
	迅速	6	0.18	4.22	朴素	1	0.03	2.89
	良好	6	0.18	5.11	正直	1	0.03	3.56
	肯定	6	0.18	3.00	顺利	1	0.03	3.78
	亲切	6	0.18	4.22	和谐	1	0.03	2.89
	寂静	5	0.15	5.89	摩登	1	0.03	3.56
	美丽	5	0.15	5.11	充分	1	0.03	3.67
	规律	5	0.15	6.56				
兴趣	创新	204	6.26	3.89	别开生面	2	0.06	3.67
	热情	112	3.43	4.44	神奇	2	0.06	5.33
	特别	28	0.85	3.78	新颖	2	0.06	2.78
	期待	23	0.70	4.67	动态的	2	0.06	6.11
	印象深	17	0.52	3.44	压倒性	2	0.06	3.33
	独特	16	0.49	4.89	独特的	2	0.06	4.67
	立体	11	0.33	6.00	有意思	2	0.06	2.67
	梦幻般	8	0.24	5.78	好奇心	2	0.06	5.44
	有趣	7	0.21	3.44	异国情调	1	0.03	2.44
	神秘	5	0.15	1.78	生动	1	0.03	3.89
	愿意	5	0.15	5.00	破格的	1	0.03	4.78
	奇特	5	0.15	4.00	生命力	1	0.03	5.22
	想买	3	0.09	3.67	整齐的	1	0.03	2.33
	稀有	3	0.09	3.00	渴望	1	0.03	2.67
快乐	感谢	67	2.05	3.44	好笑	1	0.03	3.56
	最棒	63	1.93	4.00	心情好	1	0.03	4.22
	幸福	23	0.70	2.56	恍惚	1	0.03	3.89
	欢笑	13	0.39	3.22	爽快	1	0.03	4.22
	棒极了	12	0.36	5.11	感怀	1	0.03	5.44

续表

情感分类	情感词汇	频度（条）	频度比率（%）	情感强度	情感词汇	频度（条）	频度比率（%）	情感强度
快乐	感动	7	0.21	5.00	兴致勃勃	1	0.03	3.78
	获得	7	0.21	3.78	大发	1	0.03	4.33
	兴高采烈	3	0.09	2.56	激动	1	0.03	3.11
	快乐	3	0.09	5.67	兴旺	1	0.03	3.44
	感兴	1	0.03	5.00	佩服	1	0.03	4.00
	自负	1	0.03	5.89	高兴	1	0.03	4.44

三、九江市情感词汇分析

韩国游客群体对九江市情感形象感知的正向情感词汇分析结果如表 5-15 所示，共出现"好感""兴趣""快乐"三种情感类别。其中，"好感"情感类别的词汇中，"可爱"词汇的频度比率（9.61%）和情感强度（4.00）最高，"稳定""美丽""现代的"的频度比率和情感强度也有相对较高的表现，频度比率分别为 4.76%、4.10%、3.86%，情感强度分别为 3.33、5.11、5.78；"兴趣"情感类别的词汇中只有"神秘"的频度相对较高，频度比率为 1.78%，情感强度为 8.95；而"快乐"情感类别中"感谢"和"最棒"的频度比率分别是 2.83% 和 2.66%，情感强度分别是 3.44 和 4.00。

表 5-15　韩国游客群体对九江市情感形象感知的正向情感词汇分析

情感分类	情感词汇	频度（条）	频度比率（%）	情感强度	情感词汇	频度（条）	频度比率（%）	情感强度
好感	可爱	448	9.61	4.00	健全	5	0.10	2.67
	稳定	222	4.76	3.33	快速	4	0.08	2.78
	美丽	191	4.10	5.11	忠实	4	0.08	5.89
	现代的	180	3.86	5.78	端庄	4	0.08	2.67
	推荐	70	1.50	4.78	安心	4	0.08	3.00
	很好	65	1.39	4.33	浪漫的	3	0.06	4.22
	知性	59	1.26	4.00	大胆	3	0.06	3.33
	准确	58	1.24	3.78	和谐	3	0.06	5.56
	自然	47	1.00	4.56	善良	3	0.06	3.33

续表

情感分类	情感词汇	频度（条）	频度比率（%）	情感强度	情感词汇	频度（条）	频度比率（%）	情感强度
	成长	45	0.96	4.00	鲜明	3	0.06	6.11
	舒适	30	0.64	3.78	小巧玲珑	2	0.04	5.33
	完全	27	0.57	2.78	喜欢	2	0.04	2.78
	满意	26	0.55	2.56	没关系	2	0.04	4.33
	肯定的	26	0.55	3.00	独一无二	2	0.04	2.44
	大众化	22	0.47	4.00	稳重	2	0.04	3.11
	规律的	22	0.47	6.56	方便	2	0.04	6.67
	有用	19	0.40	2.56	谢谢	2	0.04	5.33
	传统的	18	0.38	3.33	踏实	1	0.02	3.33
	均衡	17	0.36	4.33	强荐	1	0.02	3.11
	真诚	16	0.34	4.56	简单	1	0.02	3.33
	合适	14	0.30	4.67	温和	1	0.02	2.00
	优秀	14	0.30	2.11	舒服	1	0.02	3.22
	涂抹	11	0.23	3.89	明显	1	0.02	3.67
	精密	11	0.23	5.89	豪华	1	0.02	4.11
好感	成熟	9	0.19	2.11	小巧	1	0.02	4.56
	完美	9	0.19	2.89	沉稳	1	0.02	2.78
	纯正	9	0.19	3.56	坚固	1	0.02	5.44
	洋气	8	0.17	3.56	甘心	1	0.02	2.56
	帅气	8	0.17	5.11	良好	1	0.02	5.11
	可亲	7	0.15	4.33	纯洁	1	0.02	5.00
	亲切	7	0.15	4.22	精巧	1	0.02	3.67
	感性	6	0.12	3.22	完好无损	1	0.02	5.56
	寂静	6	0.12	5.89	坚韧	1	0.02	4.78
	魅力	6	0.12	2.89	漂亮	1	0.02	4.00
	正直	6	0.12	3.56	熟悉	1	0.02	5.33
	足够	6	0.12	3.67	安适	1	0.02	5.89
	经典	5	0.10	3.33	着迷	1	0.02	5.33
	高贵	5	0.10	5.67	性感	1	0.02	3.89
	迅速	5	0.10	4.22	和谐	1	0.02	2.89
	敬畏	5	0.10	3.67				

续表

情感分类	情感词汇	频度（条）	频度比率（%）	情感强度	情感词汇	频度（条）	频度比率（%）	情感强度
兴趣	神秘	417	1.78	8.95	破格	5	4.78	0.10
	特别	86	3.78	1.84	奇特	4	4.00	0.08
	创新	82	3.89	1.76	别开生面	2	3.67	0.04
	印象深刻	64	3.44	1.37	神奇	2	5.33	0.04
	期待	27	4.67	0.57	生动	2	3.89	0.04
	压倒性	18	3.33	0.38	独创的	2	4.33	0.04
	愿意	13	5.00	0.27	感触深	2	2.44	0.04
	有趣	9	3.44	0.19	有意思	2	2.67	0.04
	梦幻般	8	5.78	0.17	动感	1	3.33	0.02
	独特	7	4.89	0.15	渴求	1	2.00	0.02
	新颖	6	2.78	0.12	好奇心	1	5.44	0.02
快乐	感谢	132	2.83	3.44	厉害	3	0.06	4.33
	最棒	124	2.66	4.00	兴旺	2	0.04	3.44
	幸福	53	1.13	2.56	激动	1	0.02	3.67
	感动	18	0.38	5.00	感性	1	0.02	5.00
	欢笑	14	0.3	3.22	好笑	1	0.02	3.56
	感激	9	0.19	4.78	回忆	1	0.02	3.89
	棒极了	6	0.12	5.11	得意扬扬	1	0.02	3.89
	高兴	6	0.12	4.44	喜气洋洋	1	0.02	3.11
	自负	5	0.10	5.89	愉快	1	0.02	4.00
	兴高采烈	3	0.06	2.56	快乐	1	0.02	5.67

四、景德镇市情感词汇分析

韩国游客群体对景德镇市情感形象感知的正向情感词汇分析如表 5-16 所示，共出现"好感""兴趣""快乐"三种情感类别。其中，"好感"情感类别中的"现代的"频度比率（11.2%）和情感强度（5.78）最高，其他如"推荐"（8.74%，4.78）、"传统的"（8.69%，3.33）、"满意"（6.37%，2.56）、"优秀"（5.99%、2.11）等词汇的频度比率和情感强度相对较高；"兴趣"情感类别中，只有"稀有"的频度比率（3.00%）和情感强度（5.07）相对较高；"快乐"情感类别中仅有"最棒"的频度比率（4.87%）和情感强度（4.00）较为突出。

表 5-16　韩国游客群体对景德镇市情感形象感知的正向情感词汇分析

情感分类	情感词汇	频度（条）	频度比率（%）	情感强度	情感词汇	频度（条）	频度比率（%）	情感强度
好感	现代的	232	11.20	5.78	准确	4	0.19	3.78
	推荐	181	8.74	4.78	精密	4	0.19	5.89
	传统的	180	8.69	3.33	摩登	4	0.19	3.56
	满意	132	6.37	2.56	华丽	3	0.14	5.89
	优秀	124	5.99	2.11	华美	3	0.14	2.22
	自然	62	2.99	4.56	知性	3	0.14	4.00
	高贵	47	2.27	5.67	亲切	3	0.14	4.22
	可爱	34	1.64	4.00	经典	2	0.09	3.33
	魅力	28	1.35	2.89	奢华	2	0.09	2.56
	成长	24	1.15	4.00	成熟	2	0.09	2.11
	寂静	18	0.86	5.89	善良	2	0.09	3.33
	很好	16	0.77	4.33	舒服	2	0.09	3.22
	良好	15	0.72	5.11	明显	2	0.09	3.67
	大众化	14	0.67	4.00	鲜明	2	0.09	6.11
	独一无二	12	0.57	2.44	富有	2	0.09	2.56
	漂亮	10	0.48	4.22	融洽	2	0.09	2.89
	复古	10	0.48	3.89	强荐	1	0.04	3.11
	纯正	10	0.48	3.56	规律	1	0.04	6.56
	稳定	8	0.38	3.33	忠实	1	0.04	5.89
	合适	8	0.38	4.67	雅致	1	0.04	3.78
	美丽	7	0.33	5.11	滋润	1	0.04	1.33
	好看	6	0.28	4.44	豪华	1	0.04	4.11
	浪漫的	6	0.28	4.22	柔和	1	0.04	3.67
	完全	6	0.28	2.78	谢谢	1	0.04	5.33
	简单	6	0.28	3.33	熟悉	1	0.04	1.78
	和谐	6	0.28	5.56	坚韧	1	0.04	4.78
	真诚	6	0.28	4.56	涂抹	1	0.04	3.89
	完美	6	0.28	2.89	精细	1	0.04	4.78
	感性	5	0.24	3.22	了解	1	0.04	5.33
	干练	5	0.24	4.11	端庄	1	0.04	2.67
	快速	5	0.24	2.78	均衡	1	0.04	4.33

续表

情感分类	情感词汇	频度（条）	频度比率（%）	情感强度	情感词汇	频度（条）	频度比率（%）	情感强度
好感	方便	5	0.24	6.67	安适	1	0.04	5.89
	西欧	4	0.19	3.56	安心	1	0.04	3.00
	美观	4	0.19	4.00	明朗	1	0.04	5.56
	肯定的	4	0.19	3.00	整顿	1	0.04	4.89
	迷人的	4	0.19	3.22	审美	1	0.04	3.89
兴趣	稀有	105	3.00	5.07	梦幻	7	5.78	0.33
	特别	67	3.78	3.23	异国情调	4	2.44	0.19
	独特	39	4.89	1.88	好奇	4	5.44	0.19
	革新的	21	3.89	1.01	与众不同	2	4.67	0.09
	印象深刻	15	3.44	0.72	想买	1	3.67	0.04
	独创的	15	4.33	0.72	生动	1	3.89	0.04
	立体	14	6.00	0.67	新颖	1	2.78	0.04
	期待	14	4.67	0.67	整齐	1	2.33	0.04
	神秘	11	1.78	0.53	压倒	1	3.33	0.04
	有趣	11	3.44	0.53	羡慕	1	3.44	0.04
	别开生面	7	3.67	0.33	奇特	1	4.00	0.04
快乐	最棒	101	4.87	4.00	获得	2	0.09	3.78
	感谢	20	0.96	3.44	欢笑	2	0.09	3.22
	幸福	14	0.67	2.56	大发	2	0.09	4.33
	感动	8	0.38	5.00	兴旺	2	0.09	3.44
	恍惚	7	0.33	3.89	感兴	1	0.04	5.00
	自负	6	0.28	5.89	想起	1	0.04	3.89
	快乐	6	0.28	5.67	感怀	1	0.04	3.44
	棒极了	6	0.28	5.11	高兴	1	0.04	4.44

五、萍乡市情感词汇分析

　　韩国游客群体对萍乡市情感形象感知的正向情感词汇分析如表 5-17 所示，共出现"好感""兴趣""快乐"三种情感类别。其中，"好感"情感类别中"满意""亲切""高贵"三种情感因素词汇的频度比率和情感强度较为突出，分别为"9.16%，2.56""8.96%，4.22""8.39%，5.67"；"兴趣"情感类别中仅有"热情"情感因素词汇的频度比率和情感强度较为突出，分别为7.72%、4.44；"快乐"情感类别中未出现频度比率和情感强度全部较高的情感因素词汇。

表 5-17 韩国游客群体对萍乡市情感形象感知的正向情感词汇分析

情感分类	情感词汇	频度（条）	频度比率（%）	情感强度	情感词汇	频度（条）	频度比率（%）	情感强度
好感	满意	96	9.16	2.56	可爱	2	0.19	4.33
	亲切	94	8.96	4.22	规律的	2	0.19	6.56
	高贵	88	8.39	5.67	温暖	2	0.19	4.33
	方便	79	7.53	6.67	完美	2	0.19	2.89
	成长	35	3.33	4.00	仔细	2	0.19	5.11
	推荐	18	1.71	4.78	鲜明	2	0.19	6.11
	传统的	13	1.24	3.33	知性	2	0.19	4.00
	很好	10	0.95	4.33	均衡	2	0.19	4.33
	新鲜	10	0.95	5.00	好看	1	0.09	4.44
	可爱	10	0.95	4.00	喜欢	1	0.09	2.78
	良好	9	0.85	5.11	感性	1	0.09	3.22
	现代的	8	0.76	5.78	清爽	1	0.09	3.22
	优秀	8	0.76	2.11	洋气	1	0.09	3.56
	稳定	6	0.57	3.33	和谐	1	0.09	5.56
	魅力	6	0.57	2.89	明亮	1	0.09	5.33
	大众化	5	0.47	4.00	干练	1	0.09	4.11
	美丽	5	0.47	5.11	善良	1	0.09	3.33
	华美	5	0.47	2.22	豪华	1	0.09	4.11
	自然	5	0.47	4.56	迅速	1	0.09	4.22
	浪漫的	4	0.38	4.22	合适	1	0.09	4.67
	强荐	4	0.38	3.11	美观	1	0.09	4.22
	明显	4	0.38	3.67	干净利落	1	0.09	4.44
	完全	3	0.28	2.78	准确	1	0.09	3.78
	舒服	3	0.28	3.22	安心	1	0.09	3.00
	漂亮	3	0.28	4.00	融洽	1	0.09	2.89
兴趣	热情	81	7.72	4.44	独特	2	0.19	4.89
	特别	29	2.76	3.78	立体	1	0.09	6.00

续表

情感分类	情感词汇	频度（条）	频度比率（%）	情感强度	情感词汇	频度（条）	频度比率（%）	情感强度
兴趣	期待	12	1.14	4.67	神奇	1	0.09	5.33
	好奇心	7	0.66	5.44	愿意	1	0.09	5.00
	革新的	6	0.57	3.89	梦幻般	1	0.09	5.78
	破格的	4	0.38	4.78	整齐的	1	0.09	2.33
	印象深刻	4	0.38	3.44	有趣	1	0.09	3.44
	别开生面	2	0.19	3.67	奇特	1	0.09	4.00
	生动	2	0.19	3.89				
快乐	最棒	33	3.14	4.00	欢笑	5	0.47	3.22
	棒极了	26	2.48	5.11	大发	2	0.19	4.33
	感谢	13	1.24	3.44	想起	1	0.09	3.89
	感动	7	0.66	5.00	感怀	1	0.09	5.44
	充满活力	6	0.57	5.00	高兴	1	0.09	4.56
	幸福	6	0.57	2.56	喜悦	1	0.09	4.44

六、新余市情感词汇分析

韩国游客群体对新余市情感形象感知的正向情感词汇分析如表 5-18 所示，共出现"兴趣""好感""快乐"三种情感类别。其中，"兴趣"情感类别中仅有"创新"情感因素的频度比率（11.81%）和情感强度（3.89）较为突出；"好感"情感类别中"可爱""推荐"情感因素的频度比率和情感强度较为突出，分别是"8.02%，4.00""7.44%，4.78"；"快乐"情感类别中未出现频度比率和情感强度全部较高的情感因素词汇。

表 5-18　韩国游客群体对新余市情感形象感知的正向情感词汇分析

情感分类	情感词汇	频度（条）	频度比率（%）	情感强度	情感词汇	频度（条）	频度比率（%）	情感强度
兴趣	创新	427	11.81	3.89	愿意	4	0.11	5.00
	热情	181	5	4.44	奇妙	3	0.08	6.00
	特别	77	2.13	3.78	生动	3	0.08	3.89
	生命力	49	1.35	5.22	有意思	3	0.08	2.67
	独特	37	1.02	4.89	惊险	2	0.05	4.44

世界游客视域下江西省打造世界级旅游目的地路径研究

续表

情感分类	情感词汇	频度（条）	频度比率（%）	情感强度	情感词汇	频度（条）	频度比率（%）	情感强度
兴趣	期待	25	0.69	4.67	整齐的	2	0.05	2.33
	印象深刻	14	0.38	3.44	独特的	2	0.05	4.67
	别开生面	11	0.30	3.67	羡慕	2	0.05	3.44
	奇特	11	0.30	4.00	好奇心	2	0.05	5.44
	有趣	8	0.22	3.44	动感	1	0.02	3.33
	梦幻般	7	0.19	5.78	想买	1	0.02	3.67
	神秘	6	0.16	1.78	立体	1	0.02	6.00
	神奇	5	0.13	5.33	新颖	1	0.02	2.78
	破格的	5	0.13	4.78	果敢	1	0.02	3.33
	压倒性	5	0.13	3.33	活生生	1	0.02	4.89
	渴望	5	0.13	2.67				
好感	可爱	290	8.02	4.00	浪漫	3	0.08	4.22
	推荐	269	7.44	4.78	干练	3	0.08	4.11
	现代的	186	5.14	5.78	合适	3	0.08	4.67
	很好	152	4.20	4.33	涂抹	3	0.08	3.89
	满意	145	4.01	2.56	端庄	3	0.08	2.67
	传统的	110	3.04	3.33	凉爽	3	0.08	4.22
	真诚	69	1.90	4.56	奢华	2	0.05	2.56
	成长	69	1.90	4.00	简朴	2	0.05	4.67
	准确	25	0.69	3.78	喜欢	2	0.05	2.78
	经典	21	0.58	3.33	简单	2	0.05	3.33
	独一无二	20	0.55	2.44	没关系	2	0.05	4.33
	自然	20	0.55	4.56	大胆	2	0.05	3.33
	富有	17	0.47	2.56	坚硬	2	0.05	6.44
	高贵	15	0.41	5.67	新颖	2	0.05	4.22
	稳定	13	0.35	3.33	迅速	2	0.05	4.22
	健全	13	0.35	2.67	好看	2	0.05	4.22
	漂亮	12	0.33	4.44	鲜明	2	0.05	6.11
	完全	11	0.30	2.78	迷人的	2	0.05	3.22
	着迷	11	0.30	5.33	均衡	2	0.05	4.33
	纯正	11	0.30	3.56	精密	2	0.05	5.89

情感分类	情感词汇	频度（条）	频度比率（%）	情感强度	情感词汇	频度（条）	频度比率（%）	情感强度
好感	寂静	10	0.27	5.89	强荐	1	0.02	3.11
	快速	10	0.27	2.78	结实	1	0.02	4.44
	魅力	10	0.27	2.89	温暖	1	0.02	4.33
	新鲜	10	0.27	5.00	善良	1	0.02	3.33
	规律的	9	0.24	6.56	清纯	1	0.02	4.67
	方便	9	0.24	6.67	我想要	1	0.02	4.44
	大众化	8	0.22	4.00	豪华	1	0.02	4.11
	和谐	8	0.22	5.56	坚固	1	0.02	5.44
	肯定的	8	0.22	3.00	丰盛	1	0.02	3.22
	优秀	7	0.19	2.11	丰富	1	0.02	2.33
	华美	7	0.19	2.22	活泼	1	0.02	5.89
	舒适	6	0.16	3.78	甜蜜	1	0.02	3.89
	清凉	6	0.16	4.78	和善	1	0.02	5.44
	帅气	6	0.16	5.11	复古	1	0.02	3.89
	有用	5	0.13	2.56	精细	1	0.02	4.78
	知性	5	0.13	4.00	美观	1	0.02	4.00
	正直	5	0.13	3.56	熟悉	1	0.02	5.33
	舒服	5	0.13	5.89	敬畏	1	0.02	3.67
	感性	4	0.11	3.22	细腻	1	0.02	4.33
	美丽	4	0.11	5.11	性感	1	0.02	3.89
	安适	4	0.11	3.22	安心	1	0.02	3.00
	完美	4	0.11	2.89	和谐	1	0.02	2.89
	亲切	4	0.11	4.22	进取的	1	0.02	3.89
快乐	感谢	97	2.68	3.44	感怀	2	0.05	5.44
	最棒	69	1.90	4.00	充满活力	1	0.02	5.00
	兴高采烈	49	1.35	2.56	感兴	1	0.02	5.00
	自负	15	0.41	5.89	好笑	1	0.02	3.56
	幸福	13	0.35	2.56	获利	1	0.02	3.44
	欢笑	10	0.27	3.22	心情好	1	0.02	4.22
	高兴	5	0.13	4.44	获得	1	0.02	3.78
	感动	4	0.11	5.00	大发	1	0.02	4.33

情感分类	情感词汇	频度（条）	频度比率（%）	情感强度	情感词汇	频度（条）	频度比率（%）	情感强度
快乐	快乐	3	0.08	5.67	兴旺	1	0.02	3.44
	鼓吹	2	0.05	5.33	感激	1	0.02	4.78
	恍惚	2	0.05	3.89				

七、鹰潭市情感词汇分析

韩国游客群体对鹰潭市情感形象感知的正向情感词汇分析如表5-19所示，共出现"好感""快乐""兴趣"三种情感类别。其中，"好感"情感类别词汇中"推荐"频度比率高达37.85%，情感强度为4.78，但是"快乐"和"兴趣"情感类别中并没有出现频度比率和情感强度全部较高的词汇。

表5-19　韩国游客群体对鹰潭市情感形象感知的正向情感词汇分析

情感分类	情感词汇	频度（条）	频度比率（%）	情感强度	情感词汇	频度（条）	频度比率（%）	情感强度
好感	推荐	2198	37.85	4.78	有用	27	0.46	2.56
	自然	664	11.44	4.56	鲜明	27	0.46	6.11
	最棒	284	4.90	2.56	正确	27	0.46	3.78
	传统	271	4.67	3.33	好	13	0.23	4.33
	成长	81	1.40	4.00	情怀	13	0.23	3.22
	美好	81	1.40	2.56	美丽	13	0.23	5.11
	安心	67	1.16	3.22	和谐	13	0.23	5.56
	经典	54	0.93	3.33	安定	13	0.23	3.33
	高级	54	0.93	5.67	合适	13	0.23	4.67
	优秀	54	0.93	2.11	完美	13	0.23	2.89
	魅力	41	0.70	2.89	迷人	13	0.23	3.22
	寂静	27	0.46	5.89	自豪	13	0.23	4.00
	便利	27	0.46	6.67	精致	13	0.23	5.89
快乐	最好	203	3.50	4.00	怀念	13	0.23	3.89
	幸福	27	0.46	2.56	感谢	13	0.23	3.44
	厉害	27	0.46	5.11	高兴	13	0.23	4.44

续表

情感分类	情感词汇	频度（条）	频度比率（%）	情感强度	情感词汇	频度（条）	频度比率（%）	情感强度
兴趣	创新	149	2.57	3.89	奇特	27	0.46	4.00
	特别	81	1.40	3.78	梦幻	13	0.23	5.78
	期待	67	1.16	4.67				

八、赣州市情感词汇分析

韩国游客群体对赣州市情感形象感知的正向情感词汇分析如表 5-20 所示，共出现"好感""快乐""兴趣"三种情感类别。其中，"好感"情感类别词汇中仅有"推荐"情感因素的认知水平相对较高，频度比率高达 31.23%，情感强度为 4.78，但是"快乐"和"兴趣"情感类别中并没有出现频度比率和情感强度全部较高的词汇。

表 5-20 韩国游客群体对赣州市情感形象感知的正向情感词汇分析

情感分类	情感词汇	频度（条）	频度比率（%）	情感强度	情感词汇	频度（条）	频度比率（%）	情感强度
好感	推荐	391	31.23	4.78	安心	3	0.23	3.00
	细腻	70	5.59	4.33	感性	2	0.15	3.22
	自然	35	2.79	4.56	美丽	2	0.15	5.11
	现代的	27	2.15	5.78	真诚	2	0.15	4.56
	成长	25	1.99	4.00	方便	2	0.15	6.67
	可爱	24	1.91	4.00	迅速	2	0.15	4.22
	稳定	23	1.83	3.33	良好	2	0.15	5.11
	传统的	21	1.67	3.33	华美	2	0.15	2.22
	奢华	15	1.19	2.56	取向	2	0.15	4.78
	很好	12	0.95	4.33	正直	2	0.15	3.56
	知性	11	0.87	4.00	精密	2	0.15	5.89
	高贵	9	0.71	5.67	凉爽	2	0.15	4.22
	富有	8	0.63	2.56	强荐	1	0.07	3.11
	成熟	7	0.55	2.11	寂静	1	0.07	5.89
	大众化	6	0.47	4.00	西欧	1	0.07	3.56
	完全	5	0.39	2.78	温暖	1	0.07	4.33

情感分类	情感词汇	频度（条）	频度比率（%）	情感强度	情感词汇	频度（条）	频度比率（%）	情感强度
好感	完美	5	0.39	2.89	快速	1	0.07	2.78
	经典	4	0.31	3.33	耀眼	1	0.07	6.22
	浪漫的	4	0.31	4.22	柔和	1	0.07	3.67
	优秀	4	0.31	2.11	合适	1	0.07	4.67
	肯定的	4	0.31	3.00	有用	1	0.07	2.56
	满意	3	0.23	2.56	舒服	1	0.07	5.89
	规律的	3	0.23	6.56	简便	1	0.07	5.78
	和谐	3	0.23	5.56	新鲜	1	0.07	5.00
	魅力	3	0.23	2.89	亲切	1	0.07	4.22
	均衡	3	0.23	4.33	结实	1	0.07	3.33
	准确	3	0.23	3.78				
快乐	最棒	52	4.15	4.00	欢笑	3	0.23	3.22
	幸福	11	0.87	2.56	鼓吹	3	0.23	5.33
	感谢	10	0.79	3.44	大发	2	0.15	4.33
	激动	6	0.47	3.67	兴高采烈	2	0.15	3.11
	感动	6	0.47	5.00	高兴	1	0.07	4.56
	充满活力	4	0.31	5.00				
兴趣	期待	22	1.75	4.67	压倒性	4	0.31	3.33
	特别	16	1.27	3.78	稀有	4	0.31	3.00
	别开生面	14	1.11	3.67	神秘	2	0.15	1.78
	印象深刻	12	0.95	3.44	愿意	2	0.15	5.00
	革新的	9	0.71	3.89	有趣	2	0.15	3.44
	独特	6	0.47	4.89	奇特	2	0.15	4.00
	梦幻般	5	0.39	5.78	好奇心	2	0.15	5.44
	神奇	4	0.31	5.33	生动	1	0.07	3.89

九、吉安市情感词汇分析

韩国游客群体对吉安市情感形象感知的正向情感词汇分析如表 5-21 所示，共出现"好感""快乐""兴趣"三种情感类别。其中，"好感"情感类别词汇中仅有"结实"和"很好"情感因素的认知水平相对较高，频度比率和情感强度分别为"7.87%，5.44""7.47%，4.33"；"快乐"情感类别中仅有"感动"情感因素的认知水平相对较为突出，频度比率为6.43%，情感强度为5.00；"兴趣"情感类别中并未出现频度比率和情感强度全部较高的情感因素词汇。

表5-21　韩国游客群体对吉安市情感形象感知的正向情感词汇分析

情感分类	情感词汇	频度（条）	频度比率（%）	情感强度	情感词汇	频度（条）	频度比率（%）	情感强度
好感	结实	136	7.87	5.44	喜欢	2	0.11	2.78
	很好	129	7.47	4.33	简单	2	0.11	3.33
	端庄	98	5.67	2.67	温暖	2	0.11	4.33
	推荐	95	5.50	4.78	苗条	2	0.11	2.11
	可爱	56	3.24	4.00	雅致	2	0.11	3.78
	现代的	40	2.31	5.78	良好	2	0.11	5.11
	满意	37	2.14	2.56	肯定	2	0.11	3.00
	传统的	29	1.68	3.33	均衡	2	0.11	4.33
	自然	24	1.39	4.56	安适	2	0.11	5.89
	准确	22	1.27	3.78	着迷	2	0.11	5.33
	稳定	20	1.15	3.33	鼓囊	2	0.11	2.44
	迅速	16	0.92	4.22	浪漫的	1	0.05	4.22
	正直	15	0.86	3.56	强荐	1	0.05	3.11
	精密	15	0.86	5.89	美丽	1	0.05	5.11
	舒服	14	0.81	3.22	规律的	1	0.05	6.56
	完美	14	0.81	2.89	大胆	1	0.05	3.33
	奢华	10	0.57	2.56	真诚	1	0.05	4.56
	大众化	10	0.57	4.00	干练	1	0.05	4.11
	高贵	10	0.57	5.67	忠实	1	0.05	5.89
	魅力	10	0.57	2.89	滋润	1	0.05	1.33
	成长	10	0.57	4.00	好看	1	0.05	5.44
	西欧	9	0.52	3.56	谢谢	1	0.05	5.33
	完全	8	0.46	2.78	有用	1	0.05	2.56
	感性	8	0.46	3.22	清凉	1	0.05	4.78
	漂亮	8	0.46	4.00	坚韧	1	0.05	4.78
	纯正	8	0.46	3.56	鲜明	1	0.05	6.11
	优秀	7	0.40	2.11	利落	1	0.05	4.44

续表

情感分类	情感词汇	频度（条）	频度比率（%）	情感强度	情感词汇	频度（条）	频度比率（%）	情感强度
好感	寂静	6	0.34	5.89	华美	1	0.05	2.22
	美观	6	0.34	4.22	熟悉	1	0.05	5.33
	方便	5	0.28	6.67	取向	1	0.05	4.78
	合适	5	0.28	4.67	迷人的	1	0.05	3.22
	亲切	5	0.28	4.22	高尚	1	0.05	4.56
	快速	4	0.23	2.78	从容	1	0.05	2.11
	涂抹	4	0.23	3.89	明朗	1	0.05	5.56
	帅气	4	0.23	5.11	和谐	1	0.05	2.89
	富有	4	0.23	2.56	整顿	1	0.05	4.89
	安心	4	0.23	3.00	进取的	1	0.05	3.89
	可亲	3	0.17	4.33	细心	1	0.05	3.89
	柔和	3	0.17	3.67	摩登	1	0.05	3.56
	知性	3	0.17	4.00	壮实	1	0.05	3.33
	新鲜	3	0.17	5.00	凉爽	1	0.05	4.22
	纤细	2	0.11	3.33	健全	1	0.05	2.67
快乐	感动	111	6.43	5.00	好笑	3	0.17	3.56
	最棒	45	2.60	4.00	高兴	3	0.17	4.44
	幸福	22	1.27	2.56	兴高采烈	2	0.11	3.11
	感谢	17	0.98	3.44	愉快	2	0.11	4.00
	欢笑	14	0.81	3.22	充满活力	1	0.05	5.00
	棒极了	10	0.57	5.11	想起	1	0.05	3.89
	自负	8	0.46	5.89	感怀	1	0.05	5.44
	大发	4	0.23	4.33	欣慰	1	0.05	3.22
兴趣	特别	41	2.37	3.78	生动	2	0.11	3.89
	期待	10	0.57	4.67	新颖	2	0.11	2.78
	别开生面	9	0.52	3.67	强烈	2	0.11	2.22
	革新的	7	0.40	3.89	好奇心	2	0.11	5.44
	印象深刻	5	0.28	3.44	动感	1	0.05	3.33
	神秘	4	0.23	1.78	惊险	1	0.05	4.44
	破格的	4	0.23	4.78	立体	1	0.05	6.00
	独特	4	0.23	4.89	梦幻般	1	0.05	5.78

续表

情感分类	情感词汇	频度（条）	频度比率（%）	情感强度	情感词汇	频度（条）	频度比率（%）	情感强度
兴趣	有趣	3	0.17	3.44	独创的	1	0.05	4.33
	奇特	3	0.17	4.00	稀有	1	0.05	3.00
	神奇	2	0.11	5.33	有意思	1	0.05	2.67

十、宜春市情感词汇分析

韩国游客群体对宜春市情感形象感知的正向情感词汇分析如表 5-22 所示，共出现"好感""快乐""兴趣"三种情感类别。其中，"好感"情感类别词汇中仅有"推荐"情感因素的认知水平相对较高，频度比率和情感强度分别为14.38% 和 4.78；而"快乐"和"兴趣"两种情感类别中并未出现频度比率和情感强度全部较高的情感因素词汇。

表 5-22　韩国游客群体对宜春市情感形象感知的正向情感词汇分析

情感分类	情感词汇	频度（条）	频度比率（%）	情感强度	情感词汇	频度（条）	频度比率（%）	情感强度
好感	推荐	160	14.38	4.78	善良	2	0.17	3.33
	舒服	91	8.18	3.22	恰当	2	0.17	2.89
	迅速	73	6.56	4.22	甜蜜	2	0.17	3.89
	可爱	68	6.11	4.00	魅力	2	0.17	2.89
	高贵	57	5.12	5.67	涂抹	2	0.17	3.89
	经典	29	2.60	3.33	亲切	2	0.17	4.22
	自然	25	2.24	4.56	漂亮	1	0.08	4.44
	很好	21	1.88	4.33	简朴	1	0.08	4.67
	现代的	13	1.16	5.78	喜欢	1	0.08	2.78
	稳定	13	1.16	3.33	感性	1	0.08	3.22
	奢华	10	0.89	2.56	寂静	1	0.08	5.89
	优秀	10	0.89	2.11	清爽	1	0.08	3.22
	满意	9	0.80	2.56	真诚	1	0.08	4.56
	大众化	9	0.80	4.00	快速	1	0.08	2.78
	传统的	9	0.80	3.33	忠实	1	0.08	5.89
	成长	9	0.80	4.00	合适	1	0.08	4.67

情感分类	情感词汇	频度（条）	频度比率（％）	情感强度	情感词汇	频度（条）	频度比率（％）	情感强度
好感	洋气	7	0.62	3.56	丰盛	1	0.08	3.22
	知性	6	0.53	4.00	好看	1	0.08	4.00
	复古	4	0.35	3.89	正直	1	0.08	3.56
	强荐	3	0.26	3.11	敬畏	1	0.08	3.67
	美丽	3	0.26	5.11	干净	1	0.08	4.00
	完美	3	0.26	2.89	富有	1	0.08	2.56
	柔软	3	0.26	1.89	纯正	1	0.08	3.56
	帅气	3	0.26	5.11	安心	1	0.08	3.00
	准确	3	0.26	3.78	精密	1	0.08	5.89
	完全	2	0.17	2.78	凉爽	1	0.08	4.22
	大胆	2	0.17	3.33	健全	1	0.08	2.67
快乐	最棒	43	3.86	4.00	充满活力	2	0.17	5.00
	感谢	28	2.51	3.44	自负	2	0.17	5.89
	幸福	25	2.24	2.56	兴致勃勃	2	0.17	3.78
	欢笑	8	0.71	3.22	高兴	2	0.17	4.44
	兴高采烈	5	0.44	2.56	激动	1	0.08	3.67
	棒极了	4	0.35	5.11	大发	1	0.08	4.33
	感动	3	0.26	5.00	喜悦	1	0.08	4.56
	快乐	3	0.26	5.67				
兴趣	特别	29	2.6	3.78	奇特	2	0.17	4.00
	期待	12	1.07	4.67	清晰	2	0.17	1.78
	别开生面	10	0.89	3.67	异国情调	1	0.08	2.44
	生动	5	0.44	3.89	梦幻般	1	0.08	5.78
	神奇	4	0.35	5.33	新颖	1	0.08	2.78
	革新的	4	0.35	3.89	整齐的	1	0.08	2.33
	印象深刻	4	0.35	3.44	独特	1	0.08	4.89
	有意思	2	0.17	2.67	羡慕	1	0.08	3.44

十一、抚州市情感词汇分析

韩国游客群体对抚州市情感形象感知的正向情感词汇分析如表5-23所示，

共出现"好感""兴趣""快乐"三种情感类别。其中，"好感"情感类别的词汇"传统的"情感因素的认知水平最高，频度比率高达27.84%，情感强度为3.33；"丰富"和"推荐"情感因素的认知水平相对较高，频度比率和情感强度分别为"9.57%，2.33"和"7.00%，4.78"。另外较为突出的情感因素还有"细腻"和"成长"，而其他情感因素的整体认知水平均不突出。"兴趣"情感类别的词汇中仅有"热情"情感因素相对显著，频度比率为3.99%，情感强度为4.44；"快乐"情感类别的词汇中也仅有"最棒"情感因素相对突出，频度比率3.17%，情感强度为4.00。

表5-23　韩国游客群体对抚州市情感形象感知的正向情感词汇分析

情感分类	情感词汇	频度（条）	频度比率（%）	情感强度	情感词汇	频度（条）	频度比率（%）	情感强度
好感	传统的	823	27.84	3.33	良好	3	0.10	5.11
	丰富	283	9.57	2.33	复古	3	0.10	3.89
	推荐	207	7.00	4.78	均衡	3	0.10	4.33
	细腻	125	4.22	4.33	富有	3	0.10	2.56
	成长	115	3.89	4.00	整顿	3	0.10	4.89
	自然	43	1.45	4.56	奢华	2	0.06	2.56
	可爱	29	0.98	4.00	寂静	2	0.06	5.89
	稳定	24	0.81	3.33	规律的	2	0.06	6.56
	高贵	21	0.71	5.67	漂亮	2	0.06	4.22
	魅力	20	0.67	2.89	取向	2	0.06	4.78
	现代的	16	0.54	5.78	正直	2	0.06	3.56
	优秀	14	0.47	2.11	帅气	2	0.06	5.11
	大众化	13	0.43	4.00	亲切	2	0.06	4.22
	很好	11	0.37	4.33	凉爽	2	0.06	4.22
	完全	11	0.37	2.78	华丽	1	0.03	5.89
	满意	9	0.30	2.56	好看	1	0.03	4.44
	美丽	9	0.30	5.11	浪漫的	1	0.03	4.22
	方便	9	0.30	6.67	感性	1	0.03	3.22
	肯定的	9	0.30	3.00	简单	1	0.03	3.33
	知性	9	0.30	4.00	没关系	1	0.03	4.33
	豪华	7	0.23	4.11	大胆	1	0.03	3.33
	新鲜	7	0.23	5.00	真诚	1	0.03	4.56

情感分类	情感词汇	频度（条）	频度比率（%）	情感强度	情感词汇	频度（条）	频度比率（%）	情感强度
好感	华美	6	0.20	2.22	独一无二	1	0.03	2.44
	舒服	6	0.20	5.89	合适	1	0.03	4.67
	准确	6	0.20	3.78	鲜明	1	0.03	6.11
	迅速	5	0.16	4.22	涂抹	1	0.03	3.89
	敬畏	5	0.16	3.67	朴素	1	0.03	2.89
	纯正	5	0.16	3.56	熟悉	1	0.03	5.33
	完美	4	0.13	2.89	性感	1	0.03	3.89
	经典	3	0.10	3.33	进取的	1	0.03	3.89
	安适	3	0.10	3.22	精密	1	0.03	5.89
	有用	3	0.10	2.56				
兴趣	热情	118	3.99	4.44	神奇	3	0.10	5.33
	特别	36	1.21	3.78	梦幻般	3	0.10	5.78
	创新	33	1.11	3.89	异国情调	2	0.06	2.44
	期待	28	0.94	4.67	生动	2	0.06	3.89
	印象深刻	17	0.57	3.44	好奇心	2	0.06	5.44
	独特	8	0.27	4.89	动感	1	0.03	3.33
	别开生面	6	0.20	3.67	独创的	1	0.03	4.33
	愿意	4	0.13	5.00	压倒性	1	0.03	3.33
	神秘	3	0.10	1.78	有趣	1	0.03	3.44
	立体	3	0.10	6.00				
快乐	最棒	94	3.17	4.00	高兴	4	0.13	4.44
	感谢	25	0.84	3.44	想起	3	0.10	3.89
	幸福	23	0.77	2.56	兴旺	3	0.10	3.44
	自负	10	0.33	5.89	充满活力	1	0.03	5.00
	棒极了	6	0.20	5.11	兴高采烈	1	0.03	2.56
	欢笑	4	0.13	3.22	大发	1	0.03	4.33

十二、上饶市情感词汇分析

韩国游客群体对上饶市情感形象感知的正向情感词汇分析如表 5-24 所示，共出现"好感""快乐""兴趣"三种情感类别。其中，"好感"情感类别的词汇中仅有"自然"情感因素表现出高认知水平，频度比率为16.41%，情感强度为4.56，其他情感因素均未有突出表现；"快乐"和"兴趣"情感类别中也均未出现频度比率和情感强度全部较高的情感因素。

表5-24　韩国游客群体对上饶市情感形象感知的正向情感词汇分析

情感分类	情感词汇	频度（条）	频度比率（%）	情感强度	情感词汇	频度（条）	频度比率（%）	情感强度
好感	自然	139	16.41	4.56	高贵	2	0.23	5.67
	美丽	76	8.97	5.11	知性	2	0.23	4.00
	推荐	60	7.08	4.78	出色	1	0.11	4.44
	新鲜	44	5.19	5.00	踏实	1	0.11	3.33
	优秀	28	3.30	2.11	经典	1	0.11	3.33
	传统的	26	3.06	3.33	可亲	1	0.11	4.33
	成长	15	1.77	4.00	强荐	1	0.11	3.11
	现代的	13	1.53	5.78	简单	1	0.11	3.33
	可爱	10	1.18	4.00	和谐	1	0.11	5.56
	很好	9	1.06	4.33	真诚	1	0.11	4.56
	纯正	8	0.94	3.56	清纯	1	0.11	4.67
	完全	5	0.59	2.78	方便	1	0.11	6.67
	魅力	5	0.59	2.89	坚固	1	0.11	5.44
	稳定	4	0.47	3.33	合适	1	0.11	4.67
	有用	4	0.47	2.56	精巧	1	0.11	3.67
	完美	4	0.47	2.89	漂亮	1	0.11	4.00
	满意	3	0.35	2.56	肯定的	1	0.11	3.00
	浪漫的	3	0.35	4.22	正直	1	0.11	3.56
	准确	3	0.35	3.78	高尚	1	0.11	4.56
	大众化	2	0.23	4.00	明朗	1	0.11	5.56
	西欧	2	0.23	3.56	精密	1	0.11	5.89
	舒服	2	0.23	3.22				
快乐	最棒	38	4.48	4.00	欢笑	2	0.23	3.22
	感谢	12	1.41	3.44	兴高采烈	2	0.23	2.56
	幸福	7	0.82	2.56	高兴	2	0.23	4.44
	棒极了	7	0.82	5.11	愉快	1	0.11	4.00
	感动	6	0.70	5.00	喜悦	1	0.11	4.56
	大发	5	0.59	4.33	满意	1	0.11	4.67

情感分类	情感词汇	频度（条）	频度比率（%）	情感强度	情感词汇	频度（条）	频度比率（%）	情感强度
兴趣	创新	20	2.36	3.89	独特	5	0.59	4.89
	特别	17	2.00	3.78	有意思	2	0.23	2.67
	印象深刻	13	1.53	3.44	奇特	2	0.23	4.00
	别开生面	6	0.70	3.67	神奇	1	0.11	5.33
	神秘	6	0.70	1.78	愿意	1	0.11	5.00
	期待	6	0.70	4.67	有趣	1	0.11	3.44
	梦幻般	5	0.59	5.78				

第六章　韩国游客群体对江西省及省内各旅游城市的整体形象感知分析

为剖析韩国游客群体对江西省及省内各旅游城市的整体形象感知情况，本章采用 Textom 系统进行 N-gram 模型分析，构建关键节点之间的社会语义网络关系。社会语义网络图中处于中心圈层的词为核心关键词，与次圈层词语节点发生关联，图中单位面积内的关键节点的线条越明显，则表明该节点与其他节点彼此之间的联系越紧密、互相影响程度越强。同时，结合认知形象与情感形象的分析结果，凝练、揭示整体形象感知状态。

第一节　江西省整体形象感知分析

关于韩国游客群体对江西省的整体形象感知，N-gram 模型分析结果如图 6-1 所示。首先，"南昌"处于核心圈层，与"江西""革命根据地""滕王阁""肉饼""汤"等形成强烈联系。其次，以"观光"为中心，与"自然名胜""功能""攻略""缺少""景德镇"等形成较强关系链条。上述联系体现了南昌市对江西省整体的旅游目的地形象具有较高程度的代表性，韩国游客群体对江西省"革命根据地"的红色文化和"滕王阁"诗词文化具有较为深刻的认知。通过原始文本数据分析发现，"肉饼"和"汤"等高频词汇出现的原因是韩国游客群体对江西南昌瓦罐汤的描述，体现了其对美食的选择倾向。同时，韩国游客群体对江西省已经形成的完整的旅游目的地形象认知体系，较为关注江西省的自然名胜和旅游功能，但是相关旅游攻略处于相对匮乏的状态。另外，整体观察 N-gram 模型分析结果，也出现了"庐山""旅游耗时""交通""打卡""历史""飞机"等的关系网络链条，虽然联系紧密度相对较低，但是也反映出了韩国游客群体对江西省其他代表性景区、旅游行程、交通工具选择、历史人文景观等旅游要素的认知与关注。

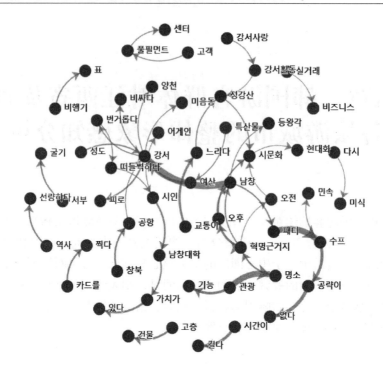

图 6-1　韩国游客群体对江西省整体形象感知的 N-gram 模型分析①

　　结合韩国游客群体对江西省整体情感形象感知和情感词汇的分析结果，韩国游客群体对江西省以积极的正向情感为主，但是旅游负面事件对韩国游客群体的情感因素认知也有较大的消极影响。

　　综上所述，韩国游客群体对江西省形成了较为深刻的旅游目的地认知，对江西省的红色文化、历史文化表现出了较高的关注度，对江西美食也产生了相对强烈的选择倾向，虽然有个别的旅游负面事件造成了一定程度的消极影响，但是韩国游客群体对江西省持有积极正向的整体情感形象认知。

第二节　南昌市整体形象感知分析

　　关于韩国游客群体对南昌市的整体形象感知，N-gram 模型分析结果如

---

　　①　已确认本章中韩文的含义，不存在负面词汇。

图 6-2 所示，网络圈层高度集中，"南昌"处于核心圈层，与"中国""江西""英雄城""滕王阁""纪念馆""酒店""出差""旅行""城市漫步""名胜"等形成了强烈联系，说明韩国游客群体对南昌市的地理区位十分清晰，"英雄城"的旅游形象已深入人心。同时，韩国游客群体对南昌市的代表性旅游景区景点滕王阁、八一纪念馆，以及其他风景名胜有一定程度的认知，并且体现出了出游南昌的部分旅游动机。

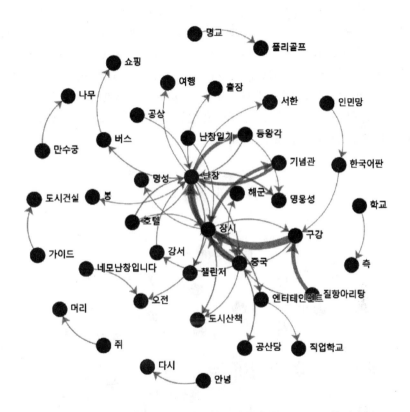

图 6-2　韩国游客群体对南昌市整体形象感知的 N-gram 模型分析

　　结合韩国游客群体对南昌市整体情感形象感知和情感词汇的分析结果，韩国游客群体对江西省以积极的正向情感为主，对南昌市现代化、创新型的城市形象有较深刻的认知，且向他人"推荐"的倾向十分显著。

　　综上所述，韩国游客群体对南昌市的区位条件、城市地位，以及代表性旅游景区景点有相对清晰的认知，对南昌市旅游目的地所持有的旅游动机明确，情感倾向积极肯定，并且带有较强的向他人推荐的行为倾向。

第三节　九江市整体形象感知分析

关于韩国游客群体对九江市的整体形象感知，N-gram 模型分析结果如图 6-3 所示，其中，社会语义网络圈层高度集中。以"九江"为中心，与"云雾茶""庐山""越野""中国""长寿""跑步""专业""美丽生活""名山""牯岭镇"等组成了一个庞大圈层。同时，以"李白"为次圈层中心，与"观光车""日出""三千尺""打卡"等形成了强烈联系。基于原始文本数据分析，韩国游客群体除对九江市的区位地理位置有一定程度认知外，对九江市特产庐山云雾茶、九江市代表性景区景点牯岭镇、九江市文化旅游资源李白诗词，以及九江市的体育、康养业态等均有较为清晰的认知程度。

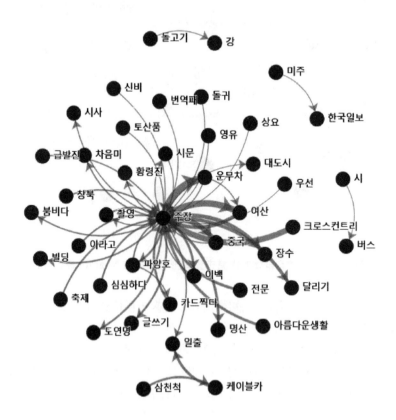

图 6-3　韩国游客群体对九江市整体形象感知的 N-gram 模型分析

结合韩国游客群体对九江市的认知形象与情感形象感知的分析结果，韩国游客群体对出游九江市的旅游活动体验有较为全面的了解，且对九江市旅游持有积极正向的情感，可将"可爱"视为韩国游客群体对九江市所持情感描述的主旋律词汇。

　　综上所述，韩国游客群体对九江市的旅游区位和旅游活动拥有更为深刻、完全的认知，对九江市情感形象感知以积极、正向情感为主，虽有一定程度的负向消极情感，但是均处于合理范畴之内。

第四节　景德镇市整体形象感知分析

　　关于韩国游客群体对景德镇市的整体形象感知，N-gram 模型分析结果如图 6-4 所示。首先，以"景德镇"为中心，与"中国""江西""陶瓷""国际陶瓷博览会""生产""陶艺家""文创商品""都市""森林"等众多词汇组成了一个庞大的关系链条。其次，以"陶瓷器"为中心，与"世界""商务往来""有名""作家""生产地""作品""历史"等词汇组成关系链条。最后，以"中国"为核心，与"江西""景德镇""陶瓷器""艺术""手工制作体验""文化""都市"组成关系链条。基于原始文本数据分析，韩国游客群体对景德镇市鲜明的旅游文化主题有极为深刻的认知，对景德镇市陶瓷艺术在世界范围内的影响力与知名度给予认可，对出游景德镇市有强烈的动机。

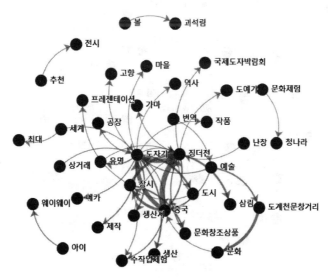

图 6-4　韩国游客群体对景德镇市整体形象感知的 N-gram 模型分析

结合韩国游客群体对景德镇市的认知形象与情感形象感知的分析结果，虽然韩国游客群体对景德镇市的消极情感认知极少，但是尚有一部分韩国游客群体对景德镇市持有中性态度。韩国游客群体普遍对景德镇市现代化城市风貌和传统文化艺术表现出了高度的喜爱，并且有较显著的向他人推荐的行为倾向。

综上所述，部分韩国游客群体深受景德镇市陶瓷文化旅游魅力所吸引，对景德镇市有强烈的出游动机和积极正向的旅游行为倾向，但是还有部分韩国游客群体对景德镇市的情感评价处于模糊状态，侧面反映出景德镇市进一步强化海外旅游市场营销的必要性。

第五节　萍乡市整体形象感知分析

关于韩国游客群体对萍乡市的整体形象感知，N-gram 模型分析结果如图 6-5 所示。首先，以"武功山"为中心，与"中国""萍乡""南昌""草甸""列车""云顶""访问""明月山"等词汇组成了核心圈层。其次，以"萍乡"为中心，与"莲花血鸭""烟花制作""武功山""登山""缆车"等词汇组成了次圈层。最后，以"中国"为中心，与"内陆""江西""萍乡""武功山""列车"等词汇组成了强联系链条。

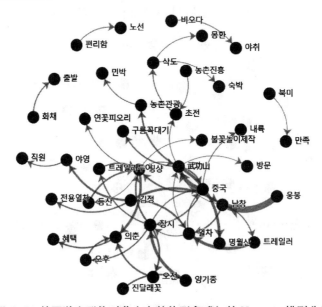

图 6-5　韩国游客群体对萍乡市整体形象感知的 N-gram 模型分析

结合韩国游客群体对萍乡市的认知形象与情感形象感知的分析结果，韩国游客群体对萍乡市的地理区位和旅游活动有相当程度的认知，对萍乡市的情感形象认知以积极的正向情感为主，且消极的负向认知尚处于可控制范畴。

　　综上所述，韩国游客群体对萍乡市的核心自然旅游资源、代表性旅游景区，以及高魅力属性的旅游景观均有较为完整的认知，但是对萍乡市文化旅游资源的认知单薄。同时，对萍乡市所持情感以积极正向情感为主。

第六节　新余市整体形象感知分析

　　关于韩国游客群体对新余市的整体形象感知，N-gram 模型分析结果如图 6-6 所示。其中，社会语义网络圈层较为分散，核心圈层是以"新余"为中心，与"江西""名山大川""拾年山""七仙女""紫霞""同事"等词汇组成的关系链条。表明韩国游客群体对新余市的地理区位有基本认知，对新余市的核心文化旅游资源、核心旅游目的地文化 IP，以及伴游对象有较为清晰的认知和判断。

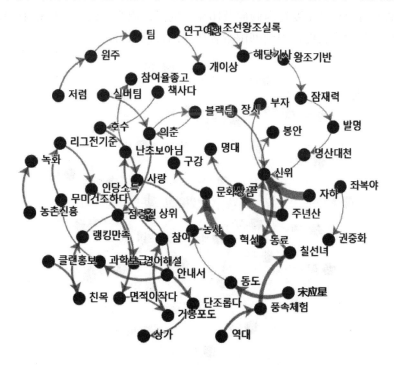

图 6-6　韩国游客群体对新余市整体形象感知的 N-gram 模型分析

结合认知形象和情感形象感知分析结果，韩国游客群体对新余市旅游资源的认知最为深刻，整体情感形象感知以积极正向评论为主，虽然负向情感认知程度极低，但是在正向情感词汇中，只有"创新"最为突出。

　　综上所述，韩国游客群体对新余市的代表性文化旅游资源有较为清晰的认知，但是对自然资源的认知程度较低。虽然积极正向的情感形象认知占据主导地位，但是并无更多突出的积极情感因素认知。

第七节　鹰潭市整体形象感知分析

　　关于韩国游客群体对鹰潭市的整体形象感知，N-gram 模型分析结果如图 6-7 所示。首先，"观光"处于核心圈层，与"攻略""预约""艺术团""最低价"等词汇形成强烈联系。其次，以"酒店"为中心，与"休闲""商务""最好的""推荐"等词汇也形成了密集关联圈层。上述表明韩国游客群体已对鹰潭市形成了鲜明的旅游目的地形象认知，查找攻略、预约出游、实惠的价格成为韩国游客群体对鹰潭市持有的主要行为倾向及印象。同时，鹰潭市的酒店住宿业因其优秀的休闲和商务功能属性，得到韩国游客群体的普遍认可。

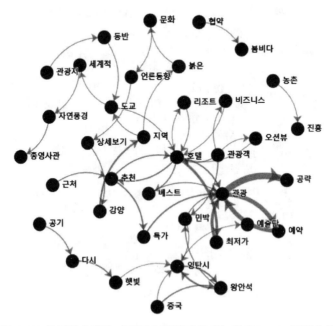

图6-7　韩国游客群体对鹰潭市整体形象感知的 N-gram 模型分析

结合认知形象和情感形象感知分析结果，韩国游客群体对鹰潭市情感形象的负向感知虽然只占 6.66%，但是却出现了中性感知（48.87%）略大于正向感知（44.47%）的情况。同时，结合表 5-19 中，仅有"好感"情感类别中"推荐"情感词汇的频度比率（37.85%）和情感强度（4.78）较为凸显的现象，说明还有部分韩国游客群体对鹰潭市的情感形象感知依然处于不分明状态。

综上所述，部分韩国游客群体虽然对鹰潭市持有较好的形象感知状态，但是依然有一部分韩国游客群体对鹰潭市持有认知不深刻、情感不清晰的形象感知状态，反映出鹰潭市需强化境外客源市场的宣传与推介工作。

第八节 赣州市整体形象感知分析

关于韩国游客群体对赣州市的整体形象感知，N-gram 模型分析结果如图 6-8 所示。首先，"江西"处于核心圈层，与"中国""赣州""毛泽东思想""登山""游步道""糯米鸡""板栗"等词汇形成强烈联系。其次，以"酒店"为中心，与"星级酒店""推荐""最好的""最低价""旅游信息""Trip.com"等词汇形成密集关联圈层。上述体现了韩国游客群体对赣州的红色文化有极为深刻的认知，同时对部分旅游活动和特色旅游美食也有一定程度的了解。另外，韩国游客群体对赣州市住宿酒店表现出了较大程度的赞赏与肯定，也反映出韩国游客群体进行酒店预订和获取旅游信息的渠道平台。

结合认知形象和情感形象感知分析结果，韩国游客群体对赣州市红色文化价值具有更为深刻的认知。并且，韩国游客群体对赣州市以积极正向的态度为主。同时，向他人推荐的行为倾向显著，消极的负向情感评价极少。

综上所述，韩国游客群体对赣州市红色旅游胜地的旅游目的地认知根深蒂固，对于赣州市的红色文化价值给予了充分肯定。在大部分韩国游客群体对赣州市持积极正向的情感形象认知的同时，依然有少部分韩国游客群体处于中性情感评价状态。

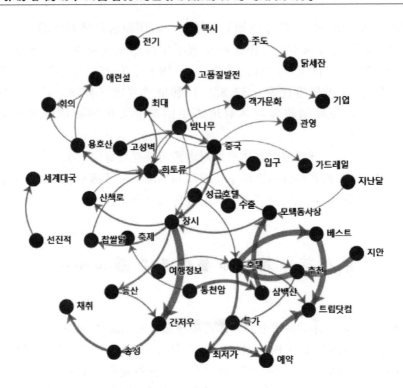

图 6-8　韩国游客群体对赣州市整体形象感知的 N-gram 模型分析

第九节　吉安市整体形象感知分析

关于韩国游客群体对吉安市的整体形象感知，N-gram 模型分析结果如图 6-9 所示。其中，社会语义网络圈层十分集中，具体情况为："吉安"处于中心位置，与"中国""江西""萍乡""井冈山""共和国摇篮""羊狮慕""夜晚""酒店""高星级酒店""下午""上午""颠簸""重游""宣传短片"等词汇共同组成核心圈层。体现了韩国游客群体对吉安市地理区位信息有一定程度的了解，同时展出了韩国游客群体对吉安市的代表性文化与自然旅游资源、旅游活动时间、旅游倾向，以及旅游宣传信息接收渠道等方面的认知。

结合认知形象和情感形象感知分析结果，韩国游客群体对出游吉安市的旅游活动有较为系统的认知，且以积极正向认知为主，正向情感评价相对突出的同时，负向情感评价水平极低。

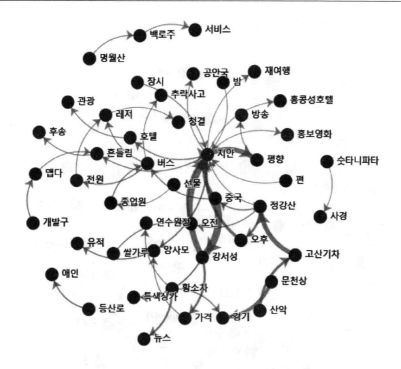

图 6-9　韩国游客群体对吉安市整体形象感知的 N-gram 模型分析

综上所述，韩国游客群体高度关注吉安市的旅游活动体验，情感形象感知状态良好。但是，韩国游客群体对吉安市的文化和自然旅游资源的认知程度极低，侧面反映出吉安市在旅游资源活化开发与设计包装方面存在进步的空间。

第十节　宜春市整体形象感知分析

关于韩国游客群体对宜春市的整体形象感知，N-gram 模型分析结果如图 6-10 所示。其中，社会语义网络圈层相对分散。首先，以"宜春市"为中心位置，与"中国""江西""状元文化""乐于助人"等词汇共同组成核心圈层。其次，以"酒店"为中心，与"最好的""最低价""舒服""推荐""Trip. com"等词汇形成关系圈层。最后，以"明月皇后"为中心，与"中国""江西""宜春""下午"等词汇形成关系圈层。说明韩国游客群体对宜春市的代表性文化旅游资源"状元文化"和"明月皇后"故事有较为深刻的印象，同时对宜春市的温泉度假主题酒店展现出了高度认可与关注。

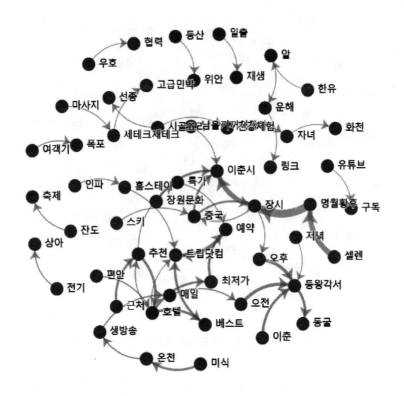

图 6-10　韩国游客群体对宜春市整体形象感知的 N-gram 模型分析

　　结合认知形象和情感形象感知分析结果，韩国游客群体对宜春市的旅游资源和旅游活动的认知水平较为凸显，虽然韩国游客群体对宜春市持有的消极负向情感比率较小，但是中性评价份额却超过了35%，且正向、负向评价的情感因素均不明显。

　　综上所述，韩国游客群体对宜春市的认知维度差异不大，对宜春市的文化旅游资源有一定认知，且更加关注温泉主题度假酒店的旅游活动体验。对于宜春市持有的情感形象认知以积极的正向情感为主，但是还有部分韩国游客群体的情感界限尚处于模糊状态，侧面反映出宜春市强化境外市场营销的必要性与重要性。

第十一节　抚州市整体形象感知分析

关于韩国游客群体对抚州市的整体形象感知，N-gram 模型分析结果如图 6-11 所示。首先，以"抚州"为中心，与"中国""国际""江西""南昌""文昌里""豆腐脑""赣州"等词汇形成核心圈层。其次，以"江西"为中心，与"抚州""大觉山""宋明理学""下午""上午"等词汇形成强关系网络。上述体现了韩国游客群体对抚州市的地理区位和城市定位的认知情况，同时反映出韩国游客群体视角下抚州市旅游资源的核心吸引力。

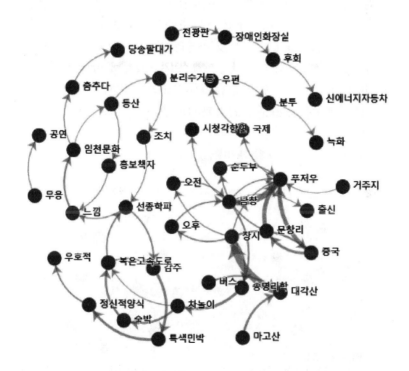

图 6-11　韩国游客群体对抚州市整体形象感知的 N-gram 模型分析

结合认知形象和情感形象感知分析结果，韩国游客群体虽然对抚州市的旅游区位有一定程度的认知，但是对于旅游资源和旅游环境的认知程度较低。情感形象感知以积极情感感知为主，有较为突出的正向情感因素。

综上所述，韩国游客群体对抚州市整体形象感知状况良好，对抚州市的区位条件、旅游核心吸引物均有一定水平的认知。

第十二节　上饶市整体形象感知分析

关于韩国游客群体对上饶市的整体形象感知，N-gram 模型分析结果如图 6-12 所示。首先，以"上饶"为中心，与"江西""旅游城市""万象""旅行""婺源站""婺源宗祠"等词汇形成核心圈层。其次，以"江西"为中心，与"中国""上饶市""三清山""绿茶制作"等词汇形成强关系网络。最后，以"道教"为中心，与"中国丹霞""民俗体验""地质测量""玉山""名山""警戒线"等词汇组成关系链条。上述充分说明韩国游客群体对上饶市的地理区位信息、前往上饶市的交通方式，以及上饶旅游城市的形象定位等均有较为清晰的认知。韩国游客群体对上饶市的核心旅游景区以及重要的自然与人文旅游资源也有较为深刻的印象。另外，韩国游客群体对道教文化有较为强烈的求知欲望，这可视作该群体开展上饶旅游活动的重要动机之一。

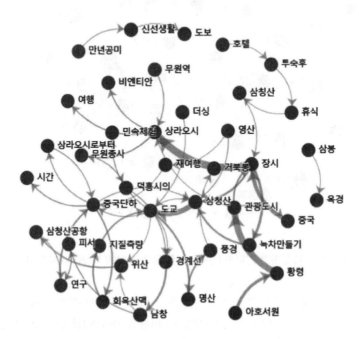

图 6-12　韩国游客群体对上饶市整体形象感知的 N-gram 模型分析

结合认知形象和情感形象感知分析结果，韩国游客群体虽然对上饶市旅游区位和旅游资源的形象认知程度相对较高，但是对旅游活动和旅游环境的形象认知水平较低。情感形象认知方面，虽然是以积极正向情感认知为主，但是正向情感因素的认知表现不突出。

　　综上所述，韩国游客群体虽然对上饶市的部分核心旅游资源有所了解，但是对旅游项目体验和旅游场景氛围的认知尚处于不完全状态，虽然是积极的情感认知，但是情感深度不足。

第七章　江西省打造世界级
旅游目的地的路径分析

　　本书遵循市场需求导向、尊重游客核心载体地位，基于世界游客视域探讨江西省打造世界级旅游目的地路径。以江西省入境游市场现状与国际交流动态为依据，选定韩国游客群体为研究对象，针对"拥有旅游经历"和"潜在游客"群体对江西省及省内各代表性旅游城市的形象感知现状进行分析，进而总结优势、发现问题、提出对策，最终揭示江西省打造世界级旅游目的地的路径模型，以助推江西省文化和旅游产业的世界化发展进程。具体思路与方法如下：

　　围绕认知形象、情感形象、整体形象的分析结果，结合原始网络文本数据，凝练江西省及省内各旅游城市文旅产业的发展优势，发现江西省及省内各旅游城市文旅产业的现存问题，提出江西省及省内各旅游城市打造世界级旅游目的地的对策和建议，揭示江西省打造世界级旅游目的地的实现路径，构建江西省打造世界级旅游目的地的路径模型，以促进江西省文化和旅游产业的高质量发展。

第一节　江西省文旅产业拥有的发展优势

一、多数城市区位信息认知清晰

　　对地理区位信息的认知程度，能够反映出游客群体对该城市持有的关注度与知晓度，这受城市自身影响力、游客旅游经历体验，以及城市宣传推介力度等多种因素的影响。

　　凝练、梳理前文分析可知：一方面，韩国游客群体对南昌、景德镇、赣州、上饶等城市的地理区位信息有十分清晰的认知，对萍乡、吉安、宜春、抚州等城市的地理区位信息有相对清晰的认知。体现了上述城市在韩国客源市场具有一定的影响力和市场竞争力。同时，也充分反映出后续进一步拓展韩国游客市场的基础优势，应从全省战略层面对上述城市给予重点关注。

另一方面，韩国游客群体对南昌市周边城市九江、著名旅游目的地庐山景区，以及省外城市上海、北京、广州、南京、青岛、长沙、杭州等有一定程度的了解；对景德镇市周边城市南昌，以及省外城市上海、北京有一定程度的了解；对于萍乡市的周边城市宜春、南昌，著名旅游目的地明月山景区，以及省外城市北京、广州、天津等有一定程度的了解；对赣州市周边城市吉安、龙岩，以及省外城市北京有一定程度的了解；对吉安市周边城市萍乡和著名旅游目的地明月山景区有较为清晰的认知；对宜春市周边城市南昌、长沙有较为清晰的认知；对抚州市周边城市南昌，以及福建省内部分城市有一定程度的了解；对上饶市周边城市鹰潭、南昌，以及浙江省内部分城市有一定程度的了解。上述结果说明，各城市应与省内周边城市形成游线串联关系的同时，需要重点与上海、北京、广州、长沙等地强化文旅产业方面的战略合作关系。

江西省内构建独具赣鄱特色的文旅产业大格局，省外重点与入赣游客群体的始发和中转城市形成文旅产业发展战略联盟，成为加快推进江西省文旅产业世界化进程的先决条件。

二、旅游吸引物认知的层级分明

整体观察前文分析发现，韩国游客群体视角下的江西省及省内各旅游城市的旅游景区景点和旅游资源的吸引力有分明的层级。将认知量和认知强度视作旅游吸引力，按照高低排序对旅游吸引物实施分级，具体如下：

江西省的核心吸引物：南昌市、南昌瓦罐汤、庐山。二级吸引物：诗词文化、滕王阁、井冈山、南昌大学。三级吸引物：土特产、茶叶、美食店、历史文化、民俗文化、夜景、拌粉、鄱阳湖。

南昌市的核心吸引物：南昌瓦罐汤、滕王阁景区、八一纪念馆。二级吸引物：保利高尔夫俱乐部、南昌之星摩天轮、万寿宫。三级吸引物：南昌大学、城市夜景、朝阳江滩公园江景、粉蒸肉、腊肉。

九江市的核心吸引物：庐山、庐山云雾茶、庐山日出。二级吸引物：李白诗词文化、庐山牯岭镇。三级吸引物：鄱阳湖国家湿地公园、庐山瀑布、庐山氧气、庐山云雾缭绕景象、陶渊明诗词文化、庐山恋电影文化、地方风俗文化、庐山缆车、石鸡、石鱼、石耳、特色商业街、东林寺、东林大佛。

景德镇市的核心吸引物：陶瓷器艺术文化、古窑民俗博览区、陶阳里旅游地。二级吸引物：陶溪川文创街、怪石林、森林、民俗文化、白瓷。三级吸引物：古代历史文化、博物馆。

萍乡市的核心吸引物：武功山景区、武功山景区金顶景点、武功山索道。二级吸引物：武功山草甸、武功山山顶云景、烟花制作文化、甜茶、金达莱花、油菜花、房车露营。三级吸引物：乡村旅游、特色商业街区、莲花血鸭、麻辣鱼、红色文化、赣文化。

新余市的核心吸引物：拾年山、仙女湖、天工开物。二级吸引物：祭祀文化、洞都、橘子、巨峰葡萄、宗庙文化、农事文化、水文景象。三级吸引物：古代历史文化、文化遗产、蜜桔饼、土扎粉、茶文化、特色商业街。

鹰潭市的核心吸引物：王安石主题文化、明媚的阳光、道教文化。二级吸引物：新鲜的空气、地域文化特色、龙虎山、地方音乐公演、自然风光、卤猪蹄。三级吸引物：茶叶、三清山、水文景观、历史文化、地方酒、牛骨粉。

赣州市的核心吸引物：毛泽东思想文化、通天岩、稀土。二级吸引物：宋城、三百山、瑞金共和国的摇篮、龙虎山、古城墙、特色美食街、三杯鸡、赣南脐橙。三级吸引物：板栗、《爱莲说》诗词、客家文化、恐龙文化、宋明理学、生煎鸭。

吉安市的核心吸引物：井冈山、羊狮慕、白鹭洲书院。二级吸引物：羊狮慕高山火车、火腿、板鸭、狗牯脑茶、文天祥主题文化、古树、米粉、特色商业街、青原山、历史文化、庐陵文化。三级吸引物：藤田猪、佛教文化、欧阳修主题文化、茶叶、云丘。

宜春市的核心吸引物：滕王阁诗词文化、明月皇后故事传说、富硒温泉。二级吸引物：韩愈诗词文化、四季如春气候条件、《天工开物》文化、明月山云海和日出、明月山空中栈道、月亮文化、明月山山顶矿洞、田园文化、嫦娥奔月故事传说、明月山瀑布、特色商业街、禅宗文化。三级吸引物：特色小镇、美食、冰雪活动、菊花茶、乡村佳肴、保健药品、纯净水、地方白酒、高级民宿。

抚州市的核心吸引物：大觉山、文昌里、麻姑山。二级吸引物：传统古村落、禅宗学派、宋明理学、临川文化、采茶戏、蜜桔、豆腐脑、猪脚饭、汤圆。三级吸引物：金溪米粉、炒麦鸡、文物古迹、中医文化、唐宋八大家。

上饶市的核心吸引物：道教文化、三清山、篁岭。二级吸引物：鹅湖书院、中国丹霞、灵山、绿茶制作工艺、龟峰、民俗体验、绿茶。三级吸引物：怀玉山脉、特色商业街、白茶、黑猪肉、婺源宗祠、婺源傩舞、古建筑、三清宫。

基于韩国游客群体视角，分析得出江西省及省内各旅游城市的"核心吸引物""二级吸引物""三级吸引物"，认知结果层次分明。为促进江西省文化和旅游产业早日实现高质量发展目标，省内各旅游城市应遵循"突出重点、主次分明、分步实施"的原则，围绕优势旅游资源进行重点打造，立足世界游客视角增强旅游吸引力，提升旅游市场竞争力。

三、旅游体验的共性与特色并存

韩国游客群体对江西省及省内各城市的部分旅游活动有较为深刻的印象，通过深入分析，可发现一定的共同规律与特色差异，具体如下：

韩国游客群体视域下对江西省及省内各城市的旅游活动感知大多集中于"登山""拍照打卡""品茶"等方面，结合原始文本数据作出分析：首先，江西省内著名的旅游目的地多为山岳型景区，且均衡分布在省内各地。以国家 5A 级景区为例，如九江市庐山风景名胜区、上饶市三清山旅游景区、吉安市井冈山风景旅游区、鹰潭市龙虎山旅游景区、宜春市明月山旅游景区、萍乡市武功山景区、抚州市大觉山景区、赣州市三百山景区等，这与韩国游客群体酷爱登山运动的旅游倾向十分契合。其次，江西省的自然景观宏伟雄壮，"江西风景独好"的形容恰如其分。加之省内文化资源底蕴深厚、享誉世界。同时，标记、分享到访旅游地已成为当代游客的主要旅游行为之一。因此，"拍照打卡"也成为韩国游客群体在江西旅游过程中的集中行为。最后，"品茶"是韩国游客群体江西旅游过程中的重要活动。细数江西名茶有婺源茗眉、井冈翠绿、抚州云林茶和通天岩茶、上饶白眉、庐山云雾、修水双井绿、宁红工夫茶等，均具备香气鲜嫩、滋味鲜爽甘醇的特质，这又与韩国游客群体的饮茶喜好高度契合。

同时，韩国游客群体对江西省及省内各城市较为关注的旅游活动在内容、类型等方面又各具差异特色，如赣州市——"学习毛泽东思想文化"和"采摘"、南昌市——"城市漫步"和"购物"、景德镇市——"购买陶瓷艺术品和文创商品"和"陶瓷手工制作体验"、萍乡市——"野炊露营"、新余市——"风俗和科普知识体验学习"、鹰潭市——"SPA 按摩"、吉安市——"乘坐高山火车"和"农事体验"、宜春市——"温泉体验"和"医疗康养"、抚州市——"观看公演"和"特色民宿体验"、上饶市——"晒秋文化体验"和"背包旅行"等。

对省内各个城市的旅游活动的集中关注与感知，能够反映出江西省在设计旅游活动方面的整体特色。对旅游活动的感知差异，则能够反映出省内各个城市在旅游活动设计方面的特点与优势。鉴于游客群体对旅游目的地旅游活动的感知倾向是该群体对某特定旅游目的地旅游需求的具体导向，因此，强化优势、放大特点，并且遵循游客感知特点调整旅游活动设计方向，是提升旅游体验质量感知的重要途径之一。

四、旅游主题业态构建潜力巨大

韩国游客群体对江西省休闲主题业态的感知最为深刻，对于省内休闲主题业态的感知主要反映在南昌市、萍乡市、吉安市、上饶市、新余市、鹰潭市等地，体现了上述城市由"公园、博物馆、影视、交通、旅行社、导游、纪念品、餐饮业、社区服务"等构成的休闲产业链的完善与先进程度。

韩国游客群体对江西省内各城市的康养主题业态的感知较为突出，主要包括南昌市、九江市、上饶市、宜春市、新余市、鹰潭市、吉安市等地，体现了上述城市健康养生领域的产品与服务体系相对健全、运营状况良好，且已在省内文旅市场占据一定优势。

另外，在韩国游客群体视域下，省内部分城市的旅游主题业态体验独具特色，如南昌市的研学主题业态、九江市的节庆主题业态、景德镇市的会展主题业态、萍乡市的房车旅行主题业态、新余市的商务会议主题业态、上饶市的民宿主题业态、吉安市的养老主题业态、抚州市的体育主题业态等。

韩国游客群体对江西省及省内各城市旅游主题业态的感知也呈现出共性与特色并存的状态，这再次印证了江西省文化和旅游主题业态强大的发展合力，同时也体现出省内各城市凭借自身资源优势打造特色旅游业态的良好势头，基于高质量发展目标驱动下省内各城市在旅游主题业态的构建层面依然存在巨大潜力。

五、形象与环境塑造的效果显著

韩国游客群体视域下，江西省及省内部分城市"官方投射—实际感知"形象塑造的契合度极高，如韩国游客群体深刻明晰江西省中国革命根据地的形象定位，对于南昌市——"南昌英雄城"、赣州市——"红色故都"、上饶市——"赣东北革命根据地"的城市形象也有较高水平的认知。说明上述区域在旅游形象竞争导向背景下的世界旅游市场竞争力得到基础保障。

另外，韩国游客群体对江西省及省内各城市的旅游环境也有不错的认知状态，如对江西省整体旅游环境的评价中以现代化都市建设风貌和热闹的生活气息为主。又如：南昌市——优美的生态环境、安宁的社会环境、科技创新的发展理念；九江市——百姓幸福自由的生活状态、现代化的都市建设、热闹的社区生活、安定繁荣的商业面貌；景德镇市——繁荣的商贸往来、现代化的都市建设；萍乡市——繁荣的都市建设、乡村振兴发展；新余市——创新发展理念、百姓富裕生活、乡村振兴发展、智慧生态景区建设；鹰潭市——现代化的都市建设、乡村繁荣发展、先进的物联网发展技术；赣州市——繁荣的商业发展、丰富的城市便民设施建设；吉安市——文明洁净的市容市貌、包容开放的社会环境；宜春市——优美的城市生态环境；抚州市——繁荣的商业发展、强大的工业发展、新能源技术发展力。

鲜明的形象感知可大幅提升旅游目的地的市场进入性，优秀的旅游环境是促使游客群体从有旅游意向到旅游行为发生的重要驱动因素之一。江西省及省内各城市虽然在旅游形象塑造方面尚存较大的提升空间，但是在旅游环境打造方面已完全做好了跨入世界级旅游目的地发展阶段的准备。

六、优质服务带动积极行为倾向

韩国游客群体对江西省整体服务质量作出了较高水准的评价，认为旅游从业人员具有耿直爽快、友好善良的品性，提供的服务良好，并对此表示感谢。另外，对萍乡市武功山景区的人力服务作出热情、亲切、人性化、实在等形容；对吉安市旅游企业从业人员的服务作出诚实、令人感动的积极评价；对抚州市旅游企业从业人员的服务专业性给予肯定，并认为其拥有友好、热情的服务态度，以及提供服务周到细腻的特质；认为宜春市旅游从业人员的服务反应性极强，且拥有乐于助人的品质；对新余市的旅游从业人员也作出了热情的评价。

同时，韩国游客群体向他人推荐南昌市、景德镇市、新余市、鹰潭市、赣州市、宜春市、抚州市、上饶市等地的行为倾向明显；对南昌市、景德镇市、萍乡市、鹰潭市、吉安市、上饶市等地的重游倾向明显；韩国潜在游客群体对景德镇市、萍乡市、鹰潭市、宜春市、上饶市具有较为强烈的旅游动机。

综上所述，旅游目的地优质的旅游服务必然带动游客群体产生积极的旅游行为倾向。当下，在学理界尚无法精准测量游客实际旅游行为的前提背景下，旅游行为倾向是旅游产品与服务质量和旅游满意度的具体体现，是衡量旅游目的地能否实现可持续发展的重要指标。因此可推断，针对韩国客源市场，江西省及省内部分城市具备创造良好口碑、牵引游客市场导向的市场发展力。

七、旅游基础设施成为关注焦点

江西省及省内各城市的便民服务设施和旅游景区景点的基础配套设施成为韩国游客群体感知的焦点。如较为关注九江市旅游景区的"卫生间""安全护栏""游步道""指示牌外语翻译""路标指示牌"等，较为关注景德镇市旅游景区的"卫生间"、"指示牌"、"导视设施的外文翻译"、城市便民生活设施的建设情况。另外还关注萍乡市旅游景区的"指示牌的韩语译文""卫生间"，鹰潭市景区的"指示牌"，赣州市景区的"观光车""垃圾桶""安全护栏""指示牌""游步道"，吉安市景区景点的"登山游步道""休息长廊""停车场""卫生间""游客服务中心"以及"酒店的电源插口"，宜春市景区的"游客服务中心""路灯"

"卫生间""移动耳机""电子屏幕""指示牌""分类垃圾桶",上饶市景区的"游步道"等。结合原始文本数据,总结发现,韩国游客群体对江西省旅游景区景点基础配套设施感知的范围广、强度高,且"指示牌""指示牌的韩语译文""卫生间""游步道""游客服务中心"成为关注重点。

值得注意的是,虽然韩国游客群体对江西省旅游基础配套设施的感知为优秀、齐全、使用状况良好,这与江西省近年来采取的系列改革举措有直接关系,但也反映出该群体对此类设施的重视程度极高,省内各地的政府职能部门和旅游企业仍需提高重视。

八、旅游市场宣推发现新的基点

打造世界级旅游目的地、加快推进江西省文化和旅游产业的世界化进程,海外市场宣推策略尤为重要。面对韩国客源市场,找准宣传推介的基点和线索,成为是否能够在日趋激烈的竞争环境中占据先机的关键环节。基于前文分析,结合原始文本数据,针对江西省部分城市在韩国客源市场的宣推工作发现了一些切入基点和线索,具体情况如下:

韩国游客群体对我国南昌籍歌星杨钰莹表现出了较高水平的认知。韩国游客群体对九江市持有"神秘""长寿地"的形象感知。景德镇市凭借陶瓷艺术的世界级文化资源得到韩国游客群体的广泛认可与赞誉。韩国游客群体对新余市的七仙女爱情文化主题表现出了浓厚的兴趣。鹰潭市凭借低廉、实惠的价格策略赢得了韩国游客群体的青睐,并且,鹰潭市籍演员张慧雯因其影视作品《琅琊榜2》而进入韩国游客群体的视线。Trip. com网络平台成为韩国游客群体了解赣州市和宜春市相关旅游信息的主要渠道。YouTube媒体平台上有大量关于宜春市明月山温泉主题和介绍上饶市"神仙生活"主题的视频作品,吸引了大批韩国游客群体的关注。

第二节 江西省文旅产业面临的发展挑战

一、旅游地承载力问题亟待解决

韩国游客群体视域下,江西省各著名旅游景区景点在旅游承载力管控方面存在改进空间,车辆与人流拥挤现象正在影响着韩国游客群体江西旅游活动的体验质量,具体情况如下:

韩国游客群体对在江西省旅游活动过程中发生的交通拥堵现象持消极态度，并且形成了"寒暑假和黄金节假日期间避免江西旅游活动"的舆论导向；对南昌市和赣州市旅游活动过程中存在的"堵车"及"著名旅游景区景点人流拥挤"等问题表现出了焦虑、厌烦、无奈等消极态度；对九江市、鹰潭市、萍乡市、上饶市的著名旅游景区的人流拥挤现象表现出了消极态度；对萍乡市武功山景区游客数量过多导致乘坐缆车的等待时间过长的现象持负面评价；对宜春市明月山景区人员拥挤、售票处购票体验感差等现象表示无奈。

二、旅游体验质量尚存提升空间

　　"对标国际化水准，提供优质服务"成为近年来江西省文化和旅游服务业发展的主题，并且取得了显著成效。但是，随着生活水平的不断提高，人们对服务质量的要求越发具体，加之跨国文化交流障碍等多种复杂因素的干扰，以世界游客群体为对象进行服务输出尚存在较大的优化与提升的空间。

三、少数城市旅游价格认知敏感

　　韩国游客群体对江西省旅游活动的经费支出较为敏感，尤其是对省内部分旅游目的地的旅游消费存在消极态度。

　　在文旅产业高质量发展目标驱动下，江西省应与国内其他省份地域，以及境外其他旅游目的地建立紧密的合作关系。上述问题虽属于省内部分景区的少数现象，但在互联网高度发达的社会背景下，应该严谨对待任何不利的负向舆论，努力营造良好的客源市场环境。

四、部分城市旅游体验项目匮乏

　　如前文所述，江西省内各城市旅游主题业态尚存在巨大潜力等待释放，但是在类型方面，却依然存在业态单一的问题。

五、旅游资源的活化利用不充分

　　进入高质量发展阶段，江西省文化和旅游产业面临的发展挑战之一就是推出一批能够满足世界游客群体需求的文化旅游项目。政府相关职能部门和旅游企业方应该将项目思路由"过去的国内市场竞争"升级转向"现代的世界舞台竞争"，因此，应以国际视野对固有的优势旅游资源进行活化与包装。目前，韩国游客视域下，江西省内部分城市地区的旅游资源存在活化利用不到位而导致游客群体认知模糊的现象。

六、旅游体验活动设计过于低端

韩国游客群体虽然对江西省整体的旅游活动体验有比较深刻的印象，但对江西省内部分旅游城市的旅游活动体验的认知淡薄、旅游记忆深度不足。

七、部分城市中性评论占比过高

基于韩国游客群体对江西省及省内各城市整体情感形象感知分析结果，结合原始文本数据分析，将中性评论占比30%以上的视为情感形象认知模糊状态。在韩国游客群体对江西省整体情感形象感知分析中，虽然以积极正向的情感评论为主，但是依然有部分韩国游客群体对部分省内城市的情感形象认知处于模糊状态。

一般而言，对于正向情感应实行继续深化、保持的运营策略；对于负向情感应强化管理，通过创新性举措改变现存困境；而对于无明确方向的中性情感，则应基于分析市场、剖析问题、积极争取市场情感方向的原则实施优化策略。

八、负面旅游事件导致不良影响

在韩国游客群体对江西省及省内各城市的负向情感感知词汇分析中发现，一些负面舆论事件造成了不良影响，在韩国游客群体内引起强烈反响，需引起重视。

从世界范围看，旅游目的地的负面新闻报道本就难以避免，针对上述问题，应遵循市场信息传播规律，通过持续的正向引导、强化行业管理、树立行业标杆等举措予以解决。

第三节 对策建议与路径分析

一、江西省打造世界级旅游目的地的对策和建议

基于江西省打造世界级旅游目的地目标驱动，立足韩国游客群体视域，围绕江西省文旅产业的发展优势与面临的挑战，结合发展实际，提出如下具体对策及建议：

（一）旅游宣推精准发力，放大核心旅游吸引力

构建文旅产业经济新发展格局，努力拓展入境游客源市场成为当下江西省打

造世界级旅游目的地的一项基础性任务。除提升交通通达性、激励旅行社企业、优化入境游线路、制定入境游支持政策等手段之外，探究境外客源市场宣推的着力点精准发力、进一步放大固有核心旅游资源吸引力成为关键环节。

（1）打响"江西风景独好"整体旅游形象品牌，各城市紧跟步伐精准营销。江西全省统筹推进"江西风景独好"整体旅游形象的宣传工作，以"中国革命根据地"红色文化为主线，重点推介南昌市、井冈山市、赣州市、宜春市、九江市、上饶市等地较具代表性的红色旅游景区。要求上述各地通过旅游产品与服务设计，充分发挥红色文化精神，讲好中国故事。

同时，省内各城市需紧跟全省步伐，在迎合全省整体宣推工作思路的前提下，借助"巧力"充分打开韩国客源市场，如在具体的境外宣推过程中，利用韩国游客群体熟知的本地籍明星开展相关工作。又如借助韩国游客群体对各地独特旅游属性的认知现状，进一步深化主题渲染、扩大主题影响力，包括九江市以庐山牯岭镇为基点，渲染其"神秘仙境""长寿福地"旅游地形象；景德镇市坚定不移地推广、扩大陶瓷器世界级文化资源魅力属性；新余市依托"七仙女"爱情故事传说设计具体的宣推方案；宜春市主打明月山景区世界唯一的富硒温泉资源，深耕韩国客源市场；上饶市继续以"神仙生活"主题文化为支撑，大力渲染三清山旅游产品与服务。另外，加强与 Trip. com、YouTube 等网络媒体平台的合作，丰富、完善旅游信息资源和旅游活动预订服务的供给。

（2）将"以市场需求为导向"原则落于实处，重点营销核心旅游产品服务。前文基于韩国游客群体视域具体分析了江西省及省内各城市自然与文化旅游资源的认知量和认知强度，反映了韩国游客群体对各地旅游资源的选择倾向，从而获得了江西省及省内各城市的核心旅游资源种类，体现了韩国游客群体的江西省旅游需求。下一步，应将"以市场需求为导向"原则落于实处，重点营销全省和省内各地的核心旅游资源，具体如下：

江西省重点营销南昌城市旅游目的地、九江市庐山景区，以及"南昌瓦罐汤"地方特色美食小吃；南昌市重点营销"南昌瓦罐汤"地方特色美食小吃、滕王阁景区，以及八一纪念馆旅游景点；九江市重点营销庐山景区、"庐山云雾茶"地方特产，以及"庐山日出"自然景观；景德镇市以陶瓷器艺术文化为核心，重点营销古窑民俗博览区和陶阳里历史文化旅游区；萍乡市的重点营销对象包括武功山景区、武功山景区金顶景点、武功山索道；新余市的重点营销对象包括拾年山遗址、仙女湖景区，以及《天工开物》文化体验项目；鹰潭市的重点营销对象有王安石主题文化体验项目、明媚的阳光体验，以及道教文化体验项目；赣州市的重点营销对象包括"毛泽东思想"文化研学、通天岩景区，以及稀土资源文化研学；吉安市包括井冈山景区、羊狮慕景区，以及白鹭洲书院；宜春市的重点营销对象有《滕王阁序》诗词文化研学、明月皇后故事传说，以及明月山富硒温泉体验项目；抚州市的重点营销产品与服务包括大觉山、文昌里、麻姑山三处景区；上饶市的重点营销产品与服务有道教文化研学、三清山景区，以及篁岭景区。

（二）强化旅游资源优势，补齐旅游体验短板

面对江西省内部分城市地区的旅游资源存在活化利用不到位而导致的游客群体认知模糊的现象问题，应在充分做好生态发展和旅游资源保护工作的前提下，一是以优秀的人文资源为依托，深入挖掘和阐释其中的文化内涵，深化文旅融合的路径、方法、模式，以提升游客群体文化旅游体验质量；二是以优秀的自然旅游资源为主体，遵循自然规律实施规划设计，减少对自然的人为干扰，力求简洁，追求功能与序列性，借助旅游场景的高端渲染手段，促使游客群体全方面地深刻感悟大自然的神奇魅力。

（1）充分发挥特色旅游资源优势，提升旅游目的地产品与服务的游客体验。南昌市依照南昌八一起义纪念馆、方志敏系列纪念地、新四军军部旧址及中共中央东南分局旧址、小平小道陈列馆等红色资源的整合思路，继续推进打造红色文化主题旅游目的地。充分利用梅岭国家森林公园、"一江三河串十湖"，以及鄱阳湖湿地等自然旅游资源，打造山水生态旅游项目。萍乡市应重点突出武功山国家5A级旅游景区的核心地位，打造世界知名的户外运动和休闲度假旅游目的地。依托中西城区优势，以及杨岐宗祖庭、地下溶洞群和山地森林等景观资源，同步推进建设安源红色文化和工业旅游深度融合区、全国知名的文化康养与科考旅游目的地。鹰潭市应继续发挥道教文化资源属性魅力，兼并整合本土民俗文化和自然生态资源，开发一批差异化、特色化、多样化的文化旅游产业项目，配套建设综合服务、旅游集散、夜游经济、公共文化休闲等重大项目。吉安市应以"吉泰走廊"为核心区域，集合吉州区、青原区、吉水县、吉安县、泰和县在全市文化和旅游发展中的资源禀赋，打造高品质、大体量的城市旅游综合体和旅游集散服务中心，进而实现吉安市文化和旅游产业集群化发展。赣州市应继续深入挖掘千年宋城文化与赣南传统文化，通过资源整合，做强中心城区文旅产业集聚效应，兼并推进"瑞金红色文化""客家文化""休闲文化"三大主题旅游区建设。抚州市应继续整合丰富多样的古色、红色、绿色资源，加快构建旅游核心区域，着力建设全国重要、国际知名的生态文化旅游目的地。

（2）坚持旅游活动体验的共性与特色并存，补齐旅游服务环节的短板。保留韩国游客群体对江西省及省内各城市的共性旅游活动体验，通过优化旅游活动的方式和内容进一步提升共性旅游活动的体验感。利用虚拟现实、声光电等数字技术，以及文化赋能、尊享服务、场景渲染等手段，放大各地特色旅游活动体

验，如赣州市的"毛泽东思想文化"研学、南昌市的"城市漫步"、景德镇市的"陶瓷艺术品和文创商品"购物、萍乡市的"野炊露营"、新余市的"风俗和科普知识"研学、鹰潭市的"SPA按摩"体验、吉安市的"高山火车"、宜春市的"温泉体验"、抚州市的"文艺演出"、上饶市的"晒秋文化"体验等，从而强化游客群体江西省旅游活动的体验。同时，建议各城市政府职能部门引导本地旅游企业，重点解决"旅游信息获取与旅游预约困难""蚊虫叮咬过多""导游和讲解员群体外语服务能力偏低""部分旅游行业从业人员态度不良"，以及"缺乏个性化服务"等现实问题。针对上述问题制定出可复制推广的做法经验，对旅游企业应给予适当的政策鼓励。另外，将"入境游客群体旅游满意度调查"工作常态化，动态观察旅游市场服务质量存在的问题，做到随时发现问题、及时解决问题的服务水平。

（三）延伸旅游主题业态，构建文旅大格局体系

面对江西省内各著名旅游目的地存在的旅游承载力管控压力，省内部分城市的旅游主题业态单一、缺乏多样性的旅游活动体验项目，以及游客对区位认知模糊等问题，应采取"延伸拓展本地旅游主题业态，构建区域文化和旅游产业发展大格局"的策略予以解决。

首先，延伸拓展本地旅游主题业态。一是丰富城市旅游业态，围绕"吃、住、行、游、购、娱"旅游基本六要素，依托城市商业休闲综合体项目，建设形成商文旅业态。依托城市休闲文化街区建设，打造城市休闲时尚商业区，从时间和空间两个层面延伸拓展旅游主题业态。二是鼓励有资源优势的城市，完善研学旅游产业链，依托文化场馆和旅游景区，创建一批主题鲜明、内涵丰富的研学基地。三是强化"体育+旅游业态"模式建设，依托自然条件、城市体育馆、休闲绿道体系、山地与水岸公路，推出体育旅游产品服务体系。四是推进康养旅游业态的内涵式发展。依托康养资源和配套设施，借鉴泰国、美国等医疗康养旅游产业模式，促使本地康养旅游业态走上"医+养""疗+养""休闲+养"的内涵式发展道路。五是大力发展夜游业态，利用声光电技术，推出灯光秀、演艺秀、夜间游船等旅游体验项目，繁荣"夜娱"文化体验市场。六是完善乡村旅游业态，实施"乡村旅游+农工学商"产业融合模式，形成如乡村休闲农业、乡村手工体验、乡村生态农业研学、乡村特色农产品销售等各类乡村旅游业态。

其次，构建区域文化和旅游产业发展大格局。基于前文分析发现，韩国游客群体对南昌市的周边城市九江，以及省外的上海、北京、广州、南京、青岛、长沙、杭州等城市有一定程度的关联认知；对景德镇市周边城市南昌，以及省外的上海和北京等城市有关联认知；对萍乡市的周边城市宜春、南昌，以及省外北京、广州、天津等城市有关联认知；对赣州市周边城市吉安，以及省外的龙岩、

北京等城市有关联认知；对吉安市周边城市萍乡、宜春有一定程度的关联认知；对宜春市的周边城市南昌，以及省外的长沙市有关联认知；对抚州市的周边城市南昌，以及福建省内部分城市有关联认知；对上饶市的周边城市鹰潭市和南昌市，以及浙江省内部分城市有关联认知。综上，提出如下建议：

（1）以南昌市为中心，与九江市、景德镇市、萍乡市、宜春市、抚州市、上饶市等地重点构建文化和旅游产业发展格局体系，各城市需在产品与服务特色方面形成互补，在旅游线路方面形成串联，在市场拓展方面统一旅游政策，由各地政府牵头，加强各地行业企业间的对接联系。

（2）形成个别城市间的局部战略格局，如萍乡市与宜春市、赣州市与吉安市、吉安市与萍乡市、上饶市与鹰潭市，在遵循资源互补、政策互动、市场共享原则的基础上，以双方特色旅游资源为牵引，强强联合，实现旅游景区景点连片发展、旅游交通一体化发展、旅游价格联票式制定，从而提升整体市场竞争力。

（3）与省外城市强化合作，形成战略合作格局。重点与省外的上海、北京、广州、长沙等城市达成战略联盟，努力争取使"引客入赣"的市场渠道更加通畅。

（四）深化旅游形象塑造，提高国际市场影响力

由前文分析可知，韩国游客群体对江西省及省内各城市的整体旅游环境已形成了良好的认知状态，如江西省整体的现代化都市建设风貌和热闹的生活气息；南昌市拥有优美的生态环境、安宁的社会环境，以及科技创新的发展理念；九江市现代化的都市建设、幸福自由的生活状态、安定繁荣的商业发展；景德镇市现代化的都市建设与繁荣的商贸往来；萍乡市的大都市建设与乡村振兴发展的风貌；新余市创新发展的理念、百姓富裕的生活、乡村振兴发展，以及智慧生态景区建设；鹰潭市现代化的都市建设、乡村繁荣发展，以及先进的物联网发展技术；赣州市繁荣的商业发展与丰富的城市便民设施建设；吉安市文明洁净的市容市貌与包容开放的社会环境；宜春市优美的城市生态环境；抚州市强大的工业发展面貌与新能源技术发展力。上述为江西省及省内各城市进一步深化旅游形象塑造、提高国际影响力奠定了坚实的基础。鉴于此，提出如下具体建议：

（1）诠释好旅游品牌的国际化表达。各城市应持续强化旅游形象品牌概念的国际推广，向境外旅游市场推出契合世界游客需求的精品旅游线路，努力促使世界游客群体产生旅游动机。同时，对应旅游形象品牌内涵，丰富旅游主题业态、营造旅游氛围。

（2）讲好底蕴深厚的城市故事。以世界游客群体的文化感知为基点，实施城市国际文化 IP 品牌建设工程。充分利用历史、名人、诗词、农耕、科技、传说、稀有资源等特色文化资源，塑造城市文化的国际符号。

（3）争做长江文明国际交流的重要平台。深入学习贯彻习近平总书记视察江西省时的重要讲话精神，梳理长江流域历史文化脉络，加强与沿线城市的文化交流，纵深推进百里长江最美岸线建设，开发符合世界游客需求的文博非遗产品，推出一批历史古迹保护修复、联合考古、展示合作示范项目，培育文物外展精品，写好长江文明的精彩篇章。

（4）实施面向世界的旅游营销策略。开展整体境外营销，统一城市国际化形象营销标识系统，形成多部门、多领域、多层次联动的境外营销机制。制定境外游客引流支持政策，对国际包机、国际专列、国际邮轮给予重点倾斜，促使更多境外游客直达江西。

（5）稳固拓展文化旅游国际性交流。利用国际友好城市资源开展全方位合作交流，借助国际行业组织、驻外办事机构、海外推广机构，策划举办系列国际旅游主题活动。利用本土知名企业、组织机构赴外办展、参展和巡展的机会，大力开展国际交流。招引知名国际文旅组织和国际头部旅游企业落户江西，重点吸引国际连锁旅游集团、国际科技公司以及国际零售品牌门店。

（五）稳固旅游设施硬实力，增强旅游服务软实力

韩国游客群体对江西省及省内各城市的整体形象认知状况良好，但是也发现了该群体高度关注旅游基础配套设施，以及高标准要求旅游服务质量的特质。鉴于此，提出如下具体建议：

（1）进一步完善旅游基础配套设施网络。加快推进城市交通网络一体化建设进度，实现旅游服务范围全域覆盖。推进旅游公路、风景廊道、骑行绿道、森林步道、通用机场、水上航线等建设，推动沿线配套服务设施及风景线的完善改造，构建"快慢相宜"综合旅游交通网络。加快现有旅游基础配套设施提升改造工程，提高设施设备的现代化建设水平。建设一批文旅服务综合体项目，更多提供主客共享的文旅体验空间。推动公共文化服务设施嵌入旅游景区，在旅游设施和旅游服务中增加文化因素和内涵。

（2）进一步强化旅游行业基础人才培训。支持省内普通高等院校、职业院校做强做大艺术、图书、群文、文博、旅游、酒店、非遗等相关专业，为本省输送更多业务能力强、职业素养高的综合性应用型人才。探索建立现代文旅产业学院人才培养新模式，鼓励高校与政府、企业合作设立对口教育实践基地，强化实践教学。持续加强各类文化和旅游人才队伍建设，每年举办各类面向行业管理部门、文化和旅游企业的培训班，培育一批行业管理、文艺创作、文艺表演、文创研发、导游讲解等方面的人才。重点对标国际服务标准，提升旅游行业基层从业人员的国际化服务水平。通过健全的人才评价体系激发行业从业人员的工作热情。

（六）重视游客敏感领域，树立积极舆论牵引力

针对韩国游客群体对旅游消费价格高敏感度的现象，可通过深入分析游客群体的价格消费心理特质，全面剖析游客群体价格敏感度的影响因素，从而帮助旅游企业掌握营销主动权，以提供主客共赢的优质产品与服务。

（1）凸显旅游产品与服务的独特性。秉持实事求是、诚信营销的理念，凸显旅游产品与服务的独特魅力与属性。在旅游产品与服务的设计环节，应当严守功能性底线，避免同质化、大众化的设计思路，用创新性思维提升产品与服务的不可替代性。还可以通过属性赋能，拓宽产品与服务的用途，延长产品与服务的效益周期。另外，对同类产品与服务的定价，应适当参考省外或境外的定价标准，并进行合理调整。

（2）大力提倡行业企业的自律行为。经常性地向旅游企业宣传行业自律的重要性，包括行业内对国家法律、法规政策的遵守与贯彻，以及通过行规行约制约自身的不良行为。提倡以向游客提供优质规范的服务为宗旨，以维护文旅行业和企业的利益，这也是避免行业内部发生恶性竞争、维护本行业可持续发展的必然路径。另外，可通过壮大各类旅游行业协会来发挥其在行业自律方面的作用。

（3）进一步强化旅游市场监管水平。加强旅游联合执法，严厉打击虚假宣传、欺客宰客、恶性竞争、不合理低价等违法行为，实施旅游市场黑名单制度，全面形成旅游综合监管体系。持续组织开展旅游市场专项整治行动，推动旅游市场"体检式"暗访常态化，动态更新旅游行业领域的问题隐患和制度措施清单。

（4）加强海外新媒体平台营销力度。具体分为以下四方面：一是在境外主流新媒体社交平台开通江西文旅官方账号，定期推送作品。二是发动海外的江西籍华人踊跃推介家乡，把能够展现家乡积极形象的作品上传至个人社交媒体平台。三是对常驻江西的外籍人员给予充分重视，提升该群体对本地的依恋感，并引导该群体通过各种海外渠道宣传推介江西。四是以服务采购的方式，通过海外新媒体社交平台渠道，召集、组织驻华外籍人员开展江西旅游推介活动。

二、江西省打造世界级旅游目的地的路径分析

基于世界游客视域探究江西省打造世界级旅游目的地的路径，综合考量江西省文旅产业的发展优势与面临的发展挑战，依托江西省打造世界级旅游目的地的对策和建议，构建江西省打造世界级旅游目的地的路径模型，具体如图7-1所示。

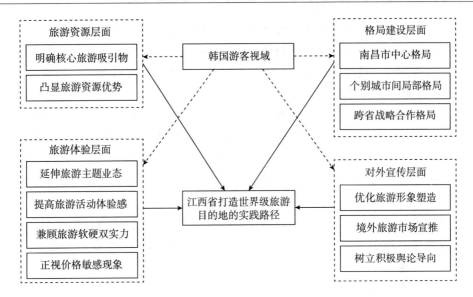

图7-1　江西省打造世界级旅游目的地的路径模型

针对江西省打造世界级旅游目的地的路径模型可作出如下简要说明：

（一）明确核心旅游吸引物

将"以市场需求为导向"原则落于实处，基于世界游客视域明确江西省及省内各城市的核心旅游吸引物。重点围绕核心旅游吸引物，进一步挖掘资源内涵、彰显资源魅力，并且科学合理地开发、设计体验项目，促使游客群体通过项目体验，强化正向的旅游记忆，引导积极的行为倾向。

（二）凸显旅游资源优势

针对江西省内部分城市地区的旅游资源项目存在活化利用不到位而导致的游客群体认知模糊的现象，应当在充分做好生态发展和资源保护的基础上，通过"深入挖掘阐述资源内涵""深化文旅融合机制""创新性的规划设计""高端的场景渲染"等手段，进一步凸显旅游资源的独特性。

（三）延伸旅游主题业态

围绕"吃、住、行、游、购、娱"旅游基本六要素，丰富城市旅游主题业态。依托资源优势完善研学旅游主题业态，利用旅游基础配套设施强化体育旅游主题业态，推进康养主题业态的内涵式发展，以现代技术为支撑繁荣夜游主题业态，打造"乡村旅游+农工学商"产业融合模式。

（四）提高旅游活动体验感

在前沿理论指导下，充分利用先进的科学技术手段，提升世界游客群体对江西省及省内各城市特色旅游活动的体验质量。同时，突出问题导向。政府职能部门应当引导旅游企业对世界游客群体的个性化服务需求进行合理满足。针对普遍存在的服务问题，鼓励企业努力探索出可复制、可推广的经验做法。

（五）兼顾旅游软硬双实力

支持省内高校做强做大文化和旅游类专业，培养更多旅游类综合性应用型人才，重点对标国际服务标准，提升旅游行业基层从业人员的国际化服务水平。加快推进城市交通网络一体化建设进度，构建"快慢相宜"综合旅游交通网络。加快现有旅游基础配套设施提升改造工程，提高设施设备的现代化建设水平。

（六）正视价格敏感现象

通过提高旅游产品与服务的不可替代性、重要程度、独特性、功能用途、性价比等属性，帮助旅游企业掌握营销主动权，以提供主客共赢的优质产品与服务。

（七）构建文旅发展大格局

在充分考虑入境游市场动向、江西省旅游交通的可进入性特点、省内各城市之间的旅游资源互补性的前提下，提出如下建议：一是以南昌市为中心构建全省文化和旅游产业发展格局体系；二是形成个别城市间的局部战略格局；三是与省外城市强化合作，跨省形成战略合作格局。

（八）优化旅游形象塑造

针对当下江西省内各城市旅游形象的构建现状，提出通过"诠释好旅游品牌的国际化表达""讲好底蕴深厚的城市故事""争做长江文明国际交流的重要平台""实施面向世界的旅游营销策略""稳固拓展文化旅游国际性交流"等重点举措实现旅游形象的优化。

（九）境外旅游市场宣推

在服从全省整体的旅游形象品牌定位的前提下，省内各城市依托各自特色资源优势，精准探究营销着力点，努力扩大提升城市旅游形象在境外旅游市场的影响力与辨识度，主要通过在境外举办旅游推介会和在本区域内组织国际性节庆赛事活动的途径，提高境外旅游市场的宣推效率。

（十）树立积极舆论导向

通过在境外主流新媒体社交平台开通官方账号、发动海外江西籍华人踊跃推介家乡、提升常住江西外籍人员的地方依恋感，以及召集组织驻华外籍人员开展江西旅游推介活动等方式，在境外形成积极的舆论导向。同时，还要大力提倡行业自律，强化旅游市场监管力度。

第八章　研究结论与展望

第一节　研究结论

本书以现有研究文献为基础，选定韩国游客群体为对象，采用网络文本分析的方法，剖析江西省及省内各城市旅游目的地形象感知状况，揭示江西省打造世界级旅游目的地路径，最终获得主要研究结论如下：

一、旅游区位认知已大体清晰，始发中转地点跨省集中

韩国游客群体对南昌、景德镇、赣州、上饶四市的旅游区位信息已经形成了非常清晰的认知，对萍乡、吉安、宜春、抚州四市的旅游区位也较为熟悉，但是对九江、新余、鹰潭三市尚处于相对模糊的认知状态。前往及离开江西省各城市的始发与中转地点多集中于省外的上海、北京、广州、长沙等城市。

二、核心旅游吸引物认知明确，旅游资源内涵挖掘不足

通过分析获取了韩国游客群体视域下江西省及省内各城市的核心旅游吸引资源。但是，韩国游客群体对江西省旅游资源的整体认知较为模糊。另外，对南昌市、萍乡市、鹰潭市、吉安市、赣州市、抚州市等地旅游资源的认知强度也相对较弱，体现出上述各地存在旅游资源的挖掘深度不足、文化内涵阐述不充分的问题。

三、旅游活动体验呈现规律性，旅游服务尚存提升空间

韩国游客群体对江西省及省内各城市的旅游活动感知大多集中于"登山""拍照打卡""品茶"等方面。同时，对各城市旅游活动的感知又在活动内容、

活动类型等方面呈现出差异性特色。另外，亟须解决"旅游攻略与相关旅游信息的获取"难等共性的服务短板问题。

四、部分城市旅游项目较匮乏，旅游活动设计存在问题

韩国游客群体对江西省旅游活动的整体评价为体验单一、枯燥无味。对新余市、鹰潭市、抚州市也作出类似评价。同时，他们虽然对九江市、鹰潭市、吉安市的旅游活动有深刻印象，但是却存在主要旅游活动过度疲劳、身体乏力的负向感知评价。另外，有关景德镇市、宜春市、上饶市旅游活动体验的旅游记忆淡薄，反映出活动项目设计存在问题。而对南昌市旅游活动认知较为深刻的负面体验则是"堵车""蚊虫叮咬"等。

五、旅游承载力管控压力明显，亟须延伸拓展主题业态

韩国游客群体对南昌市、赣州市、九江市、鹰潭市、萍乡市、上饶市、宜春市等地著名旅游景区景点由旅游承载力管控不足而导致的人流与交通拥堵现象表现出不满。体现出上述城市亟须对发展潜力较大的旅游主题业态进行延伸、拓展，以缓解成熟景区的承载力管控压力。

六、旅游形象营销发现新基点，负面事件产生消极影响

通过分析发现了省内部分城市开拓韩国客源市场的新基点，如通过明星效应、固有形象认知、高兴趣度的旅游文化资源、境外旅游门户网站与社交媒体平台等，进行高效的旅游宣传推介。但是，也存在个别的旅游负面事件给江西省及省内部分城市造成消极影响的问题，需要给予高度重视并予以解决。

七、旅游基础设施成关注焦点，旅游价格感知敏感度高

旅游基础配套设施是韩国游客群体在江西省开展旅游活动过程中关注的焦点，且认知的范围广、强度高，重点集中在"指示牌""指示牌的韩语译文""卫生间""游步道""游客服务中心"等方面。另外，韩国游客群体对江西省旅游活动的经费支出较为敏感，对九江市庐山景区、萍乡市武功山景区、新余市的旅游消费价格作出了消极评价，且对鹰潭市旅游目的地过度商业化的现象表现出了反感态度。

八、整体形象感知状况较良好，部分城市情感认知模糊

韩国游客群体对江西省及省内各城市的整体形象感知状况较为良好，认知形象层次分明，符合旅游心理与行为的一般规律，且负向消极的情感因素感知尚处

于可控的合理范畴。但是，对南昌市、景德镇市、萍乡市、赣州市、宜春市的中性情感评价占比略高，反映出韩国游客群体对江西省及省内各城市的整体情感形象感知存在方向不分明的模糊现象。

围绕上述主要研究结论，本书基于旅游吸引物、旅游资源、旅游业态、旅游活动、硬件设施与服务、游客心理、旅游格局构建、旅游形象、市场开拓、旅游宣推等视角，提出"旅游宣推精准发力，放大核心旅游吸引力""强化旅游资源优势，补齐旅游体验短板""延伸旅游主题业态，构建文旅大格局体系""深化旅游形象塑造，提高国际市场影响力""稳固旅游设施硬实力，增强旅游服务软实力""重视游客敏感领域，树立积极舆论牵引力"的对策和建议，并且基于韩国游客视域，成功构建出了江西省打造世界级旅游目的地的路径模型，从而为江西省加快推进文化和旅游产业的世界化进程提供理论参考与借鉴。

第二节 研究局限与展望

本书采用网络文本分析的方法，探究了韩国游客群体对江西省及省内各旅游城市的认知形象、情感形象、整体形象的感知状况，总结了江西省文化和旅游产业在推进世界化发展进程中拥有的优势条件与面临的发展挑战，提出了江西省打造世界级旅游目的地的对策和建议，构建了江西省打造世界级旅游目的地的路径模型，基本达到了预期的研究目标，但是却依然存在一些研究局限，具体如下：

一、数据类型不完全

采用网络文本分析方法开展具体研究，主要以文字性评论为数据源，忽视了图片、视频、录音等其他类型数据的重要性，尤其是鉴于视频、音频蕴含着更加完整、直观的信息，值得在后续研究中对音频、视频信息开展全面的挖掘分析。

二、研究区域不完整

基于旅游形象感知探究旅游目的地运营与管理问题，选定江西省及省内各代表性旅游城市为研究范畴，忽视了著名景区对区域旅游形象的代表力，因此在后续研究中重点讨论研究区域的著名景区。

三、市场细分不充分

基于市场细分化原则视角，选定江西省主要客源市场之一的韩国游客群体为研究对象，但是未对该群体依照人口变量进行进一步的细化研究，将在后续研究中借助其他技术手段弥补此项不足。

参考文献

［1］中华人民共和国中央人民政府．国务院关于印发"十四五"旅游业发展规划的通知［EB/OL］．［2021-12-22］．https：//www. gov. cn/gongbao/content/2022/content_5674298. htm.

［2］江西省人民政府．江西省人民政府办公厅关于推进旅游业高质量发展的实施意见［EB/OL］．［2022-03-09］．http：//www. jiangxi. gov. cn/art/2022/3/16/art_4975_3887836. html.

［3］Parlindungan H. H. , Sukwika T. , Manurung H. Prambanan Temple Tourist Destination Development in Indonesia as World Cultural Heritage［J］．European Journal of Science, Innovation and Technology, 2021, 1（3）：39-56.

［4］Marzouki S. The Competitiveness of the United Arab Emirates Tourist Destination and the Lessons Learned in the Arab World［J］．Journal of Association of Arab Universities for Tourism and Hospitality, 2021, 21（3）：272-298.

［5］吴开军．中国大陆省域旅游目的地品牌竞争力研究——基于可视的世界级和国家级景区品牌视域［J］．经济管理, 2016, 38（6）：154-165.

［6］Makuzva W. , Ntloko N. J. Developing a Resort Destination Theough the Eyes of the Tourist［J］．Geo Journal of Tourism and Geosites, 2021, 37（3）：921-928.

［7］章杰宽．桂林世界级旅游城市指标体系的构建与评价［J］．旅游论坛, 2021, 14（5）：117-125.

［8］Subadra I. N. Investigating Push and Pull Factors of Tourists Visiting Bali as a World Tourism Destination［J］．International Journal of Multidisciplinary Educational Research, 2019, 8（8）：253-269.

［9］赵临龙, 粟红蕾．创建桂林一流国际旅游胜地的实证分析与策略［J］．社会科学家, 2021（3）：52-57.

［10］Maxim C. Challenges Faced by World Tourism Cities-London's Perspective［J］．Current Issues in Tourism, 2020, 22（9）：1006-1024.

［11］冯翔，王媛媛，李俊．上海建设世界著名旅游城市的成效、问题与对策［J］．科学发展，2021（12）：62-70.

［12］Akel G. Destination's Image and Tourism Experiences［EB/OL］. https：//www. igi-global. com/gateway/chapter/293494.

［13］Choi Seung-Mook. A Study on the Characteristics and Satisfaction of Multi-Destinations Travel of Individual Tourists Visiting Korea for Leisure，Amusement and Relaxation：Focused on Number of regions visited in Korea［J］. Journal of Tourism Sciences，2019，34（7）：215-234.

［14］Lee Eun-Ji，Jiao Bai，CHUNG NAMHO，Koo Chulmo. The Influence of Audience Involvement on Self-Congruity and Destination Satisfaction：An Application the Para Social Interaction Theory and Balance Theory［J］. Journal of Tourism Sciences，2021，45（5）：121-144.

［15］王丽娜，李华．入境旅游者对中国旅游目的地形象的负面感知研究［J］．世界地理研究，2019，28（6）：189-199.

［16］程盈莹，成东申，李佳鸿．国际舆论对我国入境旅游贸易的影响——基于Gdelt新闻大数据库的实证研究［J］．社会科学研究，2022（2）：113-125.

［17］李欣忆．锚定首要任务坚定不移推动高质量发展［N］．四川日报，［2024-01-18（001）］. https：//epaper. scdaily. cn/shtml/scrb/20240118/v02. shtml.

［18］贾云峰．世界级旅游目的地概念解读、标准要求与实施路径［N］．中国城市网，［2022-06-08］. https：//www. zgcsb. com/news/pinDao/2022-06/08/a_372669. html.

［19］田代贵．重庆建设国际旅游目的地的难题及对策研究［J］．西部论坛，2017，27（1）：53-59.

［20］陈博洲．以产业地标化助推旅游发展国际化——重庆加快建设世界知名旅游目的地创新路径研究与建议［J］．西部旅游，2022（5）：5-9.

［21］何海，王亚辉．基于TDI城市类世界知名旅游目的地旅游综合竞争力比较研究［J］．经济地理，2023，43（9）：231-240.

［22］范莉娜，石培华，杨春宇等．"贵州推进打造世界级旅游目的地"笔谈［J］．贵州民族大学学报（哲学社会科学版），2023（3）：1-47.

［23］吴殿廷，郭来喜，刘锋等．世界旅游强国建设：国际经验与中国方略［J］．中国生态旅游，2022，12（4）：533-549.

［24］王传顺，卢春兰．打造世界红色旅游目的地，促进江西入境旅游发展——以井冈山旅游为例［J］．河北旅游职业学院学报，2022，27（4）：31-36.

［25］尹宏，冯婵．成都建设世界旅游目的地城市的条件优势、制约因素与

路径［J］．成都行政学院学报，2015（6）：82-87．

　　［26］黄震方．世界级旅游目的地的基本概念与建设要求［J］．旅游论坛，2023，16（2）：45-49．

　　［27］常雪松．世界级旅游度假区建设研究［J］．经济师，2023（5）：142-143+148．

　　［28］吴殿廷，赵西君，朱宇桐等．我国打造世界级旅游景区的战略思考［J］．开发研究，2023（1）：1-8．

　　［29］夏赞才，汤群辉．加快建设世界旅游目的地［J］．新湘评论，2022（18）：25-26．

　　［30］郭剑英，熊明均．乐山世界重要旅游目的地建设存在的问题与对策研究［J］．中共乐山市委党校学报，2019，21（3）：53-58．

　　［31］程冰，肖悦．民宿游客体验感知对桂林世界级旅游城市建设的影响——以疫情防控常态化为背景［J］．社会科学家，2022（5）：45-52．

　　［32］唐建兵．世界旅游名城视角下的成都市高等级旅游品牌提升［J］．人文天下，2020（18）：8-13．

　　［33］林轶，冯聪慧，屠靖斌．感官视角下旅游目的地品牌联想测评——以桂林市为例［J］．资源开发与市场，2023，12（10）：1257-1263．

　　［34］李思静．桂林多点发力，奋力打造世界级旅游城市［EB/OL］．［2023-10-02］．https：//www.guilin.gov.cn/ywdt/xwgz/202310/t20231002_2574426.shtml．

　　［35］桂林市旅游学会课题组，庞铁坚．打造世界级旅游城市的若干建议［J］．中共桂林市委党校学报，2021，21（4）：16-20．

　　［36］丁萍．打造桂林世界级旅游城市研究［J］．桂海论丛，2022，38（5）：104-109．

　　［37］宋友开，王文珍．桂林世界级旅游城市建设路径研究——基于SWOT+ASEB模型分析［J］．中国市场，2023（28）：17-20+92．

　　［38］陈伍香．桂林打造世界级旅游城市的"四宜"模式构建与路径优化［J］．社会科学家，2023（1）：65-72．

　　［39］李吉敏．崇州市融入成都世界旅游目的地建设路径探究［J］．旅游纵览，2021（7）：91-93．

　　［40］蒋蔚炜．做优做强核心功能　高质量建设世界旅游目的地［J］．先锋，2023（2）：31-33．

　　［41］文学菊，马倩，邱汉琴，吕咏梅．四川世界重要旅游目的地建设路径探索与实践［J］．新西部，2022（7）：14-16．

［42］陈潜．重庆加快建设世界知名旅游目的地［N］．中国旅游新闻网，
［2022-04-08（001）］．http：//www.ctnews.com.cn/news/content/2022-04/08/
content_121919.html.

［43］陈雪钧，周敏．重庆建设世界级旅游目的地的路径研究［J］．重庆行政，2023，24（5）：96-99.

［44］陈博洲．打造世界级度假胜地——新时代机遇下重庆武隆仙女山旅游度假区国际化发展路径探析［J］．中外企业文化，2022（3）：110-113.

［45］孙晋关，郑丹．对西藏建成重要的世界旅游目的地的思考［N］．西藏日报（汉），［2021-11-24（005）］．DOI：10.38227/n.cnki.nxzrb.2021.004134.

［46］王汝辉．西藏建设世界级旅游目的地差距诊断及战略选择研究——基于 SMED 评估体系视角［J］．中国藏学，2013（3）：35-40.

［47］吴晶晶，王珊珊．西藏旅游经济、交通运输与生态环境耦合协调发展分析［J］．时代经贸，2023，20（10）：142-146.

［48］赵丽红，袁惠爱．数字经济视域下西藏旅游业高质量发展的机制与路径研究［J］．西藏研究，2023（5）：1-10+159.

［49］白富华，杜晓楠，郭子飞．西藏文化产业和旅游产业的耦合发展研究［J］．西部旅游，2023（16）：16-18.

［50］张金玲．西藏打造世界级旅游目的地营销策略分析——以拉萨旅游业为例［J］．全国商情（经济理论研究），2015（9）：67-68.

［51］陈华．西藏徒步旅游助力构建"重要的世界旅游目的地"［C］．中国体育科学学会．第十一届全国体育科学大会论文摘要汇编．厦门大学体育教学部，2019.

［52］陈娅玲，秦国华，余正军．重要的世界旅游目的地建设：高质量发展、山地旅游与人才培养——第二届"西藏旅游发展与旅游教育高端论坛"综述［J］．西藏民族大学学报（哲学社会科学版），2020，41（6）：213-216.

［53］郭子腾．今年访澳旅客有望超 2700 万［N］．中国旅游新闻网，［2023-11-20（002）］．http：//www.ctnews.com.cn/dongtai/content/2023-11/16/content_152877.html.

［54］杨道匡．澳门建设旅游休闲中心相关问题探讨［J］．港澳研究，2016（1）：44-51，94-95.

［55］梁元东．珠中江与澳门旅游业联动发展路径选择［J］．岭南学刊，2015（5）：95-102.

［56］杨英，王晶．小空间尺度区域视角的澳门世界旅游休闲中心发展研究［J］．产经评论，2017，8（2）：57-65.

［57］齐童．澳门世界旅游休闲中心发展途径研究——以提升澳门旅游业人员英语能力为例［J］．中国商论，2019（1）：181-182.

［58］孟芳宁．"世界旅游休闲中心"发展下的澳门资源集约优化研究［J］．中外建筑，2019（3）：74-77.

［59］周梁，陈子吟．珠澳合作开发横琴国际休闲旅游岛的路径研究［J］．旅游与摄影，2022（16）：23-25.

［60］杨发辉．澳门建设世界旅游休闲中心探讨［J］．当代旅游，2022，20（5）：49-51.

［61］Bouldin K. The Image, Ann Arbor［M］. Ann Arbor：The University of Michigan Press，1956.

［62］John D. Hunt. Image as a Factor in Tourism Development［J］. Journal of Travel Research，1971，13（3）：1-7.

［63］Gunn C. Vacations cape. Designing Tourist Regions［M］. Washington DC：Taylor and Francis \ University of Texas，1972.

［64］Fakeye P. C.，Crompton J. L. Image Differences between Prospective，First-Time，and Repeat Visitors to the Lower Rio Grande Valley［J］. Journal of Travel Research，1991，30（2）：10-16.

［65］Crompton J. L. An Assessment of the Image of Mexico as a Vacation Destination and the Influence of Geographical Location upon that Image［J］. Journal of Travel Research，1979，17（4）：18-23.

［66］Lawson F.，Baudbovy M. Tourism and Recreation Development，A Handbook of Physical Planning［J］. Annals of Tourism Research，1980，7（2）：276-278.

［67］Assael H. Consumer Behavior and Marketing Action［M］. California：South-Western College Publishing，1998.

［68］Embacher J.，Buttle F. A Repertory Grid Analysis of Austria's Image as a Summer Vacation Destination［J］. Journal of Travel Research，1989，27（3）：3-7.

［69］Barich H.，Kotler P. A Framework for Marketing Image Management［J］. Sloan Manage Rev，1991，32（2）：94-104.

［70］Markin R. J. Consumer Behavior：A Cognitive or Ientation［J］. Annals of Tourism Research，1974，2（3）：4-8.

［71］Baloglu S.，McCleary K. W. A Model of Destination Image Formation［J］. Annals of Tourism Research，1999（26）：868-897.

［72］Muphy P.，Pritchard M. P.，Smith B. The Destination Product and Its Impact on Traveler Perceptions [J]. Tourism Management，2000，21（1）：43-52.

[73] Kim H.，Richardson S. L. Motion Picture Impacts on Destination Images [J]. Annals of Tourism Research，2003，30（1）：216-237.

[74] Gartner C. Image formation process [J]. Journal of Travel&Tourism Marketing，1993（2）：191-215.

[75] Echtner C. M.，Ritchie J. R B. The Measurement of Destination Image：An Empirical Assessment [J]. Journal of Travel Research，1993，31（4）：3-13.

[76] Grosspietsch M. Perceived and Projected Images of Rwanda：Visitor and International Tour Operator Perspectives [J]. Tourism Management，2006，27（2）：225-234.

[77] Tasci A.，Gantner W.，Cavusgil S. Conreptualization and Operationlization of Destination Image [J]. Journal of Hospitality & Tourism Research，2007，31（2）：194-223.

[78] Govers R.，Go F. M.，Kumar K. Virtual Destination image：A New Measurement Approach [J]. Annals of Tourism Research，2007，34（4）：977-997.

[79] 宋章海. 从旅游者角度对旅游目的地形象的探讨 [J]. 旅游学刊，2000（1）：63-67.

[80] 吴必虎. 区域旅游规划原理 [M]. 北京：中国旅游出版社，2001.

[81] 黄艺农，程柯. 基于游客感知形象的武陵源风景名胜区营销路径分析 [J]. 湖南师范大学社会科学学报，2007（2）：95-98.

[82] 白凯. 旅游目的地意向定位研究述评——基于心理学视角的分析 [J]. 旅游科学，2009（2）：9-14.

[83] 李玺，叶升，王东. 旅游目的地感知形象非结构化测量应用研究——以访澳商务游客形象感知特征为例 [J]. 旅游学刊，2011，26（12）：57-63.

[84] 王素洁，刘海英. 国外目的地形象研究进展与展望——基于 TM、ATR、JTR 发表的相关文献 [J]. 山东大学学报（哲学社会科学版），2017（7）：137-147.

[85] 李巍，张树夫. 旅游地形象认知心理分析与测评 [J]. 地理与地理信息科学，2007（3）：92-95.

[86] 丁陈娟，杨永德，白丽明. 旅游目的地形象三维测量模型构建及其实现技术研究 [J]. 学术论坛，2007（9）：108-112.

[87] 王君怡，吴晋峰，王阿敏. 旅游目的地形象认知过程——基于扎根理论的探索性研究 [J]. 人文地理，2018，33（6）：158-166.

[88] 敖长林，李凤佼，许荔珊. 基于网络文本挖掘的冰雪旅游形象感知研

究——以哈尔滨为例［J］.数学的实践与认识，2020，50（1）：44-54.

［89］曹梦琦.基于旅游UGC的目的地形象对比可视分析研究［D］.成都：四川大学，2021.

［90］谭红日，刘沛林，李伯华.基于网络文本分析的大连市旅游目的地形象感知［J］.经济地理，2021，41（3）：231-239.

［91］赵德森，窦垚.政府行为对旅游目的地形象的影响机制——基于扎根理论的探索性研究［J］.云南大学学报（社会科学版），2021，20（5）：136-144.

［92］张怡然，皮平凡.后新冠疫情时期旅游目的地形象、感知风险和行为意向的研究——以武汉为例［J］.商业经济，2022（2）：6.

［93］李春萍，张简.基于网络文本分析的国内外游客旅游目的地形象感知差异研究——以西安回民街为例［J］.旅游论坛，2017，10（6）：97-110.

［94］崔楠，王长征.象征性品牌形象的维度与测量［J］.商业经济与管理，2010（10）：52-60.

［95］何调霞，张德平，张红英.基于文本挖掘的无锡古运河旅游形象感知与提升策略探究［J］.旅游纵览，2023（17）：38-41.

［96］李晓萌.旅游目的地象征性形象对游客消费偏好的影响研究：基于多群组分析［J］.商业经济研究，2022（18）：181-184.

［97］李静，尹书华，吴少峰.节庆吸引力感知对游客依恋的影响研究：基于"认知—情感—意向"模型的分析［J］.价格理论与实践，2023（7）：144-147+211.

［98］陈雯.健康视频中场景切换和讲解人形象对用户集体参与和行为意向的影响分析［D］.上海：上海外国语大学，2023.

［99］杨艺琳.YouTube中医热门视频的评论研究——基于认知—情感理论［J］.科技传播，2023，15（6）：105-110.

［100］Lai K.，Li X. Tourism Destination Image：Conceptual problems and Definitional Solutions［J］. Journal of Travel Research，2016，55（8）：1065-1080.

［101］赵霞，李志伟，周伟梁.扎根理论视角下新疆红色旅游形象二元对比研究［J］.江苏商论，2023（11）：58-64.

［102］钟新，沈静.从视觉吸引到情感凝聚：国家形象视角下可爱传播策略分析——以北京冬奥会吉祥物"冰墩墩"为例［J］.中国新闻传播研究，2023（1）：128-142.

［103］张宏梅，陆林，蔡利平，黄琢玮.旅游目的地形象结构与游客行为意图——基于潜在消费者的本土化验证研究［J］.旅游科学，2011，25（1）：35-45.

［104］杨再河，郭桂容．基于 Python 对上海迪士尼旅游形象游客感知的分析与研究［J］．商展经济，2023（15）：68-71．

［105］Stylidis D．，Shani A．，Belhassen Y. Testing an Inte-Grated Destination Image Model across Residents and Tourists［J］．Tourism Management，2017（58）：184-195．

［106］李蕾蕾．旅游地形象策划：理论与实务［M］．广州：广东旅游出版社，1999．

［107］赵琴．基于文本分析的旅游地形象与游客感知偏差研究［D］．南宁：广西民族大学，2023．

［108］杨帆．旅游古镇游客感知形象评价及提升策略研究——以桐乡市乌镇为例［D］．新乡：河南师范大学，2022．

［109］何调霞，张德平，张红英．基于文本挖掘的无锡古运河旅游形象感知与提升策略探究［J］．旅游纵览，2023（17）：38-41．

［110］杜荣荣，吐尔逊古丽·吾甫尔．景区旅游形象感知对游客重游意愿的影响研究——以帕米尔旅游景区为例［J］．中国集体经济，2023（23）：133-138．

［111］杨婉婷，李凌雁，李铭朴．基于“认知—情感”模型的入境旅游目的地形象感知时空分异研究——以上海市为例［J］．河北省科学院学报，2023，40（5）：64-74．

［112］侯玉杰．社交媒体 UGC 感知价值对夜间游客行为意向的影响［D］．武汉：湖北大学，2023．

［113］范燕．基于大数据分析的黄果树旅游景区旅游形象游客感知研究［D］．贵阳：贵州师范大学，2022．

［114］谢文海，曾夕娌，刘婉仪等．基于网络游记的张家界市旅游目的地形象感知研究［J］．绿色科技，2023，25（15）：179-186．

［115］Laws E．，Prideaux B. Crisis Management：A Suggested Typology［J］．Journal of Travel & Tourism Marketing，2005，19（23）：1-8．

［116］Santana G. Crisis Management and Tourism［J］．Journal of Travel & Tourism Marketing，2004，15（4）：299-321．

［117］Avraham E. Nation Branding and Marketing Strategies for Combatting Tourism Crises and Stereotypes toward Destinations［J］．Journal of business Research，2020（116）：711-720．

［118］Mona Afshardoost，Mohammad Sadegh Eshaghi. Destination Image and Tourist Behavioural Intentions：A Meta-Analysis［J］．Tourism Management，2020，81（5）：104-154．

［119］郭伟欣，梁文斌．非遗旅游中的旅游者形象感知与行为意向之关系研究——以福建湄洲妈祖祖庙为例［J］．乌鲁木齐职业大学学报，2022，31（2）：40-47．

［120］Seyma B．海滨城市旅游目的地形象与游客行为意愿的关系研究［D］．济南：山东大学，2022．

［121］计鑫．红色旅游目的地形象对游客行为意向影响研究［D］．上海：上海师范大学，2022．

［122］刘琢．基于网络文本分析的生态旅游目的地形象感知研究［D］．哈尔滨：哈尔滨商业大学，2022．

［123］胡媛．《知音号》沉浸式演艺旅游形象对游后行为意向的影响研究［D］．桂林：桂林理工大学，2023．

［124］张高军，程泷，张若愚等．基于定性元分析的目的地形象演变过程研究［J］．旅游学刊，2023（11）：1-18．

［125］韩紫薇．突发公共卫生事件下旅游目的地形象动态演化及偏差机理研究［D］．厦门：华侨大学，2022．

［126］陈光璞．旅游目的地刻板印象与实际感知形象差异研究［D］．北京：北京交通大学，2022．

［127］朱潇月，赵现红，王莹洁．北京冬奥会举办前后北京旅游国内感知形象对比研究［J］．地域研究与开发，2023，42（5）：75-80．

［128］陈锋．基于UGC平台下汕头旅游形象演变研究［D］．西宁：青海师范大学，2023．

［129］郭婉．基于旅游偏好的城市旅游形象感知差异研究——以武汉市为例［J］．旅游纵览，2023（8）：97-99．

［130］张聪慧，李志行．基于大数据的世界遗产地旅游形象感知对比研究［J］．当代旅游，2022，2（14）：28-29+75+113．

［131］柯丽红，佟静．中国四大石窟旅游形象感知对比研究［J］．内江师范学院学报，2022，37（2）：110-120．

［132］徐旋．基于海量UGC图片元数据的海南海岛旅游与台湾海岛旅游形象感知的比较研究［D］．三亚：海南热带海洋学院，2023．

［133］秦素珍，李积普，谢红彬，杨璐，郭鹏飞，邓红芮，蔡思琪，马永健．国家矿山公园旅游形象对比：基于游客网络评论［J］．福建师范大学学报（自然科学版），2023，39（6）：131-140．

［134］李凤娇，张书颖，刘家明等．京津冀和长三角城市群的旅游形象感知对比研究［J］．经济地理，2023，43（4）：194-205．

［135］朱衣柠，俞海燕，魏明珠等．长三角地区红色旅游产品形象感知比较分析——基于网络文本分析法［J］．现代商业，2023（5）：137-141．

［136］高军．中外现实游客旅游心理链：结构·关系·差异研究［D］．西安：陕西师范大学，2012．

［137］Giraldi A．，Cesareo L．Destination Image Differences between First-Time and Return Visitors：An Exploratory Study on the City of Rome［J］．Tourism & Hospitality Research，2014，14（4）：197-205．

［138］张高军．中国内文化群体旅游目的地形象认知的比较研究［D］．西安：陕西师范大学，2016．

［139］贺景．云南省旅游目的地形象评价与优化研究［D］．昆明：云南大学，2018．

［140］关阳．基于 python 数据可视化的桂林旅游形象感知中外差异分析［D］．南宁：广西大学，2019．

［141］邓宁，刘耀芳，牛宇，计卫星．不同来源地旅游者对北京目的地形象感知差异——基于深度学习的 Flickr 图片分析［J］．资源科学，2019，41（3）：416-429．

［142］潘莉，胥兴安，谢笑盈．去过才真的温暖？国家旅游意象感知差异研究——以南非为例［J］．旅游学刊，2021，36（1）：123-134．

［143］林玲，唐伟．基于网络大数据文本分析的历史文化街区旅游形象感知研究——以四川省成都市宽窄巷子为例［J］．西部旅游，2023（15）：45-48．

［144］王颖．不同情感体验旅游者的目的地形象感知差异——以内蒙古旅游形象为例［EB/OL］．［2024-03-14］．https：//doi.org/10.16517/j.cnki.cn-1034/f.20231008.005．

［145］罗文军．基于网络文本分析的中外游客历史街区旅游形象感知比较研究——以成都锦里古街为例［D］．贵阳：贵州师范大学，2023．

［146］刘丽娜，王成霞，邵秀英．网络语境下旅游目的地形象差异研究——以大同市为例［J］．山西师范大学学报（自然科学版），2022，36（2）：39-45．

［147］张鹏杨，郑婷．文本挖掘的旅游地官方投射形象与游客感知形象差异——以昆明市为例［J］．华侨大学学报（哲学社会科学版），2022（4）：24-36．

［148］汪敏．基于感知投射分析的武夷山国家公园旅游形象研究［D］．沈阳：沈阳大学，2022．

［149］姜文莹．基于网络文本分析的大型人工海岛旅游目的地形象感知研究［D］．三亚：海南热带海洋学院，2023．

［150］李学群．基于网络文本分析的鼓浪屿旅游感知形象与投射形象对比研究［D］.哈尔滨：哈尔滨商业大学，2023.

［151］宋天欣．基于网络文本分析的克什克腾旗旅游形象感知研究［D］.呼和浩特：内蒙古师范大学，2023.

［152］王富钢．基于网络文本分析的牡丹江旅游目的地形象研究［D］.牡丹江：牡丹江师范学院，2023.

［153］Joy N. A．外国游客视角下的旅游目的地形象竞争力模型研究［D］.杭州：浙江工商大学，2019.

［154］张泽楠．基于大数据文本挖掘的潜在外国游客对中国国家旅游形象感知研究［D］.天津：天津财经大学，2022.

［155］武氏草贤．中日游客对越南河内老城区旅游形象感知比较研究［D］.南京：东南大学，2020.

［156］李巧巧，胡传东．国外游客的长江三峡旅游形象感知特征研究［J］.地域研究与开发，2022，41（4）：100-106.

［157］黄惠．基于情感极性的外国游客对中国国家旅游形象的感知研究［D］.天津：天津财经大学，2022.

［158］徐哲，谢婕，刘鑫．景区公示语对日本游客旅游感知形象的影响研究［J］.西部旅游，2022（20）：79-81.

［159］闫慧洁，张艳波．桂林入境游客旅游形象感知与时空特征分析［J］.现代计算机，2023，29（7）：73-79.

［160］江进林，陈梦．入境游客对颐和园的旅游目的地形象感知——基于语料库的研究［J］.海南大学学报（人文社会科学版），2023，41（1）：162-174.

［161］孙莉．中国传统村落国际旅游形象感知研究——基于Tripadvisor网站游客评论的分析（2015—2020）［J］.南阳理工学院学报，2023，15（1）：106-111.

［162］潘冬南．国家形象感知对潜在旅游者赴泰旅游意向影响研究［J］.广西大学学报（哲学社会科学版），2022，44（4）：148-154+171.

［163］张芬琳．中国游客对泰国旅游目的地形象感知及重游意愿研究［D］.合肥：安徽大学，2022.

［164］程励，陈烁镁，全洁洁．"一带一路"沿线的国家与目的地形象对入境旅游意向影响的复杂性研究——以斯里兰卡为例［J］.四川师范大学学报（自然科学版），2023，46（4）：547-559.

［165］阎行一．旅游目的地形象与旅游者口碑传播及行为意愿的关系研究［D］.南昌：江西师范大学，2017.

［166］曾倩．关于江西旅游品牌形象升级定位的思考［J］．旅游纵览（下半月），2018（6）：93-94.

［167］彭琮娉．江西庐山旅游文化形象设计研究［D］．南昌：江西科技师范大学，2018.

［168］许云伟．多模态视角下江西旅游形象的再现意义分析［J］．海外英语，2019（11）：242-243.

［169］郭际，易魁，苏琪可．江西茶文化旅游目的地形象感知研究——基于网络文本的分析［J］．农业考古，2020（5）：86-90.

［170］廖婷．江西饶州古镇旅游品牌视觉形象设计［D］．南昌：南昌大学，2021.

［171］陈修能．江西庐山旅游品牌视觉形象设计研究［D］．景德镇：景德镇陶瓷大学，2022.

［172］陈诗雨．江西抚州金溪县竹桥古村旅游品牌形象设计与推广研究［D］．南昌：南昌大学，2022.

［173］邱婧佩，刘艳霞．国际陶瓷文化旅游目的地形象建设的研究［J］．中国陶瓷工业，2023，30（1）：69-72.

［174］许长伟，肖云培．江西省定制旅游市场现状与发展策略探究［J］．旅游纵览，2023（11）：114-116.

［175］南昌市人民政府．南昌概况［EB/OL］．［2022-08-11］．https：//www.nc.gov.cn/ncszf/mjls/201905/6dc73931d792456bb06dbc58121cfa16.shtml.

［176］南昌市人民政府．旅游景点［EB/OL］．［2023-04-23］．https：//www.nc.gov.cn/ncszf/lyjd/201905/8372ce44f8ad4f6484a6d3c22d19933f.shtml.

［177］胡赛．南昌旅游产业发展的财政政策研究［D］．南昌：江西财经大学，2021.

［178］南昌市人民政府．南昌打造世界VR旅游目的地［EB/OL］．［2022-04-12］．http：//www.nc.gov.cn/ncszf/jrnc/202204/a8b29d7d222e4f5da9fff44877882550.shtml.

［179］南昌市人民政府办公室．南昌市人民政府办公室关于印发《南昌市"十四五"文化和旅游发展规划》的通知［EB/OL］．［2022-03-23］．http：//www.nc.gov.cn/ncszf/ghxx/202203/deaa05156e4842f1ba29076cda8621fe.shtml.

［180］戚虹鸿．跟着"九景衢铁路"看风景——九江站［N］．上饶日报，［2017-11-2］．http：//paper.srxww.com/srrb/html/2017-11/02/content_2353032.htm.

［181］九江市史志办公室．风景名胜卷［EB/OL］．［2010-10-16］．http：//www.jjszbgs.cn/dfzs/jjsz/jjsz_119539/201010/t20101016_3131195.html.

［182］九江市人民政府办公室．九江市人民政府办公室关于印发九江市文化和旅游发展第十四个五年规划的通知［EB/OL］．［2022-04-18］．http：//zfb. jiujiang. gov. cn/zwgk/zfgb_1/2022/2022nd3q/szfbwj_205471/202206/t20220614_5520193. html.

［183］九江市文化广电新闻出版旅游局．九江市打造国际旅游名城实施意见［EB/OL］．［2022-01-29］．http：//wgxl. jiujiang. gov. cn/zwgk_216/jc/gfxwj/202205/t20220510_5481553. html.

［184］景德镇市人民政府．景德镇市情［EB/OL］．［2023-08-01］．https：//www. jdz. gov. cn/zjcd/jdzgk/sqjj/t914609. shtml.

［185］景德镇市人民政府．景德镇市国民经济和社会发展第十四个五年规划和二○三五年远景目标纲要［EB/OL］．［2021-07-29］．https：//www. jdz. gov. cn/zwgk/zfgb/2021n/d7q/gzjh/t762438. shtml.

［186］景德镇市文化广电新闻出版旅游局．景德镇市文化广电新闻出版旅游局2022年工作总结和2023年工作计划［EB/OL］．［2022-12-30］．https：//wgxl. jdz. gov. cn/zwgk/fdzdgknr/jhyzj/t876651. shtml.

［187］萍乡市人民政府．萍乡概况［EB/OL］．［2023-01-30］．https：//www. pingxiang. gov. cn/col/col3/index. html.

［188］萍乡市人民政府．萍乡市国民经济和社会发展第十四个五年规划和二○三五年远景目标纲要［EB/OL］．［2021-07-28］．https：//www. pingxiang. gov. cn/art/2021/12/2/art_4408_1077077. html.

［189］刘艺．人气"遥遥领先"！萍乡武功山，向世界递出"名片"［N/OL］．［2023-10-04］．https：//www. sohu. com/a/725626170_121106994.

［190］武功山风景名胜区管委会．萍乡武功山风景名胜区2023年工作要点［EB/OL］．［2023-08-03］．http：//www. wugongshan. gov. cn/art/2023/8/3/art_2434_1252762. html.

［191］新余市人民政府．城市荣誉［EB/OL］．［2021-02-19］．http：//xinyu. gov. cn/xinyu/csry/2021-02/20/content_091a3adac4fc4beab6ceea1b9453df77. shtml.

［192］仙女湖管委会．新余市仙女湖区国民经济和社会发展第十四个五年规划和二○三五年远景目标纲要［EB/OL］．［2022-11-19］．http：//xnh. xinyu. gov. cn/xnh/c100011g/2022-11/19/content_a459230b119541d5a59b5a91baf41952. shtml.

［193］新余市文化广电新闻出版旅游（版权）局．新余市"十四五"文化和旅游发展规划［EB/OL］．［2023-09-22］．http：//wxj. xinyu. gov. cn/wxj/fzgh/2023-11/10/content_e5efc67dca1e4eacab336e16317d4a0a. shtml#_Toc122283471.

［194］经济带网．鹰潭市全域旅游发展总体规划（2017—2025年）［EB/OL］.

［2018－08－15］．http：//iic21. com/iic‐zxbtz/index. php？m＝Home&c＝Articles&a＝showart&aid＝335&artid＝183175&ac1＝2&ac2＝12&ac3＝44.

［195］鹰潭市人民政府．江西鹰潭・龙虎山［EB/OL］．［2021－12－22］．http：//www. yingtan. gov. cn/art/2021/12/22/art_38_1163594. html.

［196］鹰潭市人民政府．鹰潭市全域旅游发展总体规划（2017—2025 年）［EB/OL］．［2018－08－15］．http：//iic21. com/iic‐zxbtz/index. php？m＝Home&c＝Articles&a＝showart&aid＝335&artid＝183175&ac1＝2&ac2＝12&ac3＝44.

［197］鹰潭市文化广电新闻出版旅游局．鹰潭市推动全域旅游发展三年行动方案（2022—2024 年）［EB/OL］．［2022－03－07］．http：//wgxlj. yingtan. gov. cn/art/2022/3/7/art_2527_1173682. html.

［198］赣州市人民政府．自然地理［EB/OL］．［2020－11－16］．https：//www. ganzhou. gov. cn/gzszf/c100146/202011/a07605ab04a64925ba78d0b9f39a0245. shtml.

［199］赣州市人民政府．2012 赣州旅游资源介绍［EB/OL］．［2016－10－31］．https：//www. ganzhou. gov. cn/c100147/201610/128d652229f14bdc8ac0b6f921fe1bb4. shtml.

［200］赣州市人民政府．赣州市“十四五”文化和旅游发展规划［EB/OL］．［2021－12－30］．https：//www. ganzhou. gov. cn/zfxxgk/c116489/202212/ab0c0a21348b476db6174c931d0196dd. shtml.

［201］吉安市人民政府．吉安市“市情简介”［EB/OL］．［2023－02－23］．https：//www. jian. gov. cn/news‐show‐9088. html.

［202］吉安市人民政府．市情简介［EB/OL］．［2023－11－23］．https：//www. jian. gov. cn/news‐show‐9088. html.

［203］吉安市政府办公室．吉安市人民政府办公室关于印发吉安市旅游业发展“十三五”规划的通知［EB/OL］．［2017－02－04］．http：//zfb. jian. gov. cn/xxgk‐show‐9866138. html.

［204］吉安市文化广电新闻出版旅游局．吉安市“十四五”文化和旅游发展规划［EB/OL］．［2023－10－18］．http：//wgxl. jian. gov. cn/xxgk‐show‐10179969. html.

［205］宜春市人民政府．宜春市情［EB/OL］．［2023－05－10］．https：//www. yichun. gov. cn/ycsrmzf/ycjj/tt. shtml.

［206］阮值华．新发展格局下宜春打造赣西区域中心城市研究［J］．科技创业月刊，2023，36（5）：61-64.

［207］宜春市文化广电新闻出版旅游局．宜春市人民政府办公室关于印发宜春市“十四五”文化和旅游发展规划的通知［EB/OL］．［2021－12－23］．http：//wh. yichun. gov. cn/ycswgxlj/fgzc/202112/

3cd4a8c4e134407babc71eed9b418ade. shtml.

［208］宜春市人民政府.宜春市人民政府办公室印发关于推进旅游业高质量发展的实施意见（2022—2025 年）［EB/OL］.［2022－09－27］. https：//www. yichun. gov. cn/ycsrmzf/szfbgswj70qhvqt/202211/437f06d331b045818c7f8a4fa39b92fc. shtml.

［209］抚州市人民政府.抚州市人民政府抚州市情［EB/OL］.［2023－06－30］. http：//www. jxfz. gov. cn/col/col3/index. html.

［210］抚州市人民政府.我市国家 4A 级旅游景区达 24 个［EB/OL］.［2021－05－24］. https：//www. jxfz. gov. cn/art/2021/5/24/art_14_3694664. html.

［211］抚州市人民政府.抚州市国民经济和社会发展第十四个五年规划和二〇三五年远景目标纲要［EB/OL］.［2021－04－27］. https：//www. jxfz. gov. cn/art/2021/4/27/art_4808_3683078. html.

［212］抚州市人民政府.国务院印发《"十四五"旅游业发展规划》［EB/OL］.［2023－04－04］. https：//www. jxfz. gov. cn/art/2023/4/3/art_80_3975462. html.

［213］上饶市人民政府.上饶市历史概况［EB/OL］.［2023－10－06］. http：//www. zgsr. gov. cn/zgsr/lsgk/list_tt. shtml.

［214］婺源县人民政府.上饶市国民经济和社会发展第十三个五年规划纲要［EB/OL］.［2017－04－10］. http：//www. jxwy. gov. cn/wyxrcjdbsc/gfxwj/201704/cc73505643054ad9b90cfd3cad189005. shtml.

［215］上饶市文化广电新闻出版旅游局.上饶市"十四五"文化和旅游发展规划［EB/OL］.［2022－07－01］. http：//www. zgsr. gov. cn/wgl/fzghs/202207/482b10845c38446385f193bd5a4adcee. shtml.

［216］江西省统计局.江西省 2019 年国民经济和社会发展统计公报［EB/OL］.［2020－07－02］. http：//www. jiangxi. gov. cn/art/2020/3/31/art_5482_2479134. html.

［217］江西省文化和旅游厅.久违了！江西入境旅游正式重启［EB/OL］.［2023－03－07］. http：//dct. jiangxi. gov. cn/art/2023/3/7/art_14513_4381900. html.

［218］缪刚，刘梦迪，王涛.三清山迎来今年首批欧美入境旅游团［N/OL］.上饶晚报，［2023－4－18］. http：//paper. srxww. com/srwb/html/2023-04/18/content_2481323. htm.

［219］胡晓山，龚志兴.庐山风景区迎来今年首个大型入境旅游团［N/OL］.九江广电全媒体，［2023－11－10］. https：//baijiahao. baidu. com/s?id=1782131024631516312&wfr=spider&for=pc.

［220］江西省人民政府．关于进一步巩固提升经济回稳向好态势的若干措施［EB/OL］．［2023-02-08］．http：//www.jiangxi.gov.cn/art/2023/2/8/art_396_4351178.html.

［221］马鑫．深度开发江西韩国入境旅游市场的策略［J］．现代经济信息，2014（15）：468.

［222］江西省人民政府．省商务厅党组成员、副厅长陈长生会见韩中全球协会会长禹守根一行［EB/OL］．［2023-02-21］．https：//www.jiangxi.gov.cn/art/2023/2/21/art_5270_4364687.html.

［223］江西省人民政府．夏文勇会见韩国驻武汉总领事河成柱［EB/OL］．［2023-04-28］．https：//www.jiangxi.gov.cn/art/2023/4/19/art_5442_4432061.html.

［224］江西省商务厅．省商务厅党组成员、副厅长陈长生会见韩国驻武汉总领馆副总领事安荣基一行［EB/OL］．［2023-08-22］．http：//swt.jiangxi.gov.cn/art/2023/8/22/art_30290_4575078.html.

［225］江西省人民政府．中日韩文化交流论坛第16次会议在韩国仁川成功举办［EB/OL］．［2023-11-07］．https：//www.jiangxi.gov.cn/art/2023/11/7/art_5442_4670235.html.

［226］江西省人民政府．进一步深化江西与日韩在各领域交流与合作［EB/OL］．［2023-11-01］．https：//www.jiangxi.gov.cn/art/2023/11/1/art_393_4651870.html.

［227］李经龙，王海桃．中国山岳型世界遗产地旅游形象感知研究［J］．资源开发与市场，2023，39（5）：629-634.

［228］吴丽娟．基于网络文本分析法的旅游目的地形象感知研究——以山西碛口古镇为例［J］．晋城职业技术学院学报，2023，16（5）：39-41.